Hilde Schmölzer
Phänomen Hexe

Hilde Schmölzer

Phänomen Hexe

Wahn und Wirklichkeit
im Lauf der Jahrhunderte

Herold Verlag Wien · München

Die Abbildungen auf den Seiten 34, 35, 108 und 133 rechts oben stammen aus dem Bildarchiv der Österreichischen Nationalbibliothek, Wien.

CIP-Kurztitelaufnahme der Deutschen Bibliothek

Schmölzer, Hilde:
Phänomen Hexe: Wahn und Wirklichkeit im Lauf d. Jh./
Hilde Schmölzer. — München; Wien: Herold Verlag, 1986.
ISBN 3-7008-0340-0

2. Auflage, April 1987

© 1986 by Herold Druck- und Verlagsgesellschaft m.b.H., Wien
Druck: Herold, Wien 8

ISBN 3-7008-0340-0

Inhalt

Prolog

Einst war die Frau Schamanin, Göttin, Priesterin. Ihr Bild wurde verehrt an den Kultstätten des vorgeschichtlichen Menschen, in den Tempeln der Antike, in Ur, Ugarit und Ninive. Sie war die Beschützerin von Mensch und Tier, kenntnisreiche Sammlerin der Pflanzen, später Erfinderin des Ackerbaus, des Spinnrads und des Webstuhls. Sie stand in geheimer Verbindung mit der Erde und mit den Gestirnen, sie hielt Zwiesprache mit den Seelen der Verstorbenen, Muttergöttin, „deren Schoß alles gebiert", Mondgöttin, verhaftet dem ewigen Zyklus des „Stirb und Werde". Sie war die Lebensspenderin der „Alten Welt", sie stand am Anfang jener „Wiege der Kultur", die sich von der Donau, dem Schwarzen Meer und dem Kaukasus südlich bis zum Mittelmeer und dem Persischen Golf erstreckte. Sie prägte jene mutterrechtlichen Kulturen des östlichen Mittelmeers, seiner Inseln und seines Hinterlandes Tausende von Jahren vor unserer Zeitrechnung!

Dann kamen die kriegerischen Männerhorden aus dem Norden, indogermanische Hirtenvölker und als solche patriarchalisch organisiert. Sie eroberten die friedlichen Ackerbauern, vergewaltigten die Frauen und leiteten damit jene Entwicklung ein, die Ernest Bornemann „in ihren Auswirkungen bedeutsamer" nennt „als die Wende vom Zeitalter der Sklaverei zu dem des Feudalismus, oder die vom Feudalismus zur bürgerlichen Gesellschaft"[1], nämlich die Ablösung des alten Mutterrechts durch das Vaterrecht.

Die neuen Väter begannen weiterzubauen, was die Mütter begonnen hatten. Sie schufen die Zivilisation auf dem Prinzip der Leistung und sie schufen das Privateigentum. Auch Frauen und Kinder unterstanden allmählich diesem Begriff. Die Bedeutung der Frau im täglichen Leben und in den Kulten begann zu verblassen. Und je siegreicher eine männerrechtliche Gesellschaft das alte Mutterrecht in den Hintergrund zu drängen begann, je übermächtiger männlicher Geist Staat und Gottheit formte, umso mehr wurden die guten, die Leben spendenden und Leben erhaltenden weiblichen Kräfte in ihr Gegenteil verkehrt, und die Große Mutter wurde zur Todesgöttin, den dunklen, den Schattenseiten zugekehrt. Sie wurde zur Kinderfressenden, Unheil bringenden Zauberin, zur Megäre, zum furchtbaren Nachtdämon.

Im Kult einer Isis in Ägypten, Ischtar in Ninive, Inanna in Uruk oder Anat in Ugarit ist die alte Muttergottheit noch enthalten, lebenskräftig und von einer gleichen Bedeutung beider Geschlechter zeugend. Aber bereits in den Kulten der antiken Göttinnen hat sie viel von ihrem ursprünglichen Einfluß verloren. Mehr und mehr verwandelten sich Hekate und Diana, einst segenspendende Gottheiten der Fruchtbarkeit und der Geburt, in die schaurigen Göttinnen der Unterwelt, Führerinnen des Gespenster- und Zauberwesens, die, begleitet von den Menschen fressenden Strigen, Lamien und Empusen, mit Fackel und Schwert, Drachenfüßen und Schlangenhaar durch finstere Nächte eilten, um den Menschen zu schaden. Und auch diese nachtfahrenden Geister sollten große, gesellschaftliche und religiöse Umwälzungen überdauern. Selbst noch im Christentum des späten Mittelalters bereiteten die Heerscharen der Diana den gelehrten Kirchenvätern Angst und Schrecken. Denn inzwischen hatte eine weitere Entwicklung eingesetzt: Die junge Kirche, gestützt auf die dualistische Lehre des patriarchalischen Spätjudentums, hatte die alten Götter und Göttinnen, soferne sie nicht assimiliert wurden, zu Dämonen erklärt und ihre Kulte zu schändlichen Handlungen. Sie erwies sich dabei als siegreich, solange sie jung, stark und kräftig war. Aber mit zunehmender Verweltlichung, Korruption und Verfall der Sitten mehrten sich die Kritiker, die nun für sich beanspruchten, die reine und wahre Lehre zu verkünden. Das Anschwellen der Sektenbewegung im Mittelalter beunruhigte die Kirche, die um ihren Machtanspruch zu fürchten begann. Gleichzeitig fühlte sie sich bedroht durch das teilweise Fortbestehen alter, heidnischer Fruchtbarkeitskulte, in denen die Große Mutter in der einen oder anderen Form ebenso weiterbestand wie der gehörnte Fruchtbarkeitsgott, der allerdings im christlichen Selbstverständnis längst zu Satan umfunktioniert war. Und weil sich die Kirche mächtig genug fühlte, schlug sie zu: Die Ketzerbrände loderten ebenso wie jene der Zauberweiber und der Zauberer. Und dann, zu Beginn der Neuzeit, begann sich das allgemeine Interesse auf ein spezielles Phänomen zu konzentrieren: die Hexe!

Sie war das Produkt komplexhafter Verdrängungen und unausgelebter Triebwünsche. Sie war die Kehrseite der reinen, unberührten Jungfrau, sie verkörperte die chthonischen, ungezähmten Mächte, die es zu beherrschen, einzugrenzen, überschaubar zu machen galt. In ihr konzentrierten sich wie in einem Brennglas die ausgeschlossenen, die nicht assimilierten, die unterdrückten Kräfte der Natur, aber auch Schuldgefühle, die sich mit Ängsten paarten. Die Angst des Mannes vor der Rache des unterdrückten Weibes, die geradezu pathologische und hysterische Formen angenommen hatte, durchzieht denn auch die gesamte Hexenverfolgung wie ein roter Faden. Sie zeigt sich grell in den Hexenbüchern der damaligen Zeit, in den Verhörsprotokollen, im gesamten Gerichtsverfahren. Die Hexe war schuld am Übel dieser Welt. Sie galt es daher vor allem auszurotten. Weshalb auch schätzungsweise 80 Prozent jener Menschen, die damals ermordet wurden, Frauen waren.

Als die Hexenbrände im Laufe des 18. Jahrhunderts langsam erloschen, war auch der Widerstand der Frauen gebrochen. Die Magierinnen mit ihrem geheimen Wissen, mit ihrer Macht über Leben und Tod, die Kräuterfrauen mit ihren zauberischen Sprüchen, ihrem Segen und ihrem Fluch — die gab es nicht mehr. Die Frau war mit ihren letzten Funktionen aus dem öffentlichen Leben verdrängt worden. Selbst die Geburtshilfe, jahrtausendelang ihre eigentliche Domäne, wurde ihr aus der Hand genommen. Sie wurde isoliert im häuslichen Bereich, eingeschlossen zusammen mit ihren Kindern und so wie diese für unmündig erklärt. Sie war domestiziert, zur züchtigen Hausfrau und guten Mutter, das wilde Hexenhaar unter der Haube verborgen. Ihre Triebfunktionen äußerten sich regressiv, sie wurde zur depressiven Melancholikerin, die in ihren Träumen lebte, und schließlich zur frigiden Frau der Freud'schen Epoche.

Und trotzdem war die Hexe nicht tot. Sie lebte weiter, in den Untergrund gedrängt, und dort lebt sie, verschlüsselt und weitgehend unerkannt, fort bis zum heutigen Tag. Sie ist „die Andere", von der Simone de Beauvoir spricht, „die Fremde", sie hat geringen Anteil an den zivilisatorischen Leistungen des Mannes, sie kann sich darin nicht erkennen. Aber vielleicht liegt gerade darin ihre Chance. Denn ihre uralte Verbundenheit mit der Erde, mit der Natur läßt sie auch die gegenwärtigen Gefahren stärker fühlen, und ihr Gespür für alles Lebendige, für Geborenes und Ungeborenes, ihre sehr viel unmittelbarere Nähe zum Leben wie zum Tod läßt sie eher Lösungsmöglichkeiten sehen. In jener — modernen — Frau, die ein „Fremdsein" im Sinne der Beauvoir in sich überwunden hat, die gelernt hat, mit den zivilisatorischen Leistungen des Mannes umzugehen, und die deren Gefährdungen aus einem weiblichen Bewußtsein heraus erkennt, liegt Hoffnung. Liegt die Möglichkeit, zusammen mit einem neu begreifenden Mann ein biologisches Gleichgewicht wiederherzustellen, das unter der einseitigen Suprematie des männlichen Geistes verlorengegangen ist.

Die Schaden stiftende, die verfolgte Hexe der beginnenden Neuzeit ist ebenso überwunden wie die hilflose Besessene aus der Spätzeit der Verfolgungen und die Hysterikerin des 19. Jahrhunderts. Eine selbstbewußte, inmitten einer drohenden ökologischen Katastrophe den eigentlichen Gesetzmäßigkeiten des Lebens nachspürende „neue Weiblichkeit" ist im Entstehen.

Ob die Frau den Ruf, der jetzt an sie ergeht, versteht?

Zauberfrauen, Strigen und die Dame Habonde

Magier und Magierinnen standen schon am Beginn der Menschheitsgeschichte. Sie hinterließen ihre Spuren in den Höhlenzeichnungen ebenso wie in den Zeugnissen alter, vorgeschichtlicher Kulturen. Sie hatten das geheime Wissen, standen in Verbindung mit Geistern, Dämonen und den Seelen der Toten. Sie taten Gutes und Böses und waren meist geachtete, häufig auch gefürchtete Respektspersonen. Zaubern konnten Männer ebenso wie Frauen, wenngleich Frauen immer schon eher mit dem Übersinnlichen in Verbindung gebracht wurden. Aber die Zauberinnen und die Zauberer, wie wir sie aus der Frühgeschichte ebenso kennen wie aus der Antike, dem Germanen- und dem Slawentum, unterscheiden sich wesentlich von dem Begriff der mittelalterlichen Hexe. Der Hexe blieb nicht mehr die Freiheit, ihr Wissen für gute oder schlechte Zwecke einzusetzen: Sie war das Böse schlechthin. Sie besaß nicht mehr die Souveränität der alten Magierinnen, die in unmittelbarer Beziehung zu den überirdischen Mächten standen, um diese nach eigenen Vorstellungen zu nutzen. Sie war Werkzeug, Gehilfin des Teufels, der sich lediglich ihrer bediente, um das Böse in die Welt zu bringen.

In der Antike ist die Situation noch eine andere gewesen. Die Zauberinnen und Zauberer besaßen hier noch die Macht, sich nach eigenem Gutdünken für Gutes oder Böses zu entscheiden. Hochburg der magischen Künste war Etrurien, und die etruskischen Seher, Wahrsager und Totenbeschwörer wurden zu Lehrmeistern der alten Römer. Es gilt als erwiesen, daß zumindest in der vorchristlichen Zeit lediglich die schwarze Magie strafbar war. Die weiße Magie hingegen wurde — da untrennbar mit religiösen Vorstellungen verknüpft — häufig zu Angelegenheiten der Priester und Priesterinnen, die eine bestimmte Gottheit anriefen, wenn Regen erzeugt, die Winde beruhigt und dem Hagel Einhalt geboten werden sollte. Auch hierbei kam Frauen eine besondere Bedeutung zu. Eine Frau, nämlich Pythia, verkündete „rasenden Mundes" die ewige Wahrheit im delphischen Heiligtum des Apoll, und eine Göttin wurde zur Schutzherrin der Zauberleute: Hekate, die alte Mondgöttin aus Kleinasien, hatte im vaterrechtlichen Griechenland ihre letzten Getreuen, die Zauberweiber, um sich versammelt und zog mit ihnen rächend durch die finsteren Nächte. Und immer böser, immer schauervoller wurde die Rache der alten, gedemütigten Muttergottheit, je mehr sie von einem siegreichen Vaterrecht verdrängt worden war. Als Göttin der Unterwelt regierte sie im Reich der Toten und gebot dort über die Seelen der Verstorbenen. Die sie begleitenden Lamien und Empusen traten in verschiedener, meist vogelartiger Gestalt auf. Bei Aristophanes erscheinen sie mit einem ehernen und einem Eselfuß und verwandeln sich in rascher Folge in einen Ochsen, ein Maultier und eine reizende Frau. Letztere nahte sich gern schönen Jünglingen, um ihnen das Herzblut auszusaugen. (Interessant ist auch, daß die der Hekate heilige wilde Raute später als wichtigstes Kraut bei den Exorzismen, den Teufelsaustreibungen, verwendet wurde. Man gebrauchte die geweihte Raute vor allem zu Räucherungen und Bädern für die Besessenen.)

Griechenland wurde zum klassischen Land der Zauberinnen. Kirke, Symbol weiblicher Verführung, verliebte sich in Odysseus und verwandelte seine Gefährten in Schweine. Hingegen Medea, zauberkundige Tochter des König Aietes in Kolchis und Anhängerin des Hekate-Kults, als tragischrächendes Weib im Drama unsterblich geworden ist.

Die Heimat der griechischen Zauberweiber war Thessalien, die thessalischen Frauen waren für ihre Hexenkünste berüchtigt und berühmt, und tatsächlich hat der Hekate-Kult gerade hier eine besondere Blüte erreicht. Die thessalischen Zauberinnen verwandelten sich mit Hilfe einer Salbe in Hunde, Vögel und Fliegen, sie konnten aber auch die Gestalt von Kröten, Bibern oder Schafböcken annehmen. Sie standen in unmittelbarem Kontakt mit der Unterwelt und benutzten die Eingeweide der Toten, um ihre Zaubermittel herzustellen. Besonders kundig waren sie im Liebeszauber, der in der gesamten Antike eine weite Verbreitung fand.

Hekate in Griechenland entsprach Diana in Rom, auch sie ursprünglich eine Mondgöttin und Beschützerin der Frauen. Im männerrechtlichen Rom wurde sie dann als Göttin der Jagd verehrt, trotzdem jedoch waren Frauen und Mädchen ihre Priesterinnen und opferten ihr. Mit dem Verblassen der alten Mutterkulte jedoch wurde auch sie mehr und mehr zum finsteren Nachtdämon. Der Kult der Diana breitete sich bis in die römischen Provinzen, vor allem nach Gallien aus, und selbst im Mittelalter trieben die Heerscharen der Diana noch ihr Unwesen und wurden von der Kirche als Dämonen verfolgt. Auch sie waren begleitet von den Seelen der Verstorbenen, außerdem von den blutsaugenden und kinderschädigenden und den Harpyien verwandten Strigen (Strix ist die Nachteule, und die Bezeichnung Strix und Striga für nachtfahrende Weiber findet sich bei vielen römischen Schriftstellern, und wird später zum Teil in der umgewandelten Form „Stria" als Vorläuferin des deutschen Ausdrucks „Hexe" von der christlichen Theologie übernommen.)[2]

Magie und Zauberkunst spielte natürlich auch bei den Germanen ebenso wie bei den Slawen eine besondere Rolle. Und wieder waren es vor allem Frauen, die als Hüterinnen und Trägerinnen geheimer Kräfte galten. So wie im antiken Rom wurde auch in den ältesten germanischen Volksrechten Zauberei nur dann bestraft, wenn sie schädigend wirkte. Auch die nordische Zauberin liebte die Verwandlung, gerne nahm sie die Gestalt von Tieren an, am liebsten jene der Katze. Sie flog auch durch die Luft, in Sieben oder auf Besen, außerdem fraß sie Menschen. Wobei der Volkskundler Will Erich Peuckert allerdings die Ansicht vertritt, daß die menschenfressende Hexe aus den südlichen Ländern übernommen wurde. Er begründet das damit, daß sie immer nur im Schwarm anzutreffen sei, während die nordische Hexe ihrer eigentlichen Natur nach als Einzelwesen auftritt.

Von zauberkundigen Männern und Frauen, den sogenannten Druiden und Druidinnen, sprechen auch römische Texte, die sich auf das dritte nachchristliche Jahrhundert beziehen. Sie feierten nackt in den Wäldern Galliens ihre heidnischen Gottesdienste, und wurden selbst von hochgestellten Persönlichkeiten um Rat gefragt. Wahrscheinlich waren sie durch die scharfen Bestimmungen, die seit Tiberius von den christlichen Kaisern gegen diese Relikte des heidnischen Götterglaubens entlassen worden waren, in die Einsamkeit der Wälder und Höhlen zurückgedrängt worden, wo sie sich allerdings bis in die frühchristlichen Jahrhunderte hinein gehalten haben dürften. Heidnische Kulte sind in dieser Zeit in den römischen Provinzen noch ziemlich häufig gewesen. Auch von den fränkischen sogenannten Strien wird noch zur Zeit Karls des Großen berichtet, daß sie im Wald wohnen und dort der Mondgöttin Menschenopfer darbringen.

Wie ungeheuer langlebig, fast möchte man sagen zeitlos sich alte magische Kulte, die ihren Ausgang immer von religiösen Vorstellungen nehmen, über Jahrtausende hinweg erhalten haben, zeigt etwa die Freilegung eines dänischen Grabes aus der Bronzezeit im Jahre 1947, das die Überreste einer Zauberin enthielt, der u. a. folgende Gegenstände beigegeben waren: die Kralle eines Luchses, die Gebeine eines Wiesels, Schlangenwirbel, Kieselsteine und Lehm.[3] Es sind jene Gegenstände, die auch zum Inventarium der mittelalterlichen Hexe gehörten, und Ähnliches verwenden die zauberkundigen Magier von Stammesgesellschaften ebenso wie die Hexenbanner eines schleswig-holsteinischen Dorfes heute noch.

Die Zauberinnen der nördlichen Völker Europas waren geachtet — sie waren aber auch gefürchtet. Die Edda gibt zahlreiche Hinweise darauf:

„Bei der Zauberfrau sollst du nicht zärtlich schlafen, daß sie dich innig umarmt. Sie wünscht dir an, daß du weder zum Ding noch zum Königshof kommst, dir mundet kein Mahl noch Mannesfreude, du gehst schlafen voll Schmerz . . ."[4]

Auch die europäische Sagen- und Märchenwelt bewahrt — neben der bekannten Hexe als Kinderschreck — eine Fülle von Gestalten, in denen sich die Zauberin, die weise Frau mit dem guten und dem schlechten Zauber wiederfindet. Den guten Lichtelben, die sich den Menschen gegenüber freundlich, hilfsbereit und gütig erweisen, stehen die Trute, der Alp und das „Schrätel" gegenüber, die sich des Nachts auf die Brust des Schlafenden legen und das Alpdrücken verursachen. Von wunderbaren Feen, den Dialen, wird in den Bündner Sagen berichtet. Gütig und freundlich erleichterten sie das harte Dasein der Menschen, und erst nachdem bei diesen die Gier nach Geld und Gut eingezogen war, blieben sie verschwunden. Auch die Tiroler

Volksdichtung hat für das Verschwinden der hilfreichen Saligen Fräulein, die den Kranken heilende Bergkräuter brachten, die Mädchen die Flachswirtschaft lehrten und Tiere und Pflanzen liebten, die zunehmende Schlechtigkeit der Welt verantwortlich gemacht. Ihre Königin ist Frau Hulda gewesen, unter der wahrscheinlich die nord- und mitteldeutsche Holda (Frau Holle) zu verstehen ist, der in Süddeutschland die Berchta entspricht. Sie wurde von Grimm der Domina Abundia oder Dame Habonde zur Seite gestellt, von der Guilielmus Alvernus, Bischof von Paris († 1248), zu berichten weiß. Sie erschien an bestimmten Nächten zusammen mit anderen Frauen in weiße Kleider gehüllt in den Häusern der Menschen, um die dort für sie bereit gestellten Speisen zu genießen. Eine „Holda" beschreibt auch Burchard, Bischof von Worms († 1025), in seinem berühmten „Decretum". Er aber hat, der christlichen Doktrin zufolge, bereits einen Dämon aus ihr gemacht:

„ Glaubst du, daß es irgendeine Frau gibt, die wie jene, die das Volk Holda nennt, während der Nacht auf gewissen Tieren reitet, in Begleitung von Teufeln, die in Frauen verwandelt sind, wie es einige Personen — die vom Teufel getäuscht sind — behaupten? Wenn du solches glaubst, mußt du ein Jahr lang an den angezeigten Tagen Buße tun. "

Die junge Kirche

Als das Christentum die alten, heidnischen Gottheiten zu besiegen begann, verhielt es sich ihnen gegenüber ähnlich, wie sich zuvor die Heiden dem neuen Glauben gegenüber verhalten hatten: Auch diese bezichtigten einst die Christen der scheußlichsten Orgien, der sexuellen Unzucht und des Kindermords. In gleicher Weise wurden nun von der Kirche die alten Kulte mit orgiastischen und sexuellen Ausschweifungen in Verbindung gebracht und die heidnischen Götter kurzerhand als Dämonen verdammt. Wobei wiederum Frauen ins besondere Schußfeld gerieten: War doch gerade ihnen in den alten Religionen als Trägerinnen der Fruchtbarkeit und — infolge einer geheimnisvoll erscheinenden Naturnähe auch der Weisheit — ein bedeutender Platz eingeräumt worden. Das Christentum jedoch mit seiner Betonung des rein Geistigen und Asexuellen mußte die Verehrung dieser Funktionen kategorisch ablehnen.

Die altchristliche Dämonenlehre bezog sich auf eine Bibelstelle (Genesis 6, 1—4), in der von den „Söhnen Gottes" die Rede ist, die sich mit den Töchtern der Menschen vermischt hatten, um weitere Söhne zu zeugen. Interpretationen, diese Stelle betreffend, beschäftigten eine Reihe von Kirchenvätern, wobei die Auslegung des großen lateinischen Kirchenschriftstellers Lucius Caecilius Laktanz († 317) allgemein anerkanntes Glaubensgut geworden ist. Sie lautet:

„Als sich die Zahl der Menschen gemehrt hatte, schickte Gott, damit sie nicht dem Trug des Teufels (dem er von Anfang an über die Erde Gewalt gegeben hatte) erliegen mögen, zu ihrem Schutze Engel auf die Erde. Diese Engel aber erlagen im Verkehr mit den Töchtern der Menschen selbst, indem sie sich mit ihnen vermischten und Söhne zeugten. Infolgedessen wurden die gefallenen Engel, aus dem Himmel verstoßen, zu Dämonen des Teufels. Die von ihnen erzeugte Brut war nun eine zweite Art von Dämonen, unsaubere Geister, vom Volk Malefici genannt, die ebenfalls dem Teufel angehörten. Das ganze Streben dieser Dämonen und unsauberen Geister geht dahin, Gottes Reich zu zerstören und die Menschen zu schädigen. Zu diesem Zwecke haben sie durch scheinbare Wunder und Orakel den Völkern den Wahn beigebracht, daß sie Götter wären, und haben das Heidentum mit seiner Mythologie und seinem Kultus geschaffen. Auch sind sie Urheber der Magie, Nekromantik, Haruspicin, der Auguralkunst und Astrologie . . ."

Der Christ, so fährt der Kirchenvater fort, müsse ihre Tücke und Schändlichkeit jedoch nicht fürchten, solange er sich im reinen und wahren Glauben bewegt.

Die gesamte altchristliche Einstellung ist damit klargelegt: Es gibt zwar Dämonen, sie wurden von Engeln mit Menschentöchtern gezeugt (die negative Verführerrolle der Frau wird bereits hier deutlich), sie sind auch mit den heidnischen Göttern identisch, doch ist der aufrechte Christ vor ihnen gefeit. Eine Ansicht, die in diesem Zusammenhang deshalb wichtig ist, weil sie die Verfolgung der Zauberinnen und Zauberer in diesen ersten nachchristlichen Jahrhunderten wesentlich beeinflußt hat. Daß sich die Kirche in den vereinzelten Zauberprozessen, die damals bereits stattfanden, lediglich auf relativ milde Strafen wie Buße, Wallfahrten und Exkommunikation beschränkte, hat darin seine Ursache. Denn wie sollte sie etwas mit Folter und Tod ahnden, das — zumindest für den gläubigen Christen — gar nicht existent gewesen ist?

Umso ausführlichere Abhandlungen widmeten die alten Kirchenväter der Beschaffenheit der Dämonen. Auch hier jedoch ist noch nicht von der späteren Leibhaftigkeit des Satans die Rede, vielmehr wurde übereinstimmend festgestellt, daß Dämonen Geister seien. Tatian spricht von luft- und feuerartigen Dämonenleibern, Tertullian wiederum sieht in ihnen Vögel, die sich mit ungewöhnlicher Schnelligkeit von einem Ort zum anderen bewegen können, und Origines spricht von einem Körper, der so dünn und fein ist, daß er ohne weiteres in den menschlichen Leib eindringen und dort Schaden anrichten kann. Die bedeutsame Rolle der Dämonenlehre in der altchristlichen Kirche zeigt sich auch bei Augustinus, dem größten Religionslehrer des christlichen Altertums. Er hat seiner „Civitas Dei" die „Civitas Diaboli" gegenübergestellt, aber auch bei ihm wird das Teufelsreich von der Kirche besiegt.

Gerade diese Grundhaltung eines noch jungen, um Einfluß ringenden Glaubens jedoch, die von der eigenen Stärke, dem Sieg des Guten im Widerstreit der Mächte überzeugt war, ist der späteren, verweltlichten, korrupten Kirche verloren gegangen. Dadurch angreifbar und angegriffen sah sie sich zunehmend mit Abtrünnigen konfrontiert. Das Reich Satans schien bedrohlich anzuwachsen. Und da tat sie, was Mächtige immer tun, wenn sie sich in ihrem Bestand gefährdet sehen: Sie ging an die Ausrottung jener, die es wagten, bestehende Glaubensgrundsätze in Frage zu stellen. Und das war in diesem Fall das häretische, das zauberische Gesindel. Was die Kirche zuvor abgelehnt hatte, schien ihr jetzt gerechtfertigt: die Anwendung von Folter, Schwert und Brand.

Daß es schätzungsweise über 80 Prozent Frauen waren, die diesem Vernichtungsfeldzug zum Opfer fielen, hat hauptsächlich drei Gründe: zum einen den negativen Stellenwert, den sie als Verursacherinnen der Erbsünde in der christlichen Glaubensgeschichte einnahmen und der sie von Natur aus den Einflüsterungen des Teufels zugänglicher erscheinen ließ als der Mann — eine Tatsache, die u. a. durch die Entstehung des Christentums aus dem jüdischen Patriarchat zu erklären ist. Zum anderen die damit in einem wechselseitigen Zusammenhang stehende geringe Bedeutung der Frau in der Gesellschaft, die in der frühen Neuzeit — also zum Zeitpunkt der ausgedehntesten Hexenverfolgungen — einen absoluten Tiefstand erreicht hatte.

Und zum dritten der hohe, vielleicht sogar überwiegende Anteil von Frauen in den häretischen Bewegungen ebenso wie in den alten heidnischen Kulten, die vor allem in den Alpentälern sicherlich fortbestanden haben und die es für die Kirche zu bekämpfen galt. Hinweise auf derartige Kulte, die hauptsächlich mit der Göttin Diana in Verbindung gebracht wurden, gibt es vor allem im frühen Mittelalter, wenn auch eindeutige Beweise dafür fehlen. Doch hat sich besonders die junge Forschung intensiv mit dieser Möglichkeit auseinandergesetzt (Biedermann, Baroja, Peuckert u. a.). Die englische Ägyptologin Margaret Murray hat sogar versucht, in ihrem Buch „The Witch Cult in Western Europe" (1921) die Hexenverfolgungen ausschließlich von diesem Blickwinkel aus zu sehen. Wenn auch eine solche Betrachtungsweise etwas einseitig erscheint, so ist doch die kultische Verehrung von Diana als Göttin des Waldes und der Felder von der Landbevölkerung noch im frühen Mittelalter als wahrscheinlich anzunehmen. Und sicherlich haben sich Reste dieses Kultes in der Überlieferung, vielleicht aber auch in der Praxis bis in die spätere Zeit der Hexenverfolgungen hinein gehalten.

Von Feiern zu Ehren heidnischer Göttinnen samt Menschenopfern berichtet auch Johann von Salisbury, Bischof von Chartres (1120—1180), in seinem 1156 bis 1159 verfaßten „Policraticus":

„Manche behaupten, daß die sogenannte Nachtfrau oder die Herodias nächtliche Beratungen und Versammlungen berufe, daß man dabei schmause, allerlei Dienste verrichte und bald nach Verdienst zur Strafe gezogen, bald zu lohnendem Ruhme erhöht werde. Außerdem meinen sie, daß hierbei Säuglinge den Lamien beigegeben und bald in Stücke zerrissen und gierig verschlungen, bald von der Vorsitzerin begnadigt und in ihre Wiegen zurückgebracht werden . . ."

Auch von Nachtflügen der Diana ist oft in den Schriften der alten Kirchenväter die Rede. Am häufigsten zitiert wird in diesem Zusammenhang ein Text aus dem berühmten „Canon Episcopi", der in kirchenrechtlichen Fragen absolute Autorität besaß. Er wird vielfach dem Konzil zu Ankyra (314 n. Chr.) zugeschrieben, was aber zweifelhaft erscheint. Auf jeden Fall befindet er sich in den Kapitularien Karls des Kahlen aus dem Jahre 872 und auch in der Rechtssammlung des Reginus, Abtes von Prüm, die vor 899 verfaßt worden ist, sowie in einigen anderen Werken des 9. und 10. Jahrhunderts.[5] Die bedeutungsvolle Stelle lautet:

„Es gibt verbrecherische Weibsleute, die, durch die Vorspiegelungen und Einflüsterungen des Satans verführt, glauben und bekennen, daß sie zur Nachtzeit mit der heidnischen Göttin Diana oder der Herodias und einer unzählbaren Menge von Frauen auf gewissen Tieren reiten, über vieler Herren Länder heimlich und in aller Stille hinwegeilen, der Diana als Herrin gehorchen und in bestimmten Nächten zu ihrem Dienst sich aufbieten lassen . . ."

Der Nachtflug zauberischer Weiber, der in den späteren Hexenprozessen eine so wesentliche Rolle spielte, war also zu diesem Zeitpunkt und auch schon viel früher dem Volk sehr wohl geläufig. Die Kirche allerdings glaubte damals noch nicht an den Hexenflug. Immerhin jedoch war der Schaden-zauber, das Maleficium, existent. Von weltlichen Gerichten seit eh und je geahndet, war auch die christliche Kirche von der Existenz und der Gefähr-lichkeit gewisser zauberischer Künste grundsätzlich überzeugt, wenn-gleich sie auch hier eine etwas zwiespältige Haltung einzunehmen schien. Das kommt in vielen Dekreten, Konzilsbeschlüssen und Erlässen aus dem 6., 7. und 8. Jahrhundert wie auch aus späteren Perioden deutlich zum Aus-druck. Einige von ihnen betonen die gefährlichen Auswirkungen der Ma-gie, andere wieder meinen, daß die Magier selbst oft zum Opfer von Illusio-nen und Täuschungen werden und daß man nicht blind an ihre Macht glau-ben darf. So etwa wandte sich Agobard, Erzbischof von Lyon (779—840), mit aller Entschiedenheit gegen jene, die glauben, daß Unwetter, Hagel-schläge und Viehseuchen durch Zauberer hervorgerufen werden. Und auf dem Konzil von Tours befahlen die Prälaten im Jahre 813 den Priestern, ihre Gläubigen dahingehend aufzuklären, daß mit Zauberei weder Menschen noch Tiere zu heilen seien. In einer Salzburger Provinzialsynode heißt es so-gar noch 1569, daß manche Menschen durch die Künste der Zauberer und Hexen so sehr getäuscht werden, daß sie sich einreden damit Güter zu er-langen, verborgene Schätze zu finden und Übel zu vermeiden.

Andererseits jedoch beauftragte Papst Gregor II. seine nach Bayern ge-henden Nuntien, sie mögen gegen Traumdeuterei und Vogelschau, Zauber-sprüche, Malefizien und zauberische Handlungen vorgehen. Derselbe Papst bestimmte in einem Konzil des Jahres 721 die Exkommunikation für jeden, der Beschwörer, Wahrsager oder Zauberer befragte und Amulette anwendete. Und auch die Prälaten, die im Konzil des Jahres 829 in Paris zu-sammengekommen waren, forderten für das Verbrechen der Zauberei scharfe Strafen:

„*Man sagt auch, daß diese Menschen mit ihrem Zauber die Luft verpesten, Hagelschlag auslösen, die Zukunft voraussagen, die Früchte und die Milch verderben oder fördern und noch tausend andere böse Dinge vollbringen kön-nen. Wenn man Personen dieser Art entdeckt, seien es Männer oder Frauen, so sollen sie um so strenger bestraft werden, wenn sie in ihrer Schlechtigkeit die Vermessenheit haben, den Teufel nicht zu fürchten und ihm nicht öffentlich abzuschwören.*“

Obwohl die Kirche also selbst keine schweren Strafen verhängte, war sie dennoch im Laufe der Jahrhunderte mehr und mehr von der Notwendigkeit selbst der Todesstrafe für das Verbrechen der Zauberei überzeugt. Wobei sie sich vor allem auf eine Stelle des Alten Testaments stützte, in dem Gott Moses die Botschaft überbrachte: „Die Zauberinnen sollst du nicht leben lassen…“ Auch galt die Magie als Erbschaft des Heidentums und war schon aus diesem Grunde mit allen Mitteln zu bekämpfen. Die Ausführung hinge-gen überließ die Kirche den weltlichen Gerichten. Diese verfügten nun, ebenso wie in der Antike und im alten Germanien, über zahlreiche Gesetze, die für Zauberei als schweres Verbrechen die Todesstrafe versahen. Wobei gar kein so wesentlicher Unterschied zwischen den Gesetzen der christlichen Kaiser und jenen der west- und ostgotischen Könige bestand. Sie ähneln sogar jenen, die in England oder Ungarn geübt wurden. In allen Reichen ging man — so wie auch zur Zeit der spätrömischen Kaiser — langsam dazu über, zauberische Handlungen nicht nur im Falle eines Schadens, sondern generell wegen ihres unchristlichen Inhalts und ihrer Assoziation zum Heidentum zu bestrafen. Der Abfall von Gott wurde damit in den Vordergrund gestellt.

Am frühesten zeigte sich diese Entwicklung im ostgotischen und westgotischen Rechtsleben. Das Edikt des Ostgotenkönigs Theoderich (ca. 500) bedroht magische Beschwörer mit der Todesstrafe, die wohl als Enthauptung aufzufassen ist. Hingegen wurde in der Lex Salica, dem ältesten, um das Jahr 500 verfaßten fränkischen Rechtsbuch, dem zauberischen Giftmörder der Verbrennungstod angekündigt. Besonders verfolgt wurden dabei jene Frauen, die mit Kräuter- und Zaubermitteln Geburtenregelung betrieben. Auch im Westgotischen Reich scheint der Feuertod üblich gewesen zu sein, wobei es offenbar häufig zur Lynchjustiz von seiten des Volkes gegen zaubereiverdächtige Frauen gekommen ist, die allerdings von der Obrigkeit abgelehnt und verfolgt wurde. Auf eigenmächtige Lynchjustiz des Volkes, die von aufgeklärteren Herrschern bekämpft wurde, läßt auch der Beschluß der Synode von Paderborn (785) schließen, der durch Karl den Großen sanktioniert worden war:

„ Wenn jemand, vom Teufel getäuscht, nach Art der Heiden glauben sollte, daß ein Mann oder eine Frau eine Hexe sei, und sie deshalb verbrennt, der soll des Todes schuldig sein. "

Wie sehr damals heidnische Kulte und magische Praktiken als Einheit gesehen wurden, zeigt das Edikt Childerichs III. im Jahre 743, in dem er beides verurteilt, ohne das eine vom anderen in irgendeiner Weise abzugrenzen.[6] Hingegen die zahlreichen Edikte, die Karl der Große wenig später gegen die zauberische Schädigung von Mensch, Feldern und Vieh erließ, bereits ausschließlich von Schadenzauber sprechen. Der kultische Gedanke erscheint hier völlig zurückgedrängt, was einst den Göttern diente, war — seiner ursprünglichen religiösen Bedeutung entkleidet — zur verbotenen Magie herabgesunken.

Deutlich für die Todesstrafe drückt sich auch das Edikt eines Nachfolgers Karls des Großen, nämlich Karls des Kahlen, im Jahre 873 aus, in dem alle Grafen in ihren Grafschaften aufgefordert werden, zauberkundige Personen *„mit allem Eifer aufzuspüren und festzunehmen. Wenn sie überführt werden, seien es Männer oder Frauen, so sollen sie sterben. "*[7]

Die Bezeichnung „Männer und Frauen" erscheint häufig in den Edikten. Es ist aber auch auffallend oft nur von Frauen die Rede. Die Ansicht vieler Autoren, die Zuspitzung auf das weibliche Geschlecht innerhalb der Hexenverfolgungen habe erst mit Erscheinen des Hexenhammers eingesetzt, erweist sich daher auf Grund des Quellenmaterials als falsch. Sicher war die Ausrichtung auf Frauen in frühen Zeiten nicht so kraß wie zum Höhepunkt der Hexenverfolgungen. Aber ein gleichwertiges Verhältnis zwischen Zauberern und Zauberinnen hat auch damals nicht bestanden. Es waren vielmehr immer Frauen, denen auf Grund ihrer Naturnähe eine bessere Verbindung mit dem Unter- und Überirdischen zugetraut und denen überdies im christlichen Glaubenskanon eine leichtere Verführbarkeit durch Satan bescheinigt wurde. Wäre dem nicht so gewesen und wäre der Boden dadurch nicht entsprechend vorbereitet worden, hätte der Hexenhammer, dieses monströse, von einem pathologischen Frauenhaß diktierte Machwerk, auch nicht in kürzester Zeit eine derartige Verbreitung gefunden. Dann hätten sich — zumindest lautere — Stimmen der Kritik vernommen. Tatsächlich jedoch gehörte dieses „unglaubliche Monstrum voll geistiger Sumpfluft" (Hansen) mit insgesamt 29 Auflagen zu einem der ersten Bestseller in der Geschichte des Buchdrucks, und die wenigen Kritiker, die es in der ersten Zeit nach Erscheinen dieses Werkes gab (und die sich wohl durchwegs gegen die Art der Prozeßführung, nicht jedoch gegen die einseitige Verlagerung auf das weibliche Geschlecht wendeten), waren bald verstummt. Die Hexen aber, um die es dabei ging, konnten sich nicht wehren. Sie waren meist ungebildete, des Schreibens und Lesens nicht mächtige Frauen vom Land, die sicherlich kaum verstanden, was sich die gelehrten Juristen und Theologen da gegen sie ausgedacht hatten. Denn selbst unter den Zauberkundigen gab es eine geschlechtlich bedingte Hierarchie. Wohl wurden auch Männer der untersten Schichten, Taglöhner, Angehörige des fahrenden Volkes vor allem, auf grauenvolle Art und Weise gefoltert und hingerichtet. Andererseits aber konnten Zauberer und Hexenmeister auch zu Ruhm und Ansehen gelangen, was bei den Zauberweibern kaum der Fall gewesen ist. Die Männer holten sich ihre Weisheiten aus alten Magiebüchern, waren des Lateinischen mächtig oder überhaupt studierte und gelehrte Leute, die derartige Bücher selbst verfaßten. Manche von ihnen wurden sogar an Fürsten- und Königshäusern geachtet und geehrt, so wie ein Trittenheim, Agrippa von Nettesheim, Picus von Mirandola, während Paracelsus, der einmal meinte, all sein Wissen von Hexen empfangen zu haben, als Arzt und Magier berühmt geworden ist. Sie beschäftigten sich mit den sogenannten geheimen Wissenschaften, waren Astrologen, Astronomen und Mathematiker. Sie befaßten sich mit chemischen Experimenten und schrieben wissenschaftliche Abhandlungen, wie etwa Agrippa von Nettesheim seine „De Occulta Philosophia", in der er ein einheitliches und geordnetes System der herrschenden magischen Vorstellungen entwarf. Aber auch die Geistlichkeit hat sich mit Zauberei befaßt, die sich von jener der Hexen vor allem dadurch unterschied, daß sie „wissenschaftlich" verbrämt werden konnte. Bischof Gauricus etwa, der angesehene italienische Zauberer, ließ unter anderem am französischen Hof die Königinmutter Katharina von Medici im Zauberspiegel die künftigen Nachfolger ihres

Sohnes auf dem französischen Thron sehen. Er durfte es sich leisten, die schwarze Kunst und die Gemeinschaft mit Dämonen als zulässig zu erklären, hatte er doch auch Freunde am päpstlichen Hof, und Papst Paul III. selbst zählte zu seinen Bewunderern. Das war nicht weiter auffallend, denn auch Päpste befaßten sich mit den magischen Wissenschaften, so wie der hochgebildete Papst Sylvester II. († 1003), der an arabischen Hochschulen studiert hatte und als „Zauberpapst" in die Geschichte eingegangen ist.

Die Hexen und Zauberinnen hingegen, von den hohen Stätten der Gelehrsamkeit, von den Bildungszentren, den Universitäten weitgehend ausgeschlossen, blieben zurückgeworfen auf die Natur, auf den Ackerbau, den sie seit vorgeschichtlichen Zeiten ausübten, auf ihre Kenntnisse der Pflanzen, die sie sich ebenfalls in einem jahrtausendelangen Vorgang angeeignet hatten. Eine Meisterin in der Pflanzen- und Kräuterkunde, die mit vielen alten magischen und zauberischen Beschwörungsformeln vermischt war, wurde die Hexe zum eigentlichen Arzt des Volkes, zum Teil geachtet, zum Teil gefürchtet, im Eigentlichen aber ohne wirkliche Autorität, denn im Falle eines Mißerfolges war sie aufgebrachten Dorfbewohnern hilflos ausgeliefert. Für die Kirche jedoch ebenso wie für die Wissenschaft mußte sie, die als Bewahrerin alter heidnischer Traditionen und medizinischer Praktiken bereits in den Untergrund gedrängt worden war, selbst dort zu einem Störfaktor werden, den es auszulöschen galt.

Ketzer, Tänzer, Flagellanten

Die Hexenverfolgungen, wie sie im großen Stil im 16. Jahrhundert auftraten, sind keinesfalls isoliert zu betrachten. Sie werden vielmehr begleitet und vorbereitet von zahlreichen Erscheinungen, die erst in ihrem Zusammenwirken diese „nach den Judenverfolgungen größte nicht kriegsbedingte Massentötung von Menschen durch Menschen" (Schormann) ermöglichten.

Wesentlich für diese Entwicklung waren vor allem die vorangehenden Ketzerverfolgungen. Sie nahmen ihren Ausgang in Südfrankreich, wo die Albigenser — eine Abart der Katharer — ansässig waren, und breiteten sich von dort über Nordfrankreich, Italien, Spanien und das Rheinland bis in die nördlichen Länder aus. Die zu diesem Zwecke eingesetzte Inquisition zeigte bereits die brutalen Züge der späteren Hexengerichte, wenngleich sie sich im Vergleich dazu noch durch eine gewisse Zurückhaltung auszeichnete: Reuige Ketzer entgingen dem Flammentod — eine Alternative, die später den Hexen nicht mehr gestellt wurde. Auch hatten die Ketzerverfolgungen nicht jenes Ausmaß wie die Hexenverfolgungen angenommen, die Zahl der verbrannten Ketzer war nicht annähernd so hoch wie jene der verbrannten Hexen.

Die zunehmende Sektenbildung hatte die Kirche bereits seit längerem mit Besorgnis erfüllt. Religiöse Bewegungen, die neben der katholischen Kirche Heilsanspruch erhoben, hat es schon im Urchristentum gegeben, damals wurden sie allerdings mit einer wesentlich toleranteren Auffassung noch geduldet. Es waren die gnostisch-manichäischen Bewegungen, die mit ihrem orientalischen und antiken Gedankengut im zweiten nachchristlichen Jahrhundert einen Höhepunkt erreichten und später die Lehre der in Kleinasien entstandenen dualistischen Sekte der Bogumilen wesentlich beeinflußt haben. Die Bogumilen wiederum, die sich etwa seit der Mitte des 10. Jahrhunderts auf der Balkanhalbinsel ausbreiteten, wirkten auf die Sekte der Katharer, die „Reinen", wie sie sich nannten, von denen sich auch der Ausdruck „Ketzer" ableiten soll.

Die Katharer hatten Gemeinden vornehmlich in Süd- und Nordfrankreich, aber auch im Rheinland, in England und in Norditalien, von wo sie sich als Patarener dann weiter bis in die Steiermark und nach Kärnten ausbreiteten. In Toulouse, dem Zentrum Südfrankreichs, das als „Heimat der Troubadoure" und „Wiege des Minnesangs" einen verfeinerten Lebensstil entwickelt und beachtliche Kunstwerke hervorgebracht hatte, wurde in der ersten Hälfte des 13. Jahrhunderts ein Teil der alten patrizischen Familien Anhänger der Katharer. Aber auch Mitglieder des niederen Adels ebenso wie Handwerker, vor allem aus dem Textilgewerbe, strömten in großer

Zahl zu den Häretikern.[8] Hier, in dieser reichen und blühenden Landschaft hatten die Ketzerverfolgungen am ärgsten gewütet, wobei vor allem die 20 Jahre dauernden grausamen Albigenserkriege (1209—1229), aus denen die Inquisition hervorgegangen war, Tausenden von Ketzern das Leben kosteten.

So wie die meisten Häretiker vertraten auch die Katharer eine extrem dualistische Weltanschauung, d. h. sie verwarfen die materielle Welt und damit den Leib als das von Satan geschaffene Böse, um allein im Geistigen Heil und Erlösung zu sehen. Dem schwierigen Auftrag, den eigenen Körper dabei als quasi nicht existent zu betrachten, versuchten sie vor allem auf zweierlei Art und Weise gerecht zu werden: entweder durch Abtötung des Fleisches in der Askese, oder durch Negation, wie sie etwa in einem wahllosen, sogar forcierten Geschlechtsverkehr zum Ausdruck kam. Die Sünde durch die Sünde zu töten — diese etwas eigenartige Ansicht findet sich häufig in der Ketzerlehre. Sie führte vielfach zu jenen sexuellen Praktiken, die den Häretikern von der orthodoxen (rechtgläubigen) Kirche vorgeworfen wurden. Denn ebensowenig wie die Versammlung der Hexen zu kultischen Feiern scheinen auch die sexuellen Ausschweifungen der Ketzer, die später in den Hexensabbat übernommen wurden und von denen christliche Autoren immer wieder mit Abscheu berichten, reine Wahnvorstellungen scholastisch geschulter Gehirne gewesen zu sein. Vielmehr gibt es zahlreiche Hinweise dafür, daß sowohl das eine wie auch das andere tatsächlich vorgekommen ist. Die Katharer verwarfen die Ehe, ebenso die Zeugung und die Fortpflanzung, weil man annahm, daß dadurch die Seele noch stärker an die Materie, und damit an das Böse gebunden werde. Sie befürworteten jedoch den freien Geschlechtsverkehr, der sich auch innerhalb von Verwandten vollziehen konnte.[9] Zeugnisse über Blutschande tauchen in vielen Quellen auf. Und es ist sicher ernst zu nehmen und nicht erfunden, wenn der scholastisch gebildete Philosoph Alanus Lille über die Gründe der Ablehnung der Ehe durch die Dualisten schreibt:

„Es sagen nämlich einige von ihnen, daß der Mensch sich mit allen Mitteln von dem, was er vom Prinzip der Finsternis, das heißt vom Körper hat, reinigen muß und man sich deshalb untereinander wahllos fleischlich verbinden müsse, damit man schneller von der schlechten Natur befreit werde."

Es war egal, mit wem man verkehrte, denn es zählte nicht. Im Grunde zeigte sich also auch bei den Häretikern das große Problem des Christenmenschen überhaupt: die Negation des Sinnlichen durch das männliche Geist-Prinzip. Einen wesentlichen Unterschied haben die Häretiker allerdings in ihre Lehre eingebaut: Während die orthodoxe Kirche mit der Abtötung des Fleisches eine Abwertung der Frau verband, indem sie ihr als Versucherin und Verführerin die gesamte Last der Sünde aufbürdete, sahen die Häretiker auch in der Frau vornehmlich ein geistiges Wesen, das vor Gott dem Mann gleichgestellt war. Eine Ansicht, die zu jener relativen Gleichberechtigung führte, von der später noch die Rede sein wird.

Die Religionsgemeinschaften und Sekten, die sich aus Protest gegen eine verweltlichte Kirche im frühen Mittelalter bildeten, um die reine und ursprüngliche Lehre zu verkünden, waren äußerst zahlreich. Neben den Katharern gab es noch die bereits erwähnte gnostisch-manichäische Sekte der Bogumilen, die vor allem in Bosnien zu Ansehen kam, wo sie sogar Einfluß auf das Staatsleben gewann. Die Waldenser wiederum, Anhänger einer im 12. Jahrhundert von Petrus Waldus, einem einst begüterten Kaufmann gegründete Laienpredigerbewegung, traten als „Arme von Lyon" mit „apostolischer Armut" und Buße für eine Reform der Kirche ein. Und die Beginen und Begarden, die sich ohne bindendes Gelübde zu einem klosterähnlichen Gemeinschaftswesen zusammengefunden hatten, verbreiteten sich im 13. und 14. Jahrhundert in den Niederlanden, Frankreich und Deutschland und sollen auch in Österreich sehr zahlreich gewesen sein. Hingegen die Humiliaten, deren Mitglieder sich vor allem aus den unteren Schichten, aus Webern und Textilarbeitern, zusammensetzten und die zunächst eng mit dem italienischen Waldensertum verbunden waren, später zu einer orthodoxen, Waldenser und Katharer auffangenden Bewegung wurden und damit eine ähnliche Funktion übernahmen wie die orthodoxen Beginenkonvente im niederländisch-rheinischen Gebiet.

Zu den Sekten gezählt werden müssen auch die Flagellanten oder Geißler, wenngleich sich diese mit ihrer drohenden, manchmal sogar gewalttätigen Haltung von den übrigen Häretikern unterschieden. Sie zogen vornehmlich in Zeiten politischer Unruhen, Naturkatastrophen und der schwarzen Pest in fanatischen Scharen, Kreuze schwingend und Lieder singend durch Dörfer und Städte, wo sie sich vor versammelter Menge bis aufs Blut geißelten, um für die Sünden der Menschheit Buße zu tun. Sie verwarfen Ablaß- und Seelenmesse, griffen den Papst öffentlich an und bezichtigten die Juden der Brunnenvergiftung, womit sie wesentlich den Judenhaß geschürt und zu den großen Judenverfolgungen beigetragen haben. Als sie schließlich zu Tausenden angewachsen waren, Gottesdienste störten und Priester ebenso wie Laien tätlich angriffen, begann sich die anfängliche Begeisterung der Bevölkerung, die von dem ekstatischen Treiben der Brüder fasziniert gewesen war, rasch in ihr Gegenteil zu kehren: Viele Stadttore blieben vor ihnen verschlossen, und im Jahre 1349 hat dann eine päpstliche Bulle dem Spuk ein Ende gesetzt.

Zu den religiösen Exzessen des Mittelalters zählten auch die St.-Veits- oder St.-Johannis-Tänze, die ihren Höhepunkt in der zweiten Hälfte des 14. Jahrhunderts erreichten. Dabei drehten sich Männer ebenso wie Frauen stundenlang im Kreis, bis sie erschöpft zu Boden stürzten, religiöse Visionen hatten und den „Himmel offen" sahen. Im 11. und 12. Jahrhundert brach die Tanzwut vor allem auf den Kirchhöfen aus. Es wird berichtet, daß an Sterbetagen oder an kirchlichen Festtagen Männer und Frauen auf den um die Kirche liegenden Friedhöfen plötzlich von einem unwiderstehlichen Zwang zum Tanzen erfaßt wurden, von dem sie nur ein Bischof befreien konnte, indem er den Bann aufhob. Zeitweise kam es zu ekstatischen Tänzen auch in den Johannisnächten, die an den heidnischen Tanz der Herodias erinnern sollen. In Süditalien bildete der Tarantismus ein paralleles Phänomen. Der wilde Tanz sollte ursprünglich Vergiftungserscheinungen heilen, die der Biß der apulischen Erdspinne Lycosa Tarantula hervorgerufen hatte. Später wurde er zu einer ekstatischen Massenerscheinung, aus der sich der Volkstanz der Tarantella entwickelte. Derartige orgiastische Ausbrüche — bei vielen Völkern heute noch ein Bestandteil ritueller Feste, die jenes Außer-sich-Sein ermöglichen sollen, die Verbindungen mit den Geistern und Dämonen — waren der Kirche von Anfang an suspekt. Sie erließ alle möglichen Verbote, unternahm Exorzismen, schlug oder isolierte die Befallenen. Doch hatten alle diese Maßnahmen wenig Erfolg. Bis die Erscheinung am Beginn der Neuzeit von selbst verschwand.

Bonae mulieres

Auffallend, von der Forschung bislang aber trotzdem wenig beachtet ist der hohe Frauenanteil in diesen Sektengemeinschaften, die für die Kirche durch ihr schnelles Anwachsen zu einer unmittelbaren Gefahr geworden waren. Die Benachteiligung und die daraus resultierende Unzufriedenheit der Frau, ihre oft ausweglose Situation und bittere Versorgungskrise wird hier besonders deutlich. Der gewaltige Frauenüberschuß des Mittelalters, der zu einem gesellschaftlichen Problem geworden war, konnte von der häretischen Bewegung teilweise aufgefangen werden. Eine Tatsache, die auch der Kirche nicht entgangen war und der sie durch die Gründung von Frauenklöstern entgegenzuwirken versuchte. Wobei die Frauen- und Doppelklöster, die auf die Initiative von Wanderpredigern entstanden waren, die erste, und auf lange Zeit einzige Möglichkeit für religiös motivierte Frauen boten, innerhalb der orthodoxen Kirche anerkannt zu werden. Frauen waren jedoch im frühen Mittelalter nicht nur vom Klosterleben weitgehend ausgeschlossen, sondern auch von der Erlernung eines Handwerks und der zünftischen Erwerbsarbeit. Wenn sie also das Unglück hatten, aus den unteren Schichten zu stammen und weder einen Mann noch eine Arbeit meist als abhängige und unterbezahlte Lohnarbeiterin zu finden, blieb ihnen nur der Bettel oder die Prostitution. Daher ist es auch verständlich, daß Frauen, Außenseiter der Gesellschaft auf Grund ihres Geschlechts, in hellen Scharen zu den Ketzern strömten, wo sie nicht nur den nötigen Unterhalt, sondern darüber hinaus auch Aufgabe und Daseinsberechtigung fanden. Wobei die weitgehende Gleichberechtigung sicherlich ein besonderer Anziehungspunkt gewesen ist. Denn im Gegensatz zur katholischen Kirche, die den Frauen gemäß dem Pauluswort „Mulier taceat in ecclesia" (die Frau hat in der Kirche zu schweigen) eine untergeordnete Rolle zuschrieb, war es bei den Häretikern sehr wohl möglich, daß auch die Frauen, die sich bonae mulieres nannten, in den Stand der Vollendeten, der perfecta, aufstiegen. Sie wurden jedoch nicht nur gleichberechtigt zur Geisttaufe, dem katharischen Consolamentum, zugelassen, sondern sie hatten, vor allem in der Anfangszeit der häretischen Bewegung, auch das Recht zur Predigt, also zur aktiven Missionstätigkeit, das die orthodoxe Kirche den Frauen seit je verweigert hatte.

Die religiöse Reformbewegung, die im 12. Jahrhundert einsetzte, wurde also auch — vielleicht sogar zu einem überwiegenden Teil — von Frauen aus allen Schichten getragen. Herumziehende, entwurzelte Frauen wie Gauklerinnen, Sängerinnen und Musikerinnen schlossen sich den Dualisten, Waldensern oder orthodoxen Ausläufern der Armutsbewegung wie den Humiliaten ebenso an wie Frauen aus reichen Adelsgeschlechtern, die mit ihrem Vermögen die Entstehung von religiösen Gemeinschaften ermöglichten. Häufig hatten sie das Leben in einem Ketzerkonvent einer Standesehe vorgezogen, oft auch waren sie von ihren Familien aus Versorgungsgründen dorthin abgeschoben worden. Daß Frauen ihren Gatten, Töchtern ihren Vätern weggelaufen waren, wissen christliche Quellen oft mit großer Empörung zu berichten. So ist im Traktat des Priesters Cosmas davon die Rede, daß sich viele Frauen von ihren Männern trennten und zu den Bogumilen gingen, was er als besonders tadelswert empfindet mit dem Hinweis, daß der Platz der Frau in der Familie sei, in der sie dem Mann als ihrem Herrn untertan zu sein habe.[10] Wie schwierig andererseits jedoch auch die Versorgung der Töchter vor allem aus dem kleinen Adel war, läßt sich aus dem Erbrecht erkennen, das in der zweiten Hälfte des 12. Jahrhunderts dazu überging, Töchter nicht mehr am Erbe von Grund und Boden zu beteiligen, um einer weiteren Zersplitterung des Grundbesitzes vorzubeugen. Sie wurden — soferne dies möglich war — mit einer Geldsumme abgefunden, und durften nur dann, wenn ein männlicher Nachkomme fehlte, als Erbin auftreten.

Frauen aus dem niederen Adel bildeten zweifellos vor allem im 12. Jahrhundert die tragende Schicht in den Frauenkonventen Südfrankreichs. Hingegen für die unteren Schichten, denen die Mittel zum Aufbau eigener Konvente fehlten, eher die herumziehende Lebensweise typisch war. Erst seit der Mitte des 13. Jahrhunderts, als die Konvente in Südfrankreich nach den Albigenserkriegen verschwunden waren und sich der Adel weitgehend vom Katharismus zurückgezogen hatte, wurden — so wie zu Beginn der Bewegung — wieder die Mittelschichten der Städte, vor allem die kleinen Handwerker die tragenden Kräfte.

Zahlreich waren auch die Mägde der oberen Klassen, die zu den Dualisten strömten, und die dann gleichberechtigt mit ihrer Herrin an den Zeremonien teilnahmen. Die Aufhebung der Klassenschranken, die Gleichstellung von arm und reich, hoch und nieder dürfte neben der Gleichberechtigung von Mann und Frau ein zusätzliches anziehendes Moment gewesen sein. Die Herrin ebenso wie ihre Untergebene waren als Gottestöchter beide gleich und hatten unabhängig von ihrer Klassenherkunft gleichen Anteil am Heiligen Geist. Die Frauenfrage zu Beginn des 12. Jahrhunderts führte zu einer Massenbewegung jedoch nicht nur innerhalb der Häresie, sondern auch innerhalb der katholischen Kirche. Die Versuche orthodoxer Wanderprediger, wie etwa Roberts von Abrissel, besonders Frauen der untersten Schichten eine Vorzugsstellung in den Klöstern einzuräumen, brachte allerdings nur kurzfristigen Erfolg. Denn die Frauenklöster, die danach gegründet wurden, nahmen ausschließlich Angehörige des Adels auf. Von dem Bretonen Robert, der „in der Frau das Symbol der Erlösung der Menschheit" sah, „die Personifizierung der Gottesmutter, unter deren Fuß die Schlange zertreten wurde"[11], wird auch berichtet, daß er sich der ihren Gatten entlaufenen Ehefrauen annahm, die sich weigerten, zu ihren Männern zurückzu-

27

kehren. Es wäre jedoch falsch, aus solchen und ähnlichen Zeugnissen Emanzipationsbestrebungen im modernen Sinn abzuleiten. Die religiöse Komponente stand sicherlich im Vordergrund. Der Ausdruck Emanzipation ist trotzdem berechtigt. Denn gerade weil das gesamte Mittelalter so sehr vom Religiösen beeinflußt und bestimmt wurde, konnte sie sich, dem Geist der Zeit entsprechend, auch nur im religiösen Rahmen vollziehen.

Die Kirche versuchte jedoch nicht nur durch Klostergründungen die große Zahl herumziehender, häresieverdächtiger Frauen in orthodoxe Bahnen zu lenken. Heinrich der Mönch etwa, angesiedelt zwischen orthodoxer Wanderpredigt und bewußter Ketzerei, nahm sich vor allem der Prostituierten an, indem er den Frauen vor versammelter Menge ihre schönen Kleider und abgeschnittenen Haare verbrennen ließ. Dann sammelte er Geld, um sie einfach einzukleiden, und verschaffte ihnen Ehemänner aus dem Kreise seiner Anhänger.

Ein besonderer Stein des Anstoßes war für viele Theologen die Tatsache, daß in manchen Ketzergemeinschaften, wie etwa in den bosnischen Bogumilenklöstern oder auch bei den Waldensern, Männer und Frauen zusammen lebten und auch bei allen Zeremonien gleichberechtigt auftraten. Bernhard von Clairvaux wettert 1144 in einer Predigt gegen das Zusammenleben mit den Frauen und fordert ein energisches Einschreiten der Kirche, die entweder die Frauen vertreiben oder den endgültigen Ausschluß der Häretiker aus der Kirche veranlassen soll.

Widernatürlich fanden die Anhänger der orthodoxen Kirche auch die den Frauen der Ketzer zugestandene freie Predigt. Vor allem bei den Waldensern hatten die Frauen ebenso wie die Männer das Recht, als Wanderprediger aufzutreten. Aber es gibt auch Berichte von katharischen Frauen, die die Methode der freien Schriftinterpretation im Sinne der neumanichäischen Inspiration beherrschten, für die die Ketzer berühmt waren und die sich auf diesem Gebiet auch in leidenschaftliche und beredte Dispute mit ihren männlichen Kontrahenten einließen. Wie sehr diese Möglichkeiten viele Frauen angezogen haben, beweisen die Aussagen von zwei Waldenserinnen, die von Ponce, dem Bischof von Clermont (1170 — 1189), zum Abschwören gezwungen worden waren: Der Unterschied zwischen orthodoxer und heterodoxer Lebensweise, so erklärten sie, läge vor allem darin, daß sie in der Sekte frei predigen durften, niemandem unterworfen waren und ein unbeschwertes Leben führten. Hingegen sie in einem erbarmungslosen Klosterjoch nur Elend und Trübsal erwartete.[12]

Auch in den mit den Beginen und Begarden verbundenen Bewegungen spielten die Frauen eine wichtigere Rolle als die Männer, ebenso in den nachfolgenden Bewegungen der antinomistischen Häresie, wie sie die Brüder und Schwestern des freien Geistes praktizierten.[13] Das Beginentum war aus dem Zusammenschluß von religiös motivierten Frauen entstanden, die in den Klöstern keine Aufnahme finden konnten, und hatte sich zu häretischen ebenso wie zu orthodoxen Verbindungen hin entwickelt. Im Gegensatz zu den Waldensern herrschte bei den Beginen das Prinzip der persönlichen Armut nicht vor, häufig bildete sogar ein bestimmter Besitz die Voraussetzung für die Aufnahme in ein Beginenhaus. So wie die übrigen Ketzergemeinschaften erwarben auch die Beginen ihren Lebensunterhalt durch den Beruf, den sie erlernt hatten, weiters durch Spinnen, Weben, oft durch die Erziehung junger Töchter aus dem Kleinadel oder durch Krankenpflege. Daneben lebten sie von den zahlreichen Spenden der Gläubigen. Hingegen jene Frauen, die aus den unteren Schichten stammten und denen auf Grund ihrer Mittellosigkeit die Aufnahme in die Beginenhöfe verwehrt war, bettelnd und predigend durch das Land zogen und gerade deshalb als besonders häresieverdächtig verfolgt wurden. Insgesamt werden vor allem die religiösen Genossenschaften der Beginen, die ungemein zahlreich vor allem im Rheingebiet und in den Niederlanden auftraten, als eine Form der Emanzipationsbestrebung der mittelalterlichen Frau betrachtet.

Die weitgehende Gleichberechtigung der Frau bei den dualistischen Sekten geht auf die gnostische Schöpfungsgeschichte zurück. Die Abhängigkeit Evas von Adam war hier rein körperlich gedacht, während sie geistig ebenso wie Adam einen Engel darstellt, der allerdings als solcher im Himmel eine Stufe unter Adam steht. Eva war hier auch nicht so wie in der Genesis lediglich ein Teil des Mannes und diesem nachgebildet, sondern in gleicher Weise aus Erde und Wasser geschaffen und beseelt. Auch hat die Sünde in der gnostischen Lehre in Satan ihren Ursprung — die Rolle Evas beim Sündenfall wird zumindest in den Hintergrund gedrängt.

Die gebrochene und widersprüchliche Einschätzung der Frau durch die Sekte spiegelt sich auch im Aufbau der Gemeinschaft wider. An der Spitze eines Frauenkonvents stand die Vorsteherin, meist eine Adelige, deren Familie den Konvent unterstützte. Sie wurde haeretica induta oder haeretica perfecta genannt. Ihr übergeordnet waren die Diakone, in seltenen Fällen übten Ketzerbischöfe die geistliche Aufsicht aus. Frauen konnten — im Gegensatz zu den frühen Bogumilen — bei den Katharern keine Diakonissen werden, noch weniger den Rang eines Bischofs bekleiden. An dieser Unterordnung der perfecta unter die männlichen Mitglieder der Sekte werden auch die Grenzen weiblicher Möglichkeiten sichtbar. Trotzdem war diese hierarchische Unterordnung innerhalb der Gemeinde nicht von ausschlaggebender Bedeutung. Wichtiger war der Eintritt in den Kreis der Vollendeten — innerhalb dieser Erwählten waren die katharischen Diakone und Bischöfe nur die Ersten unter Gleichen. Die perfecta war ebenso „gottesunmittelbar" wie der Mann, da ihr wie diesem die erleuchtete göttliche Seele innewohnte. Es war diese Auffassung, durch die sich der Neumanichäismus radikal von der katholischen Kirche unterschied, die der Frau die Gottesunmittelbarkeit abgestritten hatte.

Gegen Ende des 13. Jahrhunderts jedoch begann sich der Katharismus mehr und mehr der katholischen Kirche anzupassen, was entsprechende Folgen für die Einschätzung der Frau im Kult nach sich zog. Sie spielte als perfecta eine immer geringere Rolle, es wurde ihr nach und nach die freie Predigt untersagt und ihre aktive Rolle als Gläubige weitgehend eingeschränkt. Die zunehmende Geringschätzung, die den bonae mulieres entgegengebracht wurde, zeigt sich auch bei den religiösen Zeremonien. Während man etwa noch im 13. Jahrhundert eine Berührung der Frau bei der Handauflegung nicht gescheut hatte, bemühte man sich Anfang des 14. Jahrhunderts bereits, diese wenn möglich zu vermeiden. Die Ansichten der katholischen Kirche, nach der Frauen die kirchlichen Gewänder und geweihten Gefäße nicht berühren dürfen und in der von einer „Besudelung der göttlichen Sakramente durch Frauenhände" gesprochen wurde,[14] hatte teilweise also auch im Katharismus Eingang gefunden.

Wie sehr die ursprüngliche Bedeutung der Frau reduziert worden war, zeigt sich auch in der endura, dem rituellen Selbstmord, dem sich bezeichnenderweise vor allem Frauen unterwarfen. Weil sie immer weniger für würdig befunden wurden, die Geisttaufe bei Lebzeiten zu erhalten, ging man mehr und mehr dazu über, diese erst auf dem Totenbett zu spenden. Damit sie jedoch bei einer eventuellen Gesundung nicht rückfällig werden und damit ihr Seelenheil verlieren konnten, ließ man sie anschließend vorsorglich verhungern. Die weibliche Vollendete hatte also im Leben ihren Platz verloren, sie wurde in das Jenseits verbannt.

Das Scheitern der Frauenfrage im Katharismus lag aber nicht nur an dem durch hierarchische Erstarrung ebenso wie Verfolgung bedingten Niedergang der Lehre, es lag nicht nur an der allgemeinen gesellschaftlichen und religiösen Situation eines christlich-patriarchalischen Abendlandes, der auch jede Sekte in gewisser Weise unterworfen war. Es lag darüber hinaus an der Unauflöslichkeit einer Doktrin, die das reine, männliche Geist-Prinzip als absolut erklärt hatte, und die weibliche, sinnliche, dem Stofflichen, der Materie (das Wort soll sich vom lateinischen mater = Mutter herleiten), darum jedoch nicht weniger „geistige" Komponente praktisch ausschloß. Eine Lehre, nach der sich so wie im Katharismus und in anderen dualistischen Sekten eine schwangere Frau im absoluten Zustand der Sünde befand, konnte für das weibliche Geschlecht nicht zukunftweisend sein. Die Frau hat also auch hier ihre Gleichberechtigung mit der Aufgabe und Verleugnung ihrer Weiblichkeit bezahlt. Die Geisttaufe, das Consolamentum, sah zwar die Erlösung aus der irdischen geschlechtlichen Körperlichkeit und die Rückkehr in den Himmel für Mann und Frau in gleicher Weise vor. Doch wurde die Asexualität, die sich dabei für beide Geschlechter ergab, männlich gedacht. Die Frau als perfecta war dem perfectus gleichgestellt und wurde wie dieser verehrt und begrüßt. Als Frau durfte sie sich dann nicht mehr fühlen. Denn Frau sein war — so wie in der katholischen Kirche — Sünde!

Die Inquisition

Die Einrichtung der Inquisition war eine unmittelbare Folge der Albigenserkriege, der schätzungsweise eine Million Menschen zum Opfer fielen.[15] Verfolgungen durch einzelne Bischöfe oder auch weltliche Gerichte hatte es schon früher gegeben, so etwa 1034 bei Turin und 1022 in Orleans, auch in Limoges, Toulouse, Arras und Cambray war es zu Ketzerverfolgungen gekommen. Worauf die Katharer in den Untergrund gegangen waren, ihre Versammlungen heimlich abhielten und erst wieder im 12. Jahrhundert, als sich die Situation beruhigt hatte, an die Öffentlichkeit traten. 1209 begann dann der Albigenserkreuzzug unter päpstlicher Oberherrschaft, der keinesfalls nur ein Religionskrieg, sondern viel eher ein Machtkrieg mit vorrangig weltlichen Interessen war. Die militärische Führung übernahm Simon von Montfort, dem es auch gelang, sich der Herrschaft über Toulouse zu bemächtigen. Der eigentliche Gewinner war allerdings die französische Krone, die sich nach seinem Tod dort festsetzte.

Die Albigenserkriege, die zwanzig Jahre dauerten, hatten auch viele Waldenser das Leben gekostet, andere flüchteten in die Berge von Piemont und Savoyen, aber auch nach Deutschland und Österreich. Sie bildeten jedoch lediglich den Auftakt zu einer allgemeinen Vernichtungswelle, die sämtliche häretischen Bewegungen umfaßte. Es war nach wie vor hauptsächlich Südfrankreich, aber auch Norditalien und schließlich Deutschland, wo die Ketzergerichte ihre blutigen Verfolgungen einleiteten. Seit der Synode von Toulouse nach Abschluß der Albigenserkriege (1229) tauchten immer wieder Bestimmungen auf, nach denen alle Einwohner, Mädchen ab zwölf und Knaben ab vierzehn Jahren, dem Bischof oder Inquisitor ihren orthodoxen Glauben zu bekunden und die Bekämpfung der Ketzer zu geloben hatten. Ursprünglich war die Verfolgung der Ketzer, über die es schon im 11. und 12. Jahrhundert genügend Hinweise gibt, Sache der Bischöfe gewesen, wobei bereits im 12. Jahrhundert die Verbrennung in Nordfrankreich ebenso wie in Deutschland üblich war. Dem Papsttum, das sich durch die enorme Verbreitung der Häretiker zunehmend bedrängt und bedroht fühlte, schienen die Erfolge der Bischöfe allerdings zuwenig durchgreifend zu sein. Das war auch der Grund, warum Gregor IX. bereits 1227 dazu überging, seinerseits Leute mit der Verfolgung der Abtrünnigen zu betrauen. Er übertrug dieses Amt den beiden neugegründeten Orden der Dominikaner und Franziskaner, worauf bald fast nur noch Dominikaner als Ketzerrichter auftraten. Die auf diese Art ins Leben gerufene päpstliche Inquisition begann ihre Tätigkeit 1232. Vorerst einmal stieß sie auf den Widerstand der Bischöfe, die sich in ihrem Einflußbereich gefährdet sahen. Denn die vom Papst bevollmächtigten Inquisitoren durften ohne deren Zustimmung von der Kanzel gegen die Ketzer predigen und die Verfolgungen einleiten. Es sind uns auch zahlreiche Fälle überliefert, in denen sich die Bischöfe über das eigenmächtige Handeln der Inquisitoren empörten, so wie etwa Bischof Golser im Verlauf des ersten — und einzigen — kirchlichen Inquisitionsprozesses in Österreich Ende des 15. Jahrhunderts, von dem im Folgenden noch die Rede sein wird. Später jedoch gewöhnten sich die Bischöfe daran und ließen die Inquisitoren meist unbehelligt gewähren.

Um den Widerstand der Häretiker endgültig zu brechen, bedurfte der Papst allerdings der weltlichen Hilfe. Diese fand Gregor IX. in Friedrich II., welcher eine Reihe von Gesetzen erließ, die es den Behörden zur Pflicht machten, die Inquisitoren bei ihrer Arbeit zu unterstützen. Was jedoch vor allem auch für die künftigen Hexenverfolgungen wichtig war: Friedrich II. erhob das Verbrechen der Häresie so wie das Münz- und Majestätsverbrechen zum Ausnahmeverbrechen, zum „crimen exceptum", das als solches in der Folge beinahe jedes Vorgehen von Kirche und Staat rechtfertigte.

Friedrich II. aus dem Haus der Hohenstaufen, der im Ruf eines Freidenkers stand, dürfte kaum aus Glaubenseifer so gehandelt haben. Vielmehr waren es wohl diverse Gegenleistungen des Papstes, die ihn zu diesem Entgegenkommen bewogen. Es zeigt sich hier jene Verquickung von Glaubens- und Machtinteressen, wie sie bei den Ketzer- (und übrigens auch bei den Hexen-) Prozessen eine wesentliche Rolle gespielt haben.

Rasch breiteten sich die Verfolgungen aus: nach Spanien 1234, nach Nordfrankreich 1255. Nach Deutschland schickte Gregor IX. den gefürchteten Konrad von Marburg, den strengen Beichtvater der Landgräfin von Thüringen, der heiligen Elisabeth. Aber er kam nicht weit. Nachdem sich im gesamten Elsaß und Rheinland Wut und Entsetzen über diese grausame Art der Verfolgung ausgebreitet hatte, wurde er auf seinem Weg von Mainz nach Paderborn von aufgebrachten Rittern überfallen und ermordet.

Auch nach Österreich war die Inquisition vorgedrungen. Zum ersten Mal berichtet die Klosterneuburger Chronik 1210 von der Sekte der Patarener oder Gazzari, wie die Katharer auch in Norditalien hießen. Herzog Leopold VI. soll damals mit großer Strenge gegen sie vorgegangen sein. Ein Zeitgenosse, der Dichter Thomasius von Zirklaire, berichtet, der Herzog habe sie sieden und braten lassen. Unter Papst Gregor wurde dann der Prior und Subprior des Dominikanerklosters zu Friesach durch eine eigene Bulle mit der Inquisition gegen die Häretiker beauftragt. Zahlreicher als die Katharer scheinen in Österreich die Beginen und Begarden gewesen zu sein. Sie wurden gegen Ende des Jahrhunderts von den vom Bischof Bernhard von Passau (1285—1313) eingerichteten Inquisitionsgerichten vor allem in Steyr, Oberösterreich, verfolgt. Auch in Krems, das damals nach Wien die bedeutendste Stadt gewesen ist, kam es zu schauerlichen Ketzerverfolgungen. Ab 1316 wurde die Inquisition in ganz Österreich durchgeführt, wobei vor allem Waldenserprozesse gegen Ende des 14. Jahrhunderts in Steyr zu über tausend Verhaftungen geführt haben, von denen an die hundert ver-

Hekate, die dreigesichtige Göttin der dunklen Künste.
Antike Gemme.

Ketzerverbrennung auf dem Hafenplatz in Goa.
Stich von David Herrliberger 1748.

Inquisition: Verhör. Aus: „Heilige Zeremonien, Gottes
und Götzen-Dienste aller Völcker der Welt", Zürich 1748.

Unbußfertige Ketzerin. Aus: „Heilige Zeremonien, Gottes und Götzen-Dienste aller Völcker der Welt", Zürich 1748.

Hexen-Sabbat; Kupferstich aus „Praetorius, Blockes-Berges
Verrichtung", 1668. In der Mitte ist der Kuß des Bocks-
Hinterteiles durch die Hexe (osculum infame) dargestellt.

brannt wurden.[16] Schon um 1315 soll die Zahl der Waldenser in Österreich etwa 80.000 betragen haben, die nicht nur in Oberösterreich, sondern auch in der Steiermark, Kärnten und Krain ihre Gemeinden hatten. Ab 1436 kam es erneut zu schweren Ausrottungsprozessen. 1467 schließlich wurde der Waldenserbischof Stefan in Wien verbrannt.

Der Inquisitionsprozeß unterschied sich wesentlich vom bisher üblich gewesenen Akkusationsverfahren. Denn während dieses auf der Aussage des Anklägers beruhte, die eidlich bekräftigt und durch Tatsachen bewiesen werden mußte, konnte das Inquisitionsverfahren vom Gericht eingeleitet werden. Sobald also der Inquisitor über Angaben verfügte, die seiner Meinung nach ein Vorgehen rechtfertigten, sei es durch Denunziation, zu der jeder unter Androhung von Strafen verpflichtet war, oder auch nur ein Gerücht, war er berechtigt, die Verhaftung zu veranlassen. Der Name des Denunzianten mußte dabei dem Angeklagten nicht genannt werden. Und nur durch dieses heimtückische Verfahren, das jedem Neider, mißgünstigen Nachbarn oder sonstigen persönlichen Feind Gelegenheit gab, sich einfach und problemlos an seinem Widersacher zu rächen, wurden Umfang und Ausmaß der Ketzer- ebenso wie der Hexenprozesse überhaupt erst möglich. Indem als Belastungszeugen gegen den Angeklagten sowohl Mitschuldige als auch sogenannte „ehrlose Leute" wie Meineidige, Kuppler, Exkommunizierte usw. zugelassen waren, jede Verteidigung hingegen mit dem Ausschluß aus der Kirche bedroht war, wurde der Willkür Tür und Tor geöffnet. Wichtig war dabei vor allem das Geständnis des Angeklagten, und das wurde erreicht durch raffinierte und schauderhafte Foltermethoden. Die Folter war als Mittel, um Geständnisse zu erpressen, schon vorher angewendet worden. Aber erst Papst Innozenz IV. hat sie im Jahre 1252 offiziell in den Ketzerprozeß eingeführt.

Gerechtfertigt wurde dieses grausame und sogar mit den damaligen Rechtsverhältnissen in keinem Einklang stehende Verfahren mit dem Hinweis auf die Schwere des Verbrechens. Ketzer waren auszurotten, denn sie beleidigten die göttliche Majestät und gefährdeten die christliche Kirche mit dem Ziel, das Reich des Antichrist zu errichten. Vorstellungen, die noch viele hundert Jahre später die Hexenjäger ebenso bewegten. Weil jedoch die Kirche die Todesstrafe selbst nicht ausüben wollte, übernahm sie lediglich die Bestrafung der reumütigen und zur Abschwörung ihrer Irrtümer bereiten Ketzer. Sie verordnete Wallfahrten, das Tragen von Bußkreuzen auf den Kleidern, und bei schweren Fällen Gefängnis auf Lebenszeit. Unbußfertige Ketzer jedoch, die nicht abschwören und ihren Glauben verleugnen wollten, wurden an das weltliche Gericht ausgeliefert, das den Feuertod verhängte. Daß Tausende von Ketzern und Ketzerinnen den Flammentod einem Abschwören ihrer Lehre vorzogen, beweist die absolute Konsequenz vieler Häretiker ihrem Glauben gegenüber. Sie wirft gleichzeitig ein helles Schlaglicht auf Glaubensfragen im Mittelalter überhaupt, die von lebensbestimmender, lebenserhaltender Bedeutung für den einzelnen, aber auch für das gesamte Gesellschaftsgefüge gewesen sind. Nur vor diesem Hintergrund sind auch die exzessiven, jede Vernunft und jede Humanität ausschaltenden Ketzer- und Hexenverfolgungen zu verstehen. Sie erschienen den damaligen gescheitesten und gelehrtesten Köpfen im höchsten Ausmaß vernünftig, sicherten sie doch die bestehende Ordnung gegen den Einbruch tatsächlicher oder auch nur vorgestellter umstürzlerischer Außenseiter, die ein Machtgefüge von innen auszuhöhlen drohten.

Trotzdem genossen die Ketzerrichter im Gegensatz zu den Hexenrichtern keinesfalls die Sympathien des Volkes. Meist waren sie sogar verhaßt. Es kam zwar gelegentlich, so wie bei den Hexenverfolgungen, auch hier zur selbständigen Lynchjustiz von seiten der Bevölkerung, doch hielt sich ein derartiges eigenmächtiges Vorgehen in Grenzen. Viel häufiger wurden die Inquisitoren vertrieben oder ermordet. Konrad von Marburg war hier kein Einzelfall. Auch die zwei Dominikaner, die 1233 nach Cordes geschickt wurden, um dort Ketzer ausfindig zu machen, wurden von empörten Bürgern erschlagen. Selbst die Sorbonne führte Beschwerde gegen das unverantwortliche Treiben der Mönche, und Parlamentsbeschlüsse schritten gegen das bislang unübliche Gerichtsverfahren ein. Böses Blut machten auch die Kreuzzüge gegen die Stedinger, die als freie Bauern an der Unterweser saßen und dort trotz eines kriegerischen Einfalls, den Erzbischof Gerhard II. von Bremen zusammen mit einigen benachbarten Fürsten durchgeführt hatte, die gewünschten Abgaben nicht leisten wollten. Auch hier also war die Häresie nur Vorwand für einen sehr handfesten Machtanspruch. Trotzdem befahl Gregor IX. den Bischöfen von Minden, Lübeck und Ratzenburg, den Kreuzzug gegen die Stedinger predigen zu lassen, worauf die freien Bauern dem gewaltigen Kreuzheer auch unterlagen.

Daß sich die Ketzerrichter an den Inquisitionsprozessen auch bereicherten, steht außer Zweifel. Schon 1252 wies ihnen Papst Innozenz IV. ein Drittel des Vermögens der Hingerichteten zu, und im 15. Jahrhundert war es bereits rechtliche Gewohnheit, daß die Inquisition das gesamte Vermögen der Verbrannten einzog.[17]

Der Haß gegen die Inquisitoren zeigte sich vor allem in Südfrankreich, wo die Albigenserkriege den Katharismus zwar geschwächt, aber keinesfalls vernichtet hatten. Ähnlich wie in Narbonne und Albi kam es auch in Toulouse zu Aufständen der Bevölkerung gegen die Inquisition und zur Vertreibung der Dominikaner. Wobei neben den Männern auch zahlreiche Frauen aktiv am Widerstand teilgenommen haben. Gottfried Koch vermutet außerdem in seiner sehr fundierten Untersuchung, daß die Revolten zu einem großen Teil auf die Verfolgung und posthume Verdammung der bonae mulieres, der guten Frauen, zurückzuführen waren, die vom Volk verehrt wurden und hohes Ansehen genossen. Tatsächlich gibt es zahlreiche Beispiele von Volksaufständen, die sich nach dem Verbrennen von Ketzerinnen ereigneten. So hatte in Berganty bei Cahors der Pfarrer um das Jahr 1234 drei Frauen festnehmen lassen, von denen dann zwei nach der Untersuchung als perfecta verbrannt wurden. Um von den Verwandten der Frauen nicht gelyncht zu werden, mußte er daraufhin die Diözese verlassen. Auch in Roquefort kam es nach der Festnahme einer perfecta und deren Begleiterin zu einem Frauenaufstand: Mit Knüppeln und Steinen wurden die beiden mulieres den Beauftragten des Abtes entrissen. Und als dieser dann die Frauen zusammenrufen ließ, um sie zur Rechenschaft zu ziehen, waren die Gesuchten längst entkommen.[18] Eine grausame Geschichte hingegen wird von zwei Chronisten unabhängig voneinander berichtet: Als im Jahre 1234 der Bischof Raimond du Fauga hörte, daß eine „magna matrona Tholosana" auf dem Totenbett das Consolamentum empfangen hatte, eilte er in ihr Haus, um sie zum Abschwören zu bewegen. Da die Frau ihn für den Ketzerbischof hielt, legte sie ihm ein häretisches Glaubensbekenntnis ab. Worauf sie, da sie sich weigerte ihren Glauben zu verleugnen, im Bett liegend verbrannt wurde. Nur mit Mühe, meinen die Berichterstatter, konnte die aufgebrachte Menge beruhigt werden.[19]

Diese Einstellung der Bevölkerung den Inquisitoren gegenüber änderte sich allerdings in dem Augenblick, in dem die Zauberei als schädigendes Verbrechen in den Ketzerprozeß aufgenommen wurde. Denn damit wurde aus dem verhaßten Inquisitor, der als Verfolger freier und niemandem zum Schaden gereichender Religionsansichten die Wut der Leute auf sich gezogen hatte, der gesuchte und geschätzte Befreier vom zauberischen, Verderben stiftenden Gesindel.

Die Entwicklung des Hexenbegriffs

Die Verbindung von Ketzerei mit Zauberei war naheliegend. Beide bedeuteten Abfall von der Kirche und damit Gott, und beide hatten sich den Dämonen, das heißt dem Teufel verschrieben. Die Theologie erklärte also die Zauberei zu einem „crimen mixtum", das in jedem Fall von der kirchlichen Gerichtsbarkeit auf seinen ketzerischen Inhalt hin zu prüfen sei. Auf diese Art und Weise geriet auch die Zauberei in den Zuständigkeitsbereich der Inquisition.

Zaubereivorstellungen waren — ebenso wie Glaubensfragen — ein fester Bestandteil des Lebens im Mittelalter. Wobei viele Elemente aus der Antike und dem Germanentum mit orientalisch-hebräischen Einflüssen verschmolzen. Die Magie beherrschte Leben und Denken nicht nur des einfachen Volkes, sondern ebenso der gelehrten Ärzte, Philosophen und Scholastiker. Sie wurde an hohen Fürsten- und Königshäusern betrieben und auch geglaubt und spielte eine große Rolle in der mittelalterlichen Medizin. Weshalb die Frage berechtigt erscheint, warum der eine dafür verfolgt, der andere jedoch geduldet wurde oder gar in hohen Ehren stand. Die Antwort ist nicht einfach, sie betrifft das komplizierte Gefüge der mittelalterlichen Seele, in das einzudringen für den Menschen des 20. Jahrhunderts schwierig ist. Hier spielten sicherlich Standesunterschiede ebenso eine Rolle wie der Grad der Gelehrsamkeit, die Glaubenssätze der katholischen Kirche, die festlegten, was als Magie zu gelten habe und was nicht, das Ansehen der jeweiligen Person, und nicht zuletzt das Geschlecht.

Teufelsbund

Zugleich mit der Verknüpfung der Häresie und Zauberei als in gleicher Weise todeswürdige Verbrechen trat die Vorstellung vom Teufelsbund in den Mittelpunkt der Betrachtungen. Der Glaube an intensive Kontakte oder geschlechtliche Vermischung der Menschen mit Dämonen ist uralt. Es zeigt sich darin die Sehnsucht nach Verbindung mit dem Übersinnlichen, nach Überwindung des irdischen Gefangenseins, gleichzeitig aber auch der Versuch, die geheimen Kräfte zum eigenen Nutzen einzusetzen. In kultischen Riten von Stammesvölkern schlüpfen die Tänzer in die Masken der Dämonen, mit denen sie eine Art von Identität anstreben. Die antike Mythologie ist voll von Liebschaften zwischen Göttern und Menschen, auch die altorientalische, vor allem die jüdische Dämonenlehre bietet eine Fülle von Beispielen, und die nördliche Sagenwelt weiß von Liebesverhältnissen zwischen Menschen und Geistern. Die Vorstellung vom Geschlechtsverkehr der Söhne Gottes mit den Töchtern der Menschen ist, wie schon erwähnt, auch in der Bibel anzutreffen, und die Erörterung einer Verbindung guter und böser Engel mit den Menschen wurde zu einem Lieblingsthema der gesamten mittelalterlichen Scholastik. Was jedoch zuvor eher spekulativ der Welt des Geistes zugeordnet blieb, begann im 13. Jahrhundert handfester und tatsächlicher zu werden. Wobei vor allem die geschlechtliche Verbindung mit dem Bösen das zunehmende Interesse der gebildeten Theologen erregte. Denn je mehr die Macht des Teufels im Mittelalter an Bedeutung gewann, umso gefährlicher wurde er auch für den Menschen. Und gegen Ende des 13. Jahrhunderts schließlich wurde der fleischliche Verkehr des Menschen mit dem Teufel zunehmend eine Realität und entwickelte sich allmählich zu einem Glaubenssatz der theologischen Wissenschaft.

Ein großer Anteil an dieser Entwicklung wird dem berühmten Kirchenlehrer Thomas von Aquin († 1274) zugeschrieben, den Papst Johann XXII. im Jahre 1323 zum Heiligen erklärt und Pius V. 1567 zum Doktor ecclesiae erhoben hatte. Thomas hatte den vorangegangenen vielfältigen Spekulationen, ob nun Engel und Dämonen dünne, geistige oder gar keine Körper besitzen, ob sie diese Körper bewegen, essen, verdauen, sich fortpflanzen können und in welcher Weise sie mit Menschen in Verbindung treten, ein Ende bereitet, indem er definitiv erklärte, daß an der Existenz des Dämonenreiches keinesfalls zu zweifeln sei. Der Teufel, so meint er, sei absolut im Stande, menschliche Gestalt anzunehmen, um sich in dieser mit dem Menschen geschlechtlich zu vermischen, und er besitze darüber hinaus auch noch auf vielerlei andere Art und Weise die Macht, mit göttlicher Zulassung dem Menschen in jeder Hinsicht zu schaden. Dank der großen Bedeutung, die Thomas von Aquin für das gesamte christliche Abendland besaß, war damit eine jahrhundertelange zwiespältige Haltung der Kirche, die einerseits die Magie als Tatsache wohl anerkannte, andererseits den gläubigen Christen jedoch dagegen gefeit hielt, negativ entschieden und eine Entwicklung eingeleitet worden, die sich als ungemein verhängnisvoll erwies: Bald war die Kirche so sehr von der Schändlichkeit des Teufels, die sich mit aufsehenerregender Schnelligkeit über die gesamte Menschheit ausbreitete, überzeugt, daß ihr angesichts dieses bedrohlichen Tatbestandes nur ein einziges Mittel möglich schien: nämlich die völlige Ausrottung jener verbrecherischer Menschen, die im Bund mit dem Teufel immer neue Teufel zeugen und gebären und auf diese Art und Weise das Reich des Antichrist auf Erden errichten.

Wobei Thomas von Aquin die bereits bestehende Theorie von incubi (Dämonen, die sich in männlicher Gestalt den Frauen „auflegen") und succubi (Dämonen, die sich in weiblicher Gestalt den Männern „unterlegen") um etliche Akzente bereichert hat. Denn nach ihm können die Dämonen mit den Menschen zwar sexuell verkehren, aber sie können keine Nachkommen zeugen, da sie keinen Samen besitzen. Um daher trotzdem die

Verbreitung teuflischer Schandtaten möglichst effektiv voranzutreiben, verfielen sie auf folgenden raffinierten Einfall: Sie holten sich als succubus Samen vom menschlichen Mann, um ihn als incubus einer menschlichen Frau zuzuführen, deren Nachkommen sich dann entweder in ihrer äußeren Gestalt nicht von den anderen Menschen unterschieden — was sie allerdings besonders gefährlich machte — oder aber als grauenvolle Ungeheuer, Würmer oder irgendwelche Mißgeburten zur Welt kamen.

Thomas von Aquin hat in seinem Kommentar zu den Sentenzen des Petrus Lombardus ausdrücklich die Zweifel an der Wirklichkeit des Teufelspaktes und der daraus resultierenden Zauberei zurückgewiesen, da sie gegen die Autorität der Heiligen und gegen die Lehre von der Existenz der gefallenen Engel verstoßen.[20] Und wem wäre es möglich gewesen, an derartigen Ausführungen zu zweifeln? Das Wort des großen Kirchenvaters, des „princeps et magister omnium", der „der Sonne gleich den Erdkreis mit dem Glanz seiner Lehre erfüllt" und den eine Enzyklika Leos XIII. „Fürst der Theologen" und „doctor angelicus" nennt, besaß absoluten Wahrheitsgehalt und war für die gesamte christliche Welt bindend.

Daß ausgerechnet dem Geschlechtsverkehr zwischen Mensch und Teufel eine so überrragende Bedeutung beigemessen wurde, ist wohl das Ergebnis der allgemeinen Sexualverdrängung der Kirche, jener sexualfeindlichen Einstellung, nach der jede geschlechtliche Betätigung der Erlangung der ewigen Seligkeit schon an und für sich abträglich und damit im Grunde abzulehnen und verdammenswert war. Was lag also näher, als das Böse insgesamt mit Sexualität zu verbinden, oft direkt identisch zu erklären? Und weil gerade die verbotene Frucht bekanntlich die süßeste ist, widmeten sich Richter ebenso wie Theologen mit geradezu auffallendem Interesse dem angeblichen Geschlechtsleben zwischen Teufel und Hexe, das bei den Verhören oft bis ins Detail hinein beschrieben und erklärt werden mußte. Wobei sich zumeist herausstellte, daß die Umarmungen des teuflischen Geliebten gar kein so angenehmes Erlebnis gewesen waren, daß sein Glied vielmehr von „eisiger Kälte" gewesen ist, was aber keineswegs Frigidität bedeutete, vielmehr waren seine Liebesbezeugungen von schrecklicher, oft beklemmender Derbheit. Alles in allem keine besonders lustvolle Erfahrung, die der Hexe als Dienerin des Teufels ja auch nicht gegönnt werden durfte.

Die Teufelsvorstellung, wie sie im Mittelalter entstanden war, gehörte nicht zum Glaubenskanon des frühen Christentums. Der leibhaftige Böse ist erst eine Erfindung späterer Jahrhunderte. Etwa vom 11. Jahrhundert ab trat er schwarz gekleidet und in grotesker Gestalt in den Bühnenaufführungen und Mysterienspielen auf. Er erschien an den romanischen und gotischen Portalen in der Gestalt heidnischer Dämonen: von Drachen und Schlangen, Harpyien und Sirenen, Kentauren und sonstigen Ungeheuern. Er mischte sich in das Leben der Menschen — meist in jenes der Frauen — und stiftete sie zu Unheil an, so wie etwa auf dem Relief des Portals der Kirche von Moissac, das eine Frau mit zwei Schlangen an den schlaffen Brüsten und einer Kröte auf dem Geschlecht darstellt, die vom Teufel zufrieden betrachtet wird.

Das Wirken des Teufels wurde in der Folge immer auffallender und unheimlicher, er war aus dem täglichen Leben gar nicht mehr wegzudenken. Der Kampf des Lichtes mit der Finsternis war in vollem Gange, und häufig, so schien es, siegte die Finsternis. Die Verdinglichung des Geistwesens hängt möglicherweise mit der größeren Bedeutung des Individuums zusammen, wie sie im ausgehenden Mittelalter und vor allem in der beginnenden Neuzeit augenscheinlich wird. Der einzelne tritt heraus aus der Allmacht Gottes, und die Macht des Teufels stieg in dem Maße, wie Göttliches und Kreatürliches in Gegensatz zueinander gerieten. Die Moral wurde zu einem immer größeren Problem, die pessimistischen Anschauungen über die Verderbtheit der Menschen nahmen zu, eine Entwicklung, die für die Hexenverfolgungen von bestimmendem Einfluß wurde. Der Teufel war zur Realität geworden, und er bediente sich für seine bösen Machenschaften vornehmlich des „schwachen", der Verführung leicht zugänglichen und daher verderbten Geschlechts: der Frauen.

Er nahte sich ihnen in verschiedenster Gestalt, meist als fein gekleideter Kavalier oder Ritter, womit es ihm ein Leichtes war, die einfältigen und armen Weiber zu betören. Manchmal erschien er auch als Pilger, Hauptmann, als fahrender Musikant. Oft hatte er einen Bocksfuß, Hörner oder einen Schwanz, weniger häufig erschreckte er in Bocksgestalt, in der ihm die Verführung nicht so leicht gelingen mochte, weshalb er dann meist drohend und fordernd auftrat. Er hatte zahllose Namen, die je nach Landschaft oder Gegend verschieden ausfielen. Er hieß Luzifer, Urian (von Auerhahn), Ariel, Junker Hans, Schönhans, Junker Stopf, um nur einige in Deutschland gebräuchliche zu nennen. In Österreich wurde er häufig Kasperl genannt, auch Stix, und der weibliche Teufel, der allerdings seltener auftrat, hieß hier Belial oder Trude (von Trute, weiblicher Alpdämon). Im Prozeß gegen Regina Paumann im kärntnerischen Paternion des Jahres 1662 hieß er „die alte Perchtl", womit der heute noch bestehende Perchtenglauben angesprochen wird, der sich wahrscheinlich aus dem Hekate-Kult entwickelt hat.

Der Teufel war äußerst listenreich, wenn es ihm darum ging, alte, einsame, aber auch junge und schöne Frauen für sich zu gewinnen. Er tröstete, schmeichelte, versprach Reichtum, Wohlstand und ein angenehmes und vergnügtes Leben. Besonders auffällig nahm er sich jener Frauen an, die von ihren Ehemännern geschlagen oder sonstwie mißhandelt wurden. Oft schenkte er auch Geld, das sich jedoch als wenig glückbringend erwies, meist hatte es sich am kommenden Tag bereits in Kot oder dürres Laub verwandelt. Natürlich löste er auch die übrigen Versprechen in keiner Weise ein, dafür jedoch forderte er bald unbedingte Gefolgschaft und Abschwören des Christentums. Weigerte sich das Opfer, so wurde es bedroht und gezüchtigt. Der eingegangene Bund mußte häufig mit Blut besiegelt, durch den Geschlechtsakt bekräftigt und mit dem Stigma endgültig beschlossen werden. Manchmal jedoch diente eine Hexe ihrem Herrn auch bereits viele Jahre, indem sie Schlechtes in die Welt und unter die Menschen brachte, ehe sich ihr dieser mit einem unsittlichen Ansinnen näherte. Immer jedoch war sie ihm völlig mit Leib und Seele hörig und daher zu jeder Schandtat bereit.

Der Teufel war also real, so real, allgegenwärtig und auf Frauen spezialisiert, daß man sich sogar einen Spaß mit ihm erlauben konnte. Soldan-Heppe-Bauer zitieren den Historiker Johannes Scherr, der behauptet, zahlreiche Belege dafür gefunden zu haben, daß Männer in irgendwelchen teuflischen Vermummungen sich an junge Mädchen herangemacht hätten, um die Erschrockenen auf diese Art und Weise gefügig zu machen. Auch Soldan-Heppe-Bauer selbst sprechen von urkundlichen Beweisen, die dies bestätigen. Daß unter der Maske des Teufels brutale Vergewaltigungen vorgekommen sind, ist durchaus möglich. So wie es ja auch bewiesen ist, daß viele Hexenrichter ihre Position dahingehend ausnützten, schutzlose Frauen und Mädchen mit dem Versprechen, ihnen anschließend die Freiheit zurückzugeben, zu mißbrauchen. Es versteht sich von selbst, daß dieses Versprechen später nicht eingelöst werden konnte, vielmehr die Belastungszeugin erst recht aus dem Weg geräumt werden mußte.

Die erste, überlieferte Hinrichtung auf Grund der Teufelsbundvorstellung fand auf altem Ketzerboden, nämlich in Südfrankreich, statt, und zwar bereits im Jahre 1275. Die 56jährige Angela, Herrin von Labarethe, wurde lebendig verbrannt, weil sie unter der Tortur gestanden hatte, jede Nacht fleischlichen Umgang mit dem Teufel gehabt und darauf ein Ungeheuer mit Wolfskopf und Schlangenschwanz geboren zu haben, zu dessen Ernährung sie kleine Kinder stahl und mordete. Daß der erste Beleg für diese Wahnvorstellung ausgerechnet in Toulouse auftaucht, ist sicherlich kein Zufall. Wurde doch die Teufelsbund- (ebenso wie die Sabbat-)Vorstellung aus den Ketzerverfolgungen übernommen. Wie früh der angebliche Pakt mit dem Teufel auch den Papst beunruhigte, beweist die zu Avignon im Jahre 1325 erlassene berühmte Bulle „super illius specula", in der Johann XXII. unter anderem seinem Schmerz über die erschreckende Tatsache Worte verleiht, daß sich immer mehr Christen von der Religion abwenden und mit dem Teufel Bündnisse schlössen.

In die übrigen Länder des christlichen Abendlandes ist diese Vorstellung jedoch erst viel später gedrungen, hier haben die vereinzelt stattfindenden Zaubereiprozesse, die von geistlichen, öfter jedoch von weltlichen Gerichten abgehandelt wurden, immer noch den alten, im Volk verankerten Schadenzauber zum Inhalt. Die spärlichen Zeugnisse aus jener Zeit wissen noch nichts von einem Teufelsbund. So etwa wurde jener Frau, die 1358 in der Gegend um Metz als Zauberin verbrannt wurde, sicherlich noch kein fleischlicher Umgang mit dem Teufel vorgeworfen. Auch die drei Frauen und ein Mann, die 1372 ebenfalls in Metz verbrannt wurden, hatten lediglich „Wachslichter, Liebestränke und andere von der Kirche verbotene Dinge"[21] angefertigt.

In den östlichen Alpenländern fand der erste nachweisbare Prozeß, in dem der Teufelsbund eine Rolle gespielt hat, erst 1493 in Wolfsberg im kärntnerischen Lavanttal gegen drei Bürgersfrauen statt, die beschuldigt wurden, gegen den Schloßherrn Wolfgang Poyner durch Eingraben einer mit Stecknadeln durchbohrten Wachspuppe einen Mordanschlag versucht zu haben.[22] Dieser altbekannte und sehr häufig durchgeführte Schadenzauber, der auf der Vorstellung beruht, daß dem Abgebildeten dasselbe zustößt wie seinem Bild, erhält in diesem Fall eine besondere Bedeutung durch den zuvor vollzogenen Teufelsbund. Die Frauen handelten also auf Anstiftung des Teufels, womit eine wesentliche Voraussetzung für die Bildung des neuen Hexenbegriffs gegeben ist. Erst die Teufelsbundvorstellung bot die eigentliche Grundlage für die Massenvernichtung, wie sie dann im 16. und 17. Jahrhundert eingesetzt hat. Denn der Pakt mit dem Teufel war Abfall von Gott und damit das größte Verbrechen, das sich das christliche Abendland vorzustellen im Stande war.

Hexensabbat

Mit dem Teufelsbund eng verflochten war die Sabbatvorstellung, die ebenfalls den Ketzerverfolgungen entnommen und in die Hexenprozesse übertragen wurde. Eine genaue Vorstellung von den ruchlosen Zeremonien und wüsten Orgien, die bei den religiösen Zusammenkünften der Ketzer stattgefunden haben sollen, gibt bereits die Bulle Gregors IX. vom Jahre 1232, die an die Bischöfe von Paderborn, Hildesheim, Verden, Münster und Osnabrück gerichtet war und die Schandtaten der Stedinger beschreibt. Weil sie für die Entwicklung der Hexenprozesse wichtig ist, soll sie auszugsweise hier zitiert werden:

„ Wenn ein Neuling aufgenommen wird und zuerst in die Schule der Verworfenen eintritt, so erscheint ihm eine Art Frosch, den auch manche Kröte nennen. Einige geben derselben einen schmachwürdigen Kuß auf den Hintern, andere auf das Maul und ziehen die Zunge und den Speichel des Tieres in ihren Mund. Dieses Tier erscheint zuweilen in gewöhnlicher Größe, manchmal aber auch so groß wie eine Gans, meistens nimmt es jedoch die Größe eines Backofens an. Wenn nun der Noviz weiter geht, so begegnet ihm ein Mann von wunderbarer Blässe, mit ganz schwarzen Augen, so abgezehrt und mager, daß alles Fleisch geschwunden und nur noch die Haut um die Knochen zu hängen scheint. Diesen küßt der Noviz und fühlt, daß er kalt wie Eis ist, und nach dem Kusse schwindet alle Erinnerung an den katholischen Glauben bis auf die letzte Spur aus seinem Herzen. Hierauf setzt man sich zum Mahle, und wenn man sich nach demselben wieder erhebt, so erscheint ein schwarzer Kater von der Größe eines mittelmäßigen Hundes von rückwärts mit zurückgebogenem Schwanze. Diesen küßt zuerst der Noviz, dann der Meister, und dann der Reihe nach alle übrigen, jedoch nur solche, die würdig und vollkom-

men sind; die Unvollkommenen aber, die sich nicht für würdig halten, em-
pfangen von dem Meister den Frieden, und wenn nun alle ihre Plätze einge-
nommen, gewisse Sprüche hergesagt und ihr Haupt gegen den Kater hinge-
neigt haben, so sagt der Meister: ,Schone uns!' und er spricht dies dem Zu-
nächststehenden vor, worauf der dritte antwortet und sagt: ,Wir wissen es,
Herr!' und ein vierter hinzufügt: ,Wir haben es gesehen und wissen zu gehor-
chen!' Nach diesen Verhandlungen werden die Lichter ausgelöscht und man
schreitet zu der abscheulichsten Unzucht ohne Rücksicht auf Verwandt-
schaft. Findet sich nun, daß mehr Männer als Weiber zugegen sind, so befrie-
digen auch Männer mit Männern ihre schändliche und widernatürliche Lust.
Ebenso verwandeln auch Weiber durch solche Begehungen miteinander den
natürlichen Geschlechtsverkehr in Sodomiterei. "

Wie derartige Vorstellungen entstanden sind, inwieweit sie der Phantasie
entsprangen oder zumindest in manchen Aspekten auf tatsächlichen Gege-
benheiten beruhten, darüber rätselt die Forschung bis heute. Baroja meint,
sie würden an Mysterienkulte erinnern, wie sie in Griechenland und Rom
von einer bestimmten Epoche an entstanden. Anzunehmen ist, daß die Ketzer ihre Einweihungsriten hatten und auch daß die neumanichäischen gnostischen Sekten sehr viel aus der religiösen Vorstellungswelt Kleinasiens
übernommen haben. Sicherlich sind derartige Beschreibungen nicht völlig
aus der Luft gegriffen, wie vor allem von Autoren des 19. Jahrhunderts vielfach behauptet wird. Wieviel an eigenen, phantastischen Ausschmückun-
gen das Bild verzerrten, ist allerdings nicht mehr feststellbar.

Tatsache jedoch bleibt, daß ähnliche Vorstellungen auch in den Hexensabbat eingegangen sind, wo sie dann durch Relikte heidnischer Riten er-
gänzt und erweitert wurden. Doch auch hier tappt die Forschung im Dun-
keln. Ob derartige Feste auf Bergeshöhen, die sehr oft Kultstätten heidnischer Gottheiten gewesen sind, wirklich stattgefunden haben oder ob es
sich dabei lediglich um durch die Tortur erpreßte Schilderungen volkstüm-
licher Überlieferungen handelt, ist ebenfalls umstritten. Wahrscheinlich ist
sowohl das eine wie auch das andere anzunehmen. Sicher haben Erinnerungen an alte, heidnische Kultfeiern noch bestanden, möglicherweise wurden
sie sogar vereinzelt ausgeführt, vor allem in den Tälern der Provence, Pie-
monts und Sardiniens, jedoch auch in den östlichen Alpentälern. Jene organisierte „Hexensekte", von der die Scholastik überzeugt war, hat es aber
wohl nicht gegeben. Und in den weitaus überwiegenden Fällen sind Sabbat-
schilderungen ebenso wie die völlig absurden Vergehen aus den unglückli-
chen Opfern herausgefoltert worden.

Der erste Hinweis auf den Sabbat erscheint zwischen 1330 und 1340 in
den inquisitorischen Prozessen, und zwar wieder in den Gegenden von
Toulouse und Carcassonne. So wie der Teufelsbund ist auch die Sabbatvorstellung in den nördlichen Ländern sehr viel später anzutreffen. In Österreich taucht sie erst im 16. und 17. Jahrhundert auf, dann jedoch als häufig
bis ins Detail ausgemaltes Kernstück fast aller Hexenprozesse. Die Schilde-

rungen sind in Einzelheiten lokal gefärbt, in ihren grundsätzlichen Aussagen jedoch beinahe identisch. Danach trafen sich die Hexen in großen Scharen nicht nur in der Walpurgisnacht, sondern auch an den hohen Kirchenfesten wie Weihnachten, Ostern und Pfingsten ebenso wie an Wochentagen, dabei vor allem an den „Pfinztagen" (Donnerstagen) auf dem Hexenberg der jeweiligen Gegend, um dort den Teufel anzubeten und ihre schauderhaften Orgien zu begehen. Sie flogen entweder allein oder zusammen mit dem Teufel auf Besen, Ofenschüsseln, Heugabeln und Bänken. Meist trafen sie bereits auf der Fahrt gute alte Bekannte, Freunde und Nachbarn, die mit ihnen dem gleichen Ziel zustrebten. Am Hexenberg wurden sie dann vom Teufel, ihrem Meister empfangen, der meist mit Hörnern ausgestattet war, manchmal auch in der Gestalt eines stinkenden Bocks oder schwarzen, bärtigen Mannes auftrat, in selteneren Fällen als eine Kröte. Die Hexen küßten Fuß, After oder Genitalien des Satans, vor allem in den romanischen Ländern jedoch saß die Hexe als „Königin des Sabbats" prunkvoll gekleidet zu seiner Rechten, um mit ihm gemeinsam die Huldigungen der Untergebenen entgegenzunehmen. Interessante Hinweise, die derartige Zusammenhänge vermuten lassen, geben vereinzelt auch Gerichtsprotokolle aus den österreichischen Alpenländern. So etwa erklären in einem Hexenprozeß des Jahres 1510 in Völs in Südtirol mehrere Frauen übereinstimmend, eine gewisse Anna Jobstin sei als „Königin von Engelland" (Königin des Landes der Engel) neben dem Teufel als Königin gewählt worden, sie habe einen güldenen Rock getragen und sich von den Anwesenden huldigen lassen.[23] Vor der Schwarzen Messe, die als Parodie des christlichen Meßopfers zu verstehen ist, hörte der Teufel die Beichte seiner Vasallen, wobei er für gute Taten Stockhiebe und für böse Lob und Beifall austeilte. Dann wurden die Versammelten aufgefordert, Gott abzuschwören und den Teufel anzubeten. Der allgemeinen Absolution folgte die Darreichung des Abendmahls in beiderlei Gestalt, die Hostie häufig als schwarze, harte Schuhsohle, in Deutschland als geschnittene weiße Rübe, und das Blut des Herrn als schwarze, ekelerregende Flüssigkeit. Schließlich lehrte der Teufel die Hexen noch die verschiedenen Malefizien, unterrichtete sie in der Herstellung von Kräutermitteln, Giftränken und Zaubermitteln, um damit Menschen und Tiere möglichst umfassend zu verderben. Nachdem sich dann noch die Neulinge in das „schwarze Buch" eingetragen hatten, schritt alles zum Hexenmahl. Der große Kessel, in dem allerlei schauderhaftes Fleisch gekocht wurde, nimmt in fast allen Beschreibungen und Darstellungen des Sabbats einen erstrangigen Platz ein. Wobei die Meinung über die Schmackhaftigkeit der Speisen geteilt war. Die leckersten Gerichte in oft kostbaren Schüsseln wurden ebenso serviert wie Aas und Kot. Eines war all diesen Speisen allerdings gemeinsam: Es fehlte ihnen das Salz, das allgemein als heilig galt und daher am Teufelsfest nichts zu suchen hatte. Besonders gerne aßen Hexen gebratene und gesottene kleine Kinder, die sie geraubt und dann getötet hatten. Wein wurde selbstverständlich auch getrunken, er war gut oder schlecht, in Österreich schmeckte er manchmal wie „Mistlachenwasser" oder „Sauodl".[24] Oft bestand das Getränk aus geronnenem Blut. Die Trinkbecher wurden nach Klassenzugehörigkeit verteilt. Sie waren aus Holz für die Armen und aus Silber für die Reichen. Ebenso aber wurde auch aus Totenschädeln, hohlen Knochen und Hufen von Pferden und Schweinen getrunken. Dazu wurde selbstverständlich aufgespielt, häufig der jeweilige Gassenhauer der Gegend, wobei als Instrumente Pferdeschädel, Eichenstämme und Menschenknochen verwendet wurden. Schließlich jedoch vereinigte sich auf Befehl Satans die ganze Gesellschaft zum Höllentanz. Nackt, in ungerader Zahl, mit dem Rücken nach innen und von links nach rechts drehte sich die Gesellschaft im ekstatischen Reigen um den Fürsten der Hölle und seine Königin. Manchmal aber auch um ein „blaulichtes Feuer", das sich als auf den Hinterbeinen sitzender Hund herausstellte, oder eine auf dem Kopf stehende Hexe, die zugleich als „Lichtstock" diente. Aufgepeitscht durch die wilde, satanische Musik drehte der Reigen immer wildere Kreise, bis sich schließlich alles in einem wahllosen Geschlechtsverkehr zwischen den Anwesenden, auch zwischen Hexe und Teufel, der eigentlichen Buhlschaft, auflöste. Eine anschauliche Schilderung des Höllenreigens gibt uns Jacob Christoffel von Grimmelshausen im 17. Jahrhundert durch seinen Helden Simplicius Simplicissimus:

„Diese tanzten einen wunderlichen Tanz, dergleichen ich mein Lebtag nie gesehen; denn sie hatten sich bei den Händen gefaßt und viel Ring ineinander gemacht mit zusammengekehrten Rücken, wie wann man die drei Grazien abmalt, also daß sie die Angesichter herauswärts kehrten. Der inner Ring bestund etwan in sieben oder acht Personen, der ander hatte wohl nocheinmal so viel, der dritte mehr als diese beide und so fortan, also daß sich in dem äußeren Ring über zweihundert Personen befanden. Und weil ein Ring oder Kreis um den anderen links- und die andere rechtsherum tanzten, konnte ich nicht sehen, wieviel solcher Ringe gemacht noch was sie in der Mitten, darum sie tanzten stehen hatten. Es sahe eben greulich seltsam aus, weil die Köpfe so possierlich durcheinanderhaspelten ... Meine Bank, die mich hintrug, ließ sich bei den Spielleuten nieder, die außerhalb der Ringe um den Tanz herumstunden; deren etliche hatten anstatt der Flöten, Zwerchpfeifen und Schalmeien nichts anders als Nattern, Vipern und Blindschleichen, darauf sie lustig daherpfiffen. Etliche hatten Katzen, denen sie in Hintern bliesen und auf dem Schwanz fingerten; das lautete den Sackpfeifen gleich. Andere geigten auf Roßköpfen wie auf dem besten Diskant, und aberandre schlugen die Harfe auf einem Kuhgerippe, wie solche auf dem Wasen liegen. So war auch einer vorhanden, der hatte eine Hündin unterm Arm; deren leiere er am Schwanz und fingerte ihr an den Dütten. Darunter trompeteten die Teufel durch die Nase, daß es im ganzen Wald erschallte; und wie der Tanz aus war, fing die ganze höllische Gesellschaft an zu rasen, zu rufen, zu rauschen, zu brausen, zu heulen, zu wüten und zu toben, als ob sie alle toll und töricht gewesen wären. Es kann sich jeder gedenken, in was Schrecken und Forcht ich gesteckt."

Die Sabbatorgien, die uns durch die Protokolle der gefolterten Hexen ebenso wie durch zeitgenössische literarische Schilderungen überliefert wurden, entpuppen sich bei näherer Betrachtung tatsächlich als ein phantastisches, mehrmals uminterpretiertes und ausgeschmücktes Konglomerat uralter Fruchtbarkeitsriten und magischer Kulte, die in ihren Wurzeln zurückreichen bis in die frühgeschichtliche Zeit. Bilder eines gehörnten Gottes finden sich bereits in den Höhlenmalereien, aber auch bei den Kelten und Balten. Ein Bild von Mohenjo-Daro, etwa viereinhalb Jahrtausende alt und heute im Nationalmuseum in Delhi, zeigt einen im Kreis von sechs wilden Tieren sitzenden Gott mit gewaltigen Hörnern.[25] Der indische Gott Shiva, der in der indischen Mythologie auf einem Berg sitzend, die Mondsichel in den Haaren und den Dreizack in den Händen dargestellt wird, ist auch der Herr der Kobolde, der große Magier und der Lehrer des Zaubervolkes, vor allem jedoch der Zauberfrauen. Die Mondhörner sind seit vorgeschichtlichen Zeiten Sinnbild der Lebenskraft, weil das heilige Nachtgestirn mit der monatlichen Periode der Frau und damit mit der allgemeinen Fruchtbarkeit von Mensch, Tier und Pflanzen in Verbindung gebracht wurde. Es scheint später mit dem Gehörn jener Tiere, deren ungestüme Zeugungskraft man bewunderte, eine Verbindung eingegangen zu sein, und ist auf jeden Fall Sinnbild und Zeichen der Fruchtbarkeit. Auch Bacchus, der antike Rauschgott, wurde manchmal gehörnt dargestellt, in Bocksgestalt oder mit einem Gaisfuß, und sein Gefolge bestand aus ziegenfüßigen, gehörnten und geschwänzten Satyrn. Ebenso wurde bei den Germanen, Slawen und Balten der Bock zum Sinnbild der Fruchtbarkeit. In der Gestalt des Teufels lebt also eindeutig ein alter, gehörnter Gott, den das Christentum — so wie alle heidnischen Gottheiten — zum Dämon erklärt hat.

Dieser Fruchtbarkeitsgott war der Partner der großen, Leben schenkenden und Leben bewahrenden Mutter, die, später zur Hohenpriesterin stilisiert, im Sabbatkult zur Hexe verkam. Der gehörnte Gott und die starke Betonung eines weiblichen Elements sind auch im Schamanismus anzutreffen und haben sich bis heute im englischen „Wicca-Kult" erhalten. Der rituelle Geschlechtsakt zwischen Hohenpriester und Hohenpriesterin in Fruchtbarkeitskulten ist vielfach bezeugt. Die „heilige Hochzeit", welche die Griechen später hieros gamos nannten, erscheint schon in den frühgeschichtlichen Kulturen der Ägäis als symbolische Paarung zwischen der Hohenpriesterin und ihrem göttlichen Gemahl, dem Hohenpriester, oder zwischen der Priesterin und den Männern des Volkes. Auch Huxley erwähnt ihn im Zusammenhang mit alten Kulten und spricht dabei von einem künstlichen Phallus aus Horn oder Metall, [26] eine Vorstellung, die durch die gesamte Hexenliteratur geistert und auch die ständig wiederkehrenden Berichte von der Eiseskälte des männlichen Teufelsglieds erklären könnte.

Sexualität hat ja bei Fruchtbarkeitsfesten immer eine bedeutende Rolle gespielt. Sexuelle Vermischung bei den Vegetations- und Fruchtbarkeitsriten der agrarischen Kulturen sollte die gesamte Natur zu Fruchtbarkeit und

Vermehrung anregen. Auch die indischen Riten des Tantrismus verbinden Geschlechtlichkeit mit rauschhafter, religiöser Ekstase. An Rasalīlā, einem indischen Frühlingsfest, vereinigten sich alle Hirtinnen gleichzeitig mit einem vielfachen Krishna im Zustand völliger Selbstaufgabe. Das Fest Holi, das noch immer gefeiert wird, soll Erinnerungen an diese jährlich einmal stattfindende, orgiastische Zeremonie bewahren. Die alte indische Literatur schwelgt förmlich in blumigen Details bei der Beschreibung der Liebesbeziehungen Krishnas zu den Hirtinnen, und auch die indische Bildende Kunst hat das sexuelle Moment auf drastische Art und Weise in das religiöse Erleben hineingeholt.

Das Christentum jedoch mit seiner einseitigen Ausrichtung auf das apollinische Prinzip als die Verkörperung des hellen, guten, in Christus menschgewordenen Gottes, und seiner Verdammung des Dionysischen, dem die elementaren, sinnlichen, die orgiastischen und ekstatischen Kräfte als das eigentliche Böse zugeordnet wurden, hat einen ursprünglich heiligen Fruchtbarkeitsritus zum Hexensabbat gemacht. Bei Jean Bodin, dem berühmten Hexenjäger und bedeutendsten Staatsrechtslehrer des 16. Jahrhunderts, der sich während der Hugenottenkriege für Glaubensfreiheit eingesetzt hat, liest sich das in seiner „Dämonomanie" dann so:

„. . . *die bösen Geister seien gantz garstig und stinckend, auch stinckt das ort, da sie sich mehrteils halten und versammelen. Daher glaub ich, sey entstanden, daß die Alten die Zäuberin und Unholden Foetentes, Stinckböck und Stinckhämmel, und die Gasconier Fetielleres genant haben: Wegen ihres garstigen unflätigen Gestanncks: Welcher, wie bei mir vermutlich, herkompt von der schändlichen geylen vermischung und Rammelung mit den Teuffelen: Welche, wie gläublich, zu solchen fleischlichen wüsten händelen, vielleicht eines gehenckten oder sonst leibsträglich hingerichteten Galgenaaß Cörper und Leib annemen und brauchen . . . Und die Hexen und Hexenmeister, wann sie mit dem Sathan zu Ehren beisammen kommen, pflegen ihn auch inn gestalt eines stinckenden Bocks für Heiligthumb im Hindern zu küssen. "*

Ebenso wie der Hexentanz, der huldigend um König Satan herum stattfand, dürfte auch der den Hexen immer wieder vorgeworfene Kindermord alten kultischen Riten entnommen worden sein. Die Opferung war generell Bestandteil des Hexensabbats. So ist in den Prozessen immer wieder von Opfergaben die Rede, die von den Hexen den Dämonen, bzw. dem Teufel in Form von Naturalien dargebracht werden. Inwieweit die Tötung und Opferung kleiner Kinder tatsächlich vorgekommen ist, läßt sich heute kaum noch nachweisen. Nachdem jedoch auch bei den Schwarzen Messen des 18. Jahrhunderts glaubhaft davon berichtet wird, sind derartige Blutriten für vergangene Jahrhunderte zumindest nicht völlig von der Hand zu weisen. Andererseits muß jedoch berücksichtigt werden, daß der Satanismus, für den die Schwarze Messe Ausdruck gewesen ist, anderen Wurzeln entstammt als die alten Fruchtbarkeitskulte, auf die sich der Sabbat bezieht. Auch Peuckert verneint die Möglichkeit von Menschenopfern für die Zeit der Hexenverfolgungen, will jedoch eine Erinnerung daran auf frühere Zeiten zurückführen, in denen er Tier-, aber auch Menschenopfer als Bestandteil alter Fruchtbarkeitsriten nennt. Um die Erde durch Blut zu neuem Gedeihen zu bringen, wurden die zerstückelten Opfer als Fruchtbarkeitszauber über die Felder verteilt. Von der neuesten, vor allem von Feministen vertretenen Forschung hingegen wird die These eines Blutopfers zu Ehren der großen Muttergottheit im frühen Matriarchat verneint. Dort, wo Menschenopfer eindeutig nachgewiesen werden können wie etwa in den Königsgräbern der Sumererstadt Ur, habe bereits eine Wende zum Patriarchat stattgefunden. Hingegen die vielen paläolithischen Fundstätten, die mit der Gestalt der großen Göttin in Verbindung gebracht werden wie etwa Laussel, Anglessur-Anglin, La Magdaleine, Cogul oder Malta, keine Hinweise auf Menschenopfer ergeben hätten. Erich Neumann hingegen spricht in seinem Buch „Die große Mutter" von der Ambivalenz des Weiblichen. Denn da die Göttin die Spenderin des Lebens ist, ist sie auch jene des Todes. In ihr vollzieht sich dieser Kreislauf des Stirb und Werde:

„... *wenn Welt, Leben, Natur und Seele als gebärendes und nährendes, als schutzgebendes und wärmendes Weibliches erfahren wurden, dann wird auch der Gegensatz dazu am Bild des Weiblichen erlebt, und die Menschheit erfährt Tod und Abgrund, Gefahr und Not, Hunger und Schutzlosigkeit als Preisgegebensein an die dunkle und furchtbare Mutter. So wird der Schoß der Erde zum tödlich zerreißenden Maul der Unterwelt, und neben dem zu befruchtenden Schoß und der schützenden Höhle der Erde und des Berges klafft der Abgrund und die Hölle, das dunkle Loch der Tiefe, der fressende Schoß des Grabes und des Todes, der lichtlosen Dunkelheit und des Nichts. Denn dieses Weib, welches das Leben und alles Lebendige der Erde gebiert, ist zugleich auch das alles wieder Fressende und in sich Einschlingende, die ihre Opfer jagt und mit Schlinge und Netz einfängt . . .*"[27]

Es ist genau diese, die dunkle Seite der Großen Mutter, der Todesgöttin, der verschlingenden und verderbenden Weiblichkeit, die zur Zeit der Hexenverfolgung aus dem Zusammenhang gerissen und absolut gesetzt wurde. Die Leben spendende, heilende, schützende und bewahrende Komponente hingegen wurde endgültig negiert. Sie sollte durch Maria, die Asexuelle, die Vergeistigte kompensiert werden. Aber sie, die eine Projektion des männlichen Geistes ist, ein Versuch, das Ideal der Keuschheit durch das Symbol einer geschlechtslosen Weiblichkeit zu realisieren, konnte die Große Mutter nicht ersetzen. Und in ihr, der Hohen, Reinen, der Entrückten, fand sich auch die Frau nicht wieder. Das Kunststück der jungfräulichen Geburt war für sie nicht nachvollziehbar. Sie sank als Geschlechtswesen, das auf natürliche Art und Weise empfing, in die Niederungen der Wirklichkeit, und die gehörte den Hexen.

Hexenflug und Tierverwandlung

Zum eigentlichen Hexenbegriff, wie er sich im 15. Jahrhundert herausgebildet hat, gehört neben Teufelsbund und Sabbat auch der Hexenflug. Luftfahrten waren bereits den griechischen Hexen vertraut, ebenso den römischen und germanischen Zauberweibern. Flugvisionen in Trance gehören aber auch heute noch zu den Riten sogenannter primitiver Völker, sie sind im sibirischen Schamanismus bekannt, und manche nicht zu den Indogermanen gehörende Völker Indiens haben auch gegenwärtig ihre Zauberer, die beim Ekstasetanz ein Holzpferd oder einen Stock mit Pferdekopf verwenden. Hier sind also sehr deutlich historische Bezüge zur mittelalterlichen Hexe gegeben, deren althochdeutsche Bezeichnung „hagazussa" vielfach mit „Zaunreiterin" übersetzt wird.[28] Während jedoch im Volk nicht der geringste Zweifel an derartigen übernatürlichen Kräften bestand, nahm die katholische Kirche vorerst einen eher ablehnenden Standpunkt ein. Die nächtlichen Luftfahrten der Diana gehörten wie schon erwähnt hier lange Zeit in das Reich der Phantasie. Erst im 15. Jahrhundert, als sich die allgemeine Dämonen- und Teufelsangst bedrohlich auszuweiten begann, trat auch die Frage der Luftfahrten in den Vordergrund theologischer Erörterungen. Jene bewußte Stelle im Canon Episcopi, die fliegende Weiberschwärme zu Halluzinationen erklärte, wurde mit dem Hinweis abgetan, daß es sich ja jetzt um eine neue und wesentlich gefährlichere Hexensekte handle, weshalb alte, darauf Bezug nehmende kirchenrechtliche Bestimmungen gegenstandslos seien. Wobei vor allem zwei Bibelstellen zur Beweisführung herangezogen wurden: die Erzählung vom Flug Habakuks (Daniel 14) und von der Entführung Christi durch Satan (Matthäus 4, Lukas 4). In der Folge weiß die theologische Literatur von den angeblichen Luftfahrten dämonischer und zauberischer Weiber immer häufiger zu berichten, wobei Diana als Anführerin von Weiberschwärmen langsam vom Teufel abgelöst wird, dem die hörige Hexe auf dem Besen rittlings folgt.

Trotzdem bestanden in kirchlichen Kreisen weiter Zweifel an derartigen Visionen. Vor allem Österreich erwies sich von dieser neuen Hexenlehre als ziemlich spät infiziert. So wandte sich Probst Stephan von Lanzkranna noch im Erscheinungsjahr der berühmten Hexenbulle Papst Innozenz' VIII. (1484) in seiner „Himmelstraß in Latein genent Scala celi" gegen alle jene, die „*an Frau Bercht oder Frau Hold, an Herodiadiß, an Diana die heidnische Göttin oder Teufelin, an die Nachtfahrenden, an die Bilweiß, an die Hynprüchtigen (Hinnebritten, verzückte nachtfahrende Gespenster), an die Druten, an die Schrätel, an die Unholden, an die Werwolf, an den Alp und andere gar mancherlei Läpperei und Gedichtung*" glauben. Womit gleichzeitig eine ziemlich vollständige Zusammenfassung der Dämonen, Nachtgeister und Gespenster geliefert wurde, die zu dieser Zeit im Volk ihr Unwesen trieben. Selbst die Salzburger Provinzialsynode des Jahres 1569 geht noch davon aus, daß die Künste der Zauberer und Hexen nur eingebildet seien — gleichzeitig jedoch hält sie teuflischen Verkehr, Zusammenkünfte und Verträge für durchaus möglich, was wiederum einen Beweis für die unschlüssige und widersprüchliche Haltung der Kirche in diesen Fragen liefert.

Wie auch immer: Die weltlichen Gerichte jedenfalls, die um diese Zeit bereits dem Höhepunkt der Hexenverfolgungen zustrebten, waren von den Nachtflügen der Hexen überzeugt. Natürlich gab es auch hier aufgeklärte Geister, die dem Besenflug der Hexe zumindest skeptisch gegenüber standen, doch waren sie bei weitem in der Minderheit. Und selbst wenn sich die Luftfahrten als Halluzinationen armer Weiber erwiesen (und über die rauschähnliche Wirkung der aus giftigen Kräutern hergestellten Hexensalbe, mit der sich die Zauberweiber einzuschmieren pflegten, wußte man auch damals schon Bescheid), so galt doch allein schon das Befassen mit derartigen Kräutern und Giften als verbrecherisch.

Die Hexe flog also zum Sabbat. Aber sie beherrschte nicht nur die Kunst des Fliegens — sie konnte sich auch beliebig in ein Tier verwandeln. Wobei sich offenbar niemand ernsthaft die Frage gestellt hatte, warum die Hexen ihre Fähigkeiten nicht dazu verwendeten, dem Kerker, der Folter und der Hinrichtung zu entgehen. Das jedoch war Teil einer Logik, die heute nicht mehr durchschaubar ist. Hexen waren vor allem dazu ausersehen, ihren Mitmenschen Schaden zuzufügen. Daraus bezogen sie Daseinsberechtigung und teuflische Lust. An ihrem eigenen Schicksal schien ihnen nicht allzuviel zu liegen. Natürlich waren sie auch vom Teufel derart präpariert worden, daß ihnen weder Folter noch Flammentod wirkliche Schmerzen bereitete. Und außerdem wurden sie durch allerlei geweihte Gegenstände, die sie am Körper tragen mußten, davor bewahrt, in Gestalt einer Katze oder Maus den Kerker zu verlassen und damit auf ewig in der Gewalt des Teufels zu verbleiben und der Reue, Buße und Gnade Gottes verlustig zu gehen.

Auch die Vorstellung von der Tierverwandlung, im Volk seit jeher existent, ist von der Kirche lange angezweifelt worden. Noch Thomas von Aquin, ansonsten durchaus zaubergläubig, betonte, daß die Ansicht, ein Mensch könne sich in ein Tier verwandeln, gegen die göttlichen Naturgesetze verstoße. Erst zwei Jahrhunderte später erklärte der gelehrte italienische Dominikaner Bartholomäus de Spina, daß Hexen absolut die Macht besäßen, sich in Katzen zu verwandeln. Und die Tierverwandlung ist dann in der Folgezeit auch häufiges Thema der Hexenprozesse gewesen.

Der neue Hexenbegriff, wie er etwa um die Mitte des 15. Jahrhunderts abgeschlossen war, zeigt also ein völlig anderes Bild als jener vergangener Jahrhunderte. Er beruht vor allem auf der Vorstellung eines mit Blut besiegelten und durch den Geschlechtsakt bekräftigten Bundes der Hexe mit dem männlichen und des Hexers mit dem weiblichen Teufel zum Zwecke der Schädigung von Mensch und Vieh im besonderen und der Verderbung und Vernichtung der Christenheit im allgemeinen. Diese Teufelsbundvorstellung verband sich mit Elementen des Schadenzaubers, des Hexenflugs, der Strigavorstellung und der Tierverwandlung zum Sammelbegriff. Daß der Pakt mit dem Leibhaftigen dem Volk vor allem zu Beginn der Hexenverfolgung innerlich fremd gewesen ist, läßt sich an vielen Hexenprozessen ablesen. Vertraut war der Schadenzauber, das uralte Maleficium in seiner vielfältigsten Erscheinungsform als Wetter-, Liebes-, Gift- und Todeszauber. Ebenso der Flug der striga und die Tierverwandlung. An Satan als Buhlen mußte es sich erst gewöhnen. Dann allerdings hatte es diesen Begriff so gründlich assimiliert, daß es die Aufklärung im 18. Jahrhundert schwer hatte, ihn wieder auszutreiben.

Daß die zahlreichen Hexenprozesse, wie sie nun in großem Stil einzusetzen begannen, vor allem Frauen das Leben kosteten, wird auf Grund der vorangegangenen Entwicklung verständlich. Waren doch jene Erscheinungen, gegen die sich die Verfolgungen richteten, zu einem großen, wenn nicht überwiegenden Teil von ihnen beeinflußt und geformt worden: die alten Fruchtbarkeitskulte ebenso wie die Ketzergemeinschaften. Und auch das zauberische Kräuterwissen, das vielfach mit heidnischer Magie gleichgesetzt wurde, war hauptsächlich Frauen vertraut. Sie standen also genau an jenen Nahtstellen, die von der Kirche, der eigentlichen großen Macht des Mittelalters, als brüchig und gefährlich empfunden wurden. Sie mußten zum Feindbild werden. Sie mußten darüber hinaus mit ihrem Nahverhältnis zur elementaren, ungezähmten Natur einer Weltanschauung im Wege stehen, die sich anschickte, auf dem Prinzip der Sublimierung, der Leibfeindlichkeit und der Leistung jenen riesigen Überbau zu schaffen, der als Zivilisation bezeichnet wird. Auch sie wurden dem Bibelwort „Machet euch die Erde untertan" (das heute bereits negativ interpretiert werden kann) unterworfen. Die großartigen Werke des männlichen Geistes in der Kultur des christlichen Abendlandes ebenso wie die schauerlichen Vernichtungspotentiale, die Verseuchung und Vergiftung unserer Erde, die atomare Bedrohung und ein aus den Fugen geratenes ökologisches Gleichgewicht sind von diesen Gesichtspunkten aus zu verstehen. Eine unterdrückte, verformte Weiblichkeit, die schließlich auch von der Frau total verinnerlicht und akzeptiert wurde, war der Preis, der dafür gezahlt werden mußte. Er hat in den Millionen gefolterten und verbrannten Hexen seinen schauerlichsten Ausdruck gefunden.

Ein Inquisitor in Innsbruck

Als der Dominikanermönch und Inquisitor für Oberdeutschland Heinrich Institoris an einem Tag des Juli 1485 das Bistum Brixen betrat, fühlte er sich zuversichtlich: Sein Besuch in Rom und die Audienz beim Papst hatten sich gelohnt. Nun würde sich seine Arbeit bei der Aufspürung und Vernichtung des gottlosen Zaubergesindels leichter gestalten, die zeitweiligen Widerstände der Bischöfe und des Klerus, die sich seinem frommen Eifer entgegenstellten, können gebrochen werden. Zwar durfte er zufrieden sein, immerhin hatte er zusammen mit seinem Ordensbruder Jakob Sprenger allein in der Diözese Konstanz in den letzten Jahren insgesamt 48 Hexen auf den Scheiterhaufen gebracht. Aber um das Reich Satans, das sich mit beängstigender Schnelligkeit auszubreiten begann, zu vernichten, bedurfte es ganz anderer, umfangreicherer und tiefergreifender Maßnahmen. Das wußte Institoris, und er war gewillt, dem Guten mit allen Mitteln zum Sieg über das Böse zu verhelfen.

Sein Optimismus, der ihn so froh in die Zukunft blicken ließ, bezog sich vor allem auf die eben vom Papst erwirkte Bulle „Summis desiderantes affectibus" vom 5. 12. 1484, die als „Hexenbulle" zu trauriger Berühmtheit gelangt ist. Es war zwar nicht das erste Dokument dieser Art, immerhin waren seit der Mitte des 13. Jahrhunderts 35 päpstliche Erlässe zu diesem Thema erschienen,[29] aber durch die Erfindung der Buchdruckerkunst vor wenigen Jahrzehnten hatte sich das gesamte Szenarium bedeutend gewandelt, und eine entsprechende Verbreitung und dauerhafte Wirkung dieses Dokuments durfte daher angenommen werden.

Die berechtigten Hoffnungen des Heinrich Institoris haben sich in der Folgezeit auch in jeder Hinsicht erfüllt. Die „Hexenbulle" Innozenz' VIII. hat die Hexenverfolgungen in ihrem grauenhaften Ausmaß erst ermöglicht. Sie richtet sich ausdrücklich gegen den Widerstand, den die Inquisition bei ihren vorangegangenen Verfolgungen erfahren hatte, erneuert die Kompetenzen der beiden Inquisitoren Institoris und Sprenger, seiner „geliebten Söhne", für die Kirchenprovinzen Mainz, Trier, Köln, Salzburg und Bremen und ruft die Bischöfe und den Klerus zu ihrer Unterstützung auf. Darüber hinaus wurden die Inquisitoren bei Verfolgung der Zauberlaster mit unumschränkter Vollmacht ausgestattet und ihnen als Berater und Oberhirte der Bischof Albert von Straßburg beigegeben.

Eine einseitige Ausrichtung auf das weibliche Geschlecht ist in dieser Bulle noch nicht festzustellen. Hingegen widmet sie sich ausführlich der Schändlichkeiten, die von *„sehr viele Personen beyderley Geschlechts... mit denen Teufeln, die sich als Männer oder Weiber mit ihnen vermischen"*, verübt werden. Sie würden *„mit ihren Bezauberungen, Liedern und Beschwehrun-*

gen, und anderen abscheulichen Aberglauben und zauberischen Übertretun-
gen, Lastern und Verbrechen, die Geburten der Weiber, die Jungen der Thie-
re, die Früchten der Erde, die Weintrauben und die Baumfrüchte wie auch die
Menschen, die Frauen, die Thiere, das Vieh und andre unterschiedener Arten
Thiere, auch die Weinberge, Obstgarten, Wiesen, Weyden, Korn und andern
Erdfrüchten, verderben, ersticken und umkommen machen und verursa-
chen, und selbst die Menschen, die Weiber, allerhand groß und klein Vieh und
Thiere mit grausamen sowohl innerlichen als äußerlichen Schmertzen und
Plagen belegen und peinigen . . . "

Dieses verhängnisvolle Dokument, das der Dominikanermönch Heinrich Institoris an jenem Tag im Juli 1485 in seinem Gepäck verwahrt hatte,
wurde zu einem Markstein in der Geschichte der Hexenverfolgung nicht
nur durch den Inhalt, sondern auch durch die Tatsache, daß es als Vorwort
in sämtlichen Ausgaben des wenige Jahre später erschienenen Malleus Maleficarum, des „Hexenhammers", abgedruckt wurde und somit als Bekräf-
tigung und Bestätigung dieser monströsen Schrift eine ungeheure Verbreitung erlangt hat.

Vorläufig allerdings war es noch nicht so weit. Denn bevor dem eifrigen
Mönch Erfolg beschieden war, bevor die Hexenbrände in Deutschland ein
noch nie gekanntes Ausmaß erreichten, sollte ihn noch eine herbe Enttäu-
schung und Ernüchterung erwarten. In Brixen nämlich, der Residenz des
Bischofs Georg Golser, lief die Sache trotz päpstlicher Bevollmächtigung
nicht so, wie sie laufen sollte.

Georg Golser, ein fähiger, umsichtiger und gewissenhafter Mann, emp-
fing den mit dem päpstlichen Schutzbrief versehenen Inquisitor vorerst
freundlich und ehrerbietig. Bereits am 23. Juli machte er den Wortlaut der
Bulle dem Klerus seiner Diözese bekannt und forderte diesen in einem
Schreiben auf, den Inquisitor und seine Helfer beim Ausfindigmachen der
Zauberleute zu unterstützen. Vorschriftsmäßig gewährte er für entsprechende Hilfeleistungen einen Ablaß von 40 Tagen und machte auf die in der
Bulle angekündigten Strafen für jene aufmerksam, die sich als zu wenig ko-
operativ erwiesen. Irgendwelche Maßnahmen gegen potentielle Hexen
setzte er allerdings nicht fest, weshalb zu vermuten ist, daß er der Tätigkeit
des Inquisitors vom Anfang an eher mißtrauisch gegenüber stand und sie
auf die in der Bulle ausgedrückte Predigt beschränkt sehen wollte.[30] An eine
wirkliche Verfolgung hat er entweder gar nicht gedacht oder er hat vom Anfang an versucht, sie in möglichst kleinem Rahmen zu halten.

Tatsächlich hat es in Tirol bis zum Ende des 15. Jahrhunderts keine großen Zauberprozesse gegeben. Auch die Teufelsbundvorstellung war der
Bevölkerung bis zu diesem Zeitpunkt weitgehend fremd. Zwar war die
Zauberei in allen Varianten natürlich auch hier ein wichtiger Bestandteil des
täglichen Lebens, aber sie betraf den im Volk beheimateten heilenden und
schädigenden Zauber und hatte mit dem von der Scholastik ausgetüftelten
Lehrgebäude vorläufig noch wenig zu tun. Einen guten Einblick in die da-

maligen Zaubereivorstellungen in Tirol gibt das 1411 geschriebene Lehrgedicht „Die Pluemen der Tugent" das der adelige Hans von Vintler, Pfleger des Gerichtes Stein bei Bozen, verfaßt hat. Wobei sich zeigt, daß es trotz allgemeiner Zaubergläubigkeit auch damals Skeptiker und Zweifler gab. Denn obwohl Vintler als Kind seiner Zeit die Existenz von zauberischen Handlungen nicht bestreitet, nimmt er doch auch eine kritische Haltung, etwa gegenüber der damals häufig diskutierten Möglichkeit der Luftfahrt, ein. Wobei er vor allem Frauen in Zusammenhang mit Zauberei bringt, was eine bereits damals vorhandene Tendenz bestätigt. Daß der Zauberglaube zu keinen Zeiten völlig unwidersprochen blieb, daß es immer schon aufgeklärte Weltmänner gegeben hat, die weder den Aberglauben im Volk noch die Lehrmeinung der Kirche für bare Münze nahmen, darf mit Recht angenommen werden. Die Gründe, warum Hexenverfolgungen trotzdem ein so entsetzliches Ausmaß erreichen konnten, sind nicht nur in der Gefahr zu suchen, in die sich ein Verteidiger der Hexen begeben hat (er geriet dadurch nur allzuleicht selbst in den Verdacht der Hexerei mit allen ihren Folgen), sondern darüber hinaus in einer gewissen Gleichgültigkeit, weil den Hexenbränden, vor allem zu Beginn der großen Verfolgungen, gar keine so besondere Bedeutung beigemessen wurde. Der Begriff von Humanität war ja damals noch nicht sehr entwickelt, öffentliche Hinrichtungen waren an der Tagesordnung, die Folter als anerkanntes Mittel in den Strafprozeß eingebaut, der Tod durch Krankheiten, Seuchen, hohe Kindersterblichkeit und Kriege insgesamt ständig gegenwärtig. Wer wird sich da sonderlich wegen ein paar alten, armen Weibern, wegen ein paar zerrissenen, vom Bettel lebenden Landstreichern den Kopf zerbrochen haben! Aufmerksam wurde die Öffentlichkeit erst, als es auch Angehörige der oberen Stände traf, als Geistliche, Doktoren, angesehene Bürgersfrauen und sogar Räte daran glauben mußten, und die Töchter der Adeligen in ihren Klöstern als Besessene aller Welt ein unwürdiges Schauspiel boten. Erst dann begann die Hexenverfolgung als grausames Unrecht in den Köpfen der Juristen, Theologen und Gelehrten existent zu werden.

Aber zurück in das Tirol des Jahres 1495. Hier hatte Institoris bereits Anfang August mit seiner Arbeit begonnen und bis Ende des Monats in Innsbruck und Umgebung mehr als 50 Verdächtige festnehmen lassen, die alle bis auf zwei dem weiblichen Geschlecht angehörten. Sie stammten fast ausschließlich aus den unteren sozialen Schichten, dem Bauern- oder Handwerkerstand. Ein einziger Hexer zählte zu den Gebildeten: Er war Lehrer. Die Handlungsweise des Inquisitors, vor allem seine willkürliche Methode der Zeugeneinvernahme, scheint bereits zu Beginn der Verhandlungen ein bestehendes Rechtsempfinden verletzt zu haben: Und auf diesen Methoden, die in anderen Teilen Deutschlands sicher bereits üblich, in Tirol aber vorläufig weitgehend unbekannt waren, bezog sich auch Golsers Kritik. Er war zwar vorsichtig genug, die päpstliche Autorität nicht in Frage zu stellen und dem Landesfürsten von Tirol, Erzherzog Sigismund, in einem Brief vom 21. September zu raten, „dem Inquisitor beystand hilff und fürderung" angedeihen zu lassen. Gleichzeitig jedoch forderte er den Dominikaner auf, die bestehenden Rechtsnormen zu beachten und eine Konstitution Bonifaz' VIII. einzuhalten, nach der dem Angeklagten die Namen der Zeugen bekanntzugeben seien, was, wie bereits festgestellt, im Inquisitionsprozeß ja keinesfalls üblich war.

In dem Brief an den Erzherzog drückt sich jedoch auch die Sorge des Bischofs aus, es könnte in seinem Bistum zu Massenprozessen kommen. Er bittet ihn daher eindringlich, auf den Inquisitor dahingehend einzuwirken, daß er gegenüber den weniger Schuldigen Milde walten lasse. Nur *„die größern sach als die uner und lestrung gottes mit gayseln und nadeln stechen der gepildnuss"* (womit die verbreitete Zauberei mit Wachsbildern gemeint ist) sowie die Tötung durch Zauberei sollten streng bestraft werden.

Institoris allerdings hielt sich nicht an diese vom zuständigen Bischof ausgegebenen Richtlinien. Auch die von Golser gewünschten Räte des Erzherzogs wurden wohl von ihm nicht zugezogen. Statt dessen waren bei fast allen Verhören, die vom 9. August bis zum 14. September stattfanden, außer ihm selbst und dem päpstlichen Notar Johann Kantner nur noch etliche Ordensbrüder anwesend. Auch davon abgesehen ließ sich der Inquisitor nicht in seinem Eifer bremsen. Den Verhaftungen im August und September folgten sieben neue Anklagen im Oktober, diesmal betrafen sie ausschließlich Frauen. Wobei eine — wahrscheinlich von Institoris selbst verfaßte, den Akten beigegebene — Anleitung den Charakter des Verfahrens verrät: Hexerei wird generell mit einer Verleugnung des Glaubens gleichgesetzt, und jene, die nicht an Hexen glauben, werden der Ketzerei beschuldigt. Wobei ein ausführliches Register die Untaten der Hexen vom Wettermachen über den Liebeszauber, den Schadenzauber an Mensch und Vieh bis hin zum Mord beschreibt. Und in diesem Rahmen bewegte sich auch das gesamte Verfahren. Von Teufelsbuhlschaft und Sabbat war also vorläufig noch keine Rede. Umso größere Aufmerksamkeit wird dem Schadenzauber zugewendet: „Die alt Rendlin", die dem bekannten Bild der Hexe in unseren Märchen entspricht, übte Liebeszauber, tötete Kinder und lehrte die „iungen dürnen" ihre Kunst. Einer Helena Scheuberin warf Institoris persönlich vor, sie würde seine Predigten geringschätzen und mißachten. Der Frau war der Eifer des Mönchs wohl zu viel geworden, und sie machte ihrer Empörung mit der Bemerkung Luft, er predige immer nur über Häresie und Hexerei. Zum besonderen Verhängnis wurden ihr dabei folgende Verwünschungen: *„Daß dir das fallen übel in deinen grawen scheitel sol; wen wil dich der tüfel hinfieren. "* Frauen, das wird deutlich, waren zumindest zu dieser Zeit noch nicht auf den Mund gefallen. Aber auch noch andere Delikte wurden der Scheuberin zur Last gelegt. Eine Zeugin etwa, die sich seit sieben Jahren krank fühlte, machte die Angeklagte dafür verantwortlich. Wobei sich im Verlauf des Verhörs herausstellte, daß ihr Ehemann mit der Verdächtigten ein Verhältnis gehabt, diese jedoch nicht geheiratet hatte. Aus

Rache, so vermutet die Zeugin, wurde ihr nun von der Verlassenen die Krankheit angehext.

Daß Frauen auf diese Art und Weise Vergeltung übten, bzw. daß ihnen solches unterschoben wurde, kam häufig vor. So wie ja auch der Liebeszauber eine Domäne der vom Mann abhängigen und daher auf diesen angewiesenen Frauen gewesen ist. Die Furcht davor sicherte ihnen einen gewissen Einfluß — auch wenn dieser mit der Gefahr verbunden war, als Hexe verschrien zu werden. Einen ganz ähnlichen Fall bot „Agnes Witwe Peter, Sneiderin". Auch von ihr fühlte sich der Zeuge Hans Portner, der gegenwärtige Torwart des Erzherzogs, ebenso wie dessen Frau behext. Und auch hier wurde als Ursache eine ehemalige Liebschaft zwischen Agnes und Portner angegeben, die nicht zu der erhofften Ehe geführt hatte. Derartige Zusammenhänge, die noch durch zahlreiche, aus Neid, Mißgunst, nachbarlicher Feindschaft und Rachegefühlen entstandene Details bereichert wurden, störten den Inquisitor jedoch nicht im mindesten. Sein Interesse konzentrierte sich auf die Ausrottung möglichst vieler gottloser Weiber. Und diesem Ziel wurden bedenkenlos sämtliche Fragwürdigkeiten untergeordnet.

Heinrich Institoris, Doktor der Theologie und Prior des Dominikanerklosters zu Schlettstadt, hatte auch ansonsten keine ganz reine Weste. Daß er von seinem Orden auf dem Generalkapitel zu Basel im Jahre 1473 wegen einer Predigt, in der er sich geringschätzig über Kaiser Friedrich III. geäußert haben soll, zu schwerem Kerker verurteilt worden war, mag ein verzeihlicher Ausrutscher des damals bereits fanatischen Papstanhängers gewesen sein, der die Suprematie des geistlichen Oberhauptes über den Kaiser unbedingt gewahrt wissen wollte. Wohl aus diesem Grund wurde er auch vom General seines Ordens von dieser Strafe losgesprochen und glänzend rehabilitiert. Er wurde nicht nur zum Praedicator generalis, einem Ehrenamt seines Ordens, ernannt und erhielt nicht nur den Titel eines Magisters der Theologie, sondern wurde darüber hinaus ermächtigt, das Amt eines „Inquisitor haereticae pravitatis" überall da auszuüben, wo kein anderer Inquisitor tätig war oder wo er es gerade wünschte. Etwas mehr ins Zwielicht rückte ihn jedoch die zweite Affäre seines Lebens, nämlich der Verdacht auf Unterschlagung von Ablaßgeldern, weswegen Papst Sixtus IV. im Jahre 1482 dem Bischof von Augsburg den Auftrag erteilte, Institoris gefangenzunehmen und zur Herausgabe von Geld und Silbersachen zu zwingen, die er sich unrechtmäßig angeeignet habe.[31] Erneut jedoch gelang es dem Dominikaner, sich beim Papst in ein günstiges Licht zu rücken, indem er in einer Streitschrift Gegner des Papstes auf das schärfste verurteilte, diesem jedoch in besonderer Weise zu huldigen verstand. Worauf dem kirchlichen Oberhaupt nichts anderes übrig blieb, als derartige Adorationen mit einer milden Haltung dem Verdächtigen gegenüber zu entgelten. Aber auch durch seine besonders eifrige Verfolgung der Hexen in Oberdeutschland konnte Institoris sein Ansehen beim Papst stärken. Weshalb er sich auch in seiner Vorgangsweise in Innsbruck ziemlich sicher fühlte. Und glaubt man seinen Angaben, so hatte er zumindest vorerst einen überwältigenden Erfolg zu verzeichnen. Über hundert Männer, so meint er, hätten sich bereit erklärt, über die sieben im Oktober eingekerkerten Weiber auszusagen. Doch Bischof Golser war von einer derartigen Entwicklung keinesfalls angetan. Vorerst ernannte er für den Prozeß am 29. Oktober den Pfarrer von Axams, Samer, zu seinem Beauftragten, weil er selbst durch eine Krankheit in Brixen festgehalten wurde. Als zweiter bischöflicher Vertreter war unter den neun Mitgliedern des Gerichtshofes noch der bischöfliche Kommissar von Brixen, Turner, anwesend. Aber auch die Beteiligung des Magisters Wann, Doktor der Theologie und Kanonikus zu Passau, kann nur auf Betreiben Golsers zustande gekommen sein. Gleichzeitig hat Golser in einem Schreiben an Samer den Inquisitor erstmals offen kritisiert, er sei „insolitus in istis terris inquirere". Die Vorzeichen standen also nicht gut für Institoris, und tatsächlich wurde dieser Prozeß zum Stein, über den er stolperte. Es begann damit, daß seine bis ins Detail gehenden Fragen nach dem Sexualleben der Angeklagten Helena Scheuberin, hinter denen offenbar bereits der Verdacht der Teufelsbuhlschaft lauerte, von den bischöflichen Kommissären als nicht zur Sache gehörig zurückgewiesen wurden. Aber auch die folgenden Verhörmethoden des Inquisitors erregten den Unwillen der bischöflichen Vertreter, so daß es zu weiteren Einsprüchen und Protestkundgebungen kam und die Gerichtssitzung unterbrochen werden mußte.[32] Den eigentlichen Eklat aber lieferte das plötzliche Auftreten eines Verteidigers namens Johann Merwais von Wendingen, der den Inquisitor kurzerhand der Verletzung der päpstlichen Bulle und der Kompetenzüberschreitung in fünf Punkten beschuldigte, weshalb er nicht nur die Aufhebung der Anklage beantragte, sondern gleichzeitig die Verhaftung des Dominikaners. Auf der zweiten Gerichtssitzung am 31. Oktober nahm dieser nicht nur äußerst kenntnisreiche und gefinkelte, sondern auch überaus mutige Jurist zwar seinen Antrag auf Verhaftung zurück, erreichte jedoch eine völlige Annullierung des Prozesses, da dieser den Rechtsnormen widerspreche. Die eingekerkerten Frauen wurden entlassen, wobei sie allerdings zuvor dafür bürgen mußten, sich einer etwaigen neuen Untersuchung jederzeit zu stellen. Die Kosten für das Verfahren übernahm der Landesfürst Erzherzog Sigismund, der in dieser Affaire eine etwas undurchsichtige Rolle gespielt hat und den Eindruck einer unschlüssigen, schwankenden Persönlichkeit hinterläßt. Auch seine Einstellung zu Aberglauben und Zauberei wird nicht völlig klar. Daß seine eigene Person handfest darin verwickelt war, bezeugt eine von korrupten Räten angezettelte Affaire an seinem Hof, in der verschiedene Zauberweiber, vor allem die Anna Spießin aus Hall, seine zweite Gemahlin Katharina, Herzogin von Sachsen angestiftet haben sollen, ihn zu vergiften. Zwar wurde die Ansicht etlicher Historiker, diese Hofintrige habe unmittelbar in den Innsbrucker Prozeß von 1485 hineingespielt und damit die Absetzung des Inquisitors beschleunigt, durch die jüngere Forschung angezweifelt. Andererseits jedoch hat diese Affaire tatsächlich Wellen geschlagen, wie auch eine auf dem Landtag zu Hall im Jahre 1487 von den Landständen an Sigismund gerichtete, darauf Bezug nehmende Beschwerde beweist. Auch die Belobigungsschreiben, die Papst Innozenz VIII. an Sigismund wegen dessen Unterstützung der Innsbrucker Hexenverfolgung richtete, verwirren das Bild dieser Persönlichkeit, der andererseits von dem Doktor der kanonischen Rechte Ulrich Molitoris in seiner Hexenschrift „de laniis et phitonicis mulieribus" die Rolle des aufgeklärten Skeptikers zugeschrieben bekommt, wovon noch später die Rede sein wird.

Der Innsbrucker Prozeß des Jahres 1485, über den wir dank eines ergiebigen Aktenmaterials recht gut unterrichtet sind, zeigt vor allem eines: nämlich, daß es — zumindest zu diesem Zeitpunkt — einer entschlossenen Persönlichkeit durchaus möglich war, Verfolgungen im Keim zu ersticken. Dem mutigen, zugleich aber auch vorsichtigen Verhalten des Bischofs von Brixen, Georg Golser, ist es auf jeden Fall zuzuschreiben, daß seine Diözese nicht nur für dieses eine Mal von Hexenverfolgungen verschont geblieben ist, sondern wahrscheinlich weiter wirkend auch die Tatsache, daß es zu keinem Inquisitionsprozeß in den österreichischen Alpen mehr gekommen ist und auch die weltlichen Prozesse bis etwa zur Mitte des 16. Jahrhunderts hier eher selten gewesen sind. Golser hat auch den Inquisitor kurz nach Prozeßende heftig angegriffen und ihn unmißverständlich aufgefordert, die Stadt zu verlassen. Gleichzeitig beauftragte er den Pfarrer von Innsbruck, ihm auch mündlich zum Fortgehen zu raten. Trotzdem dachte Institoris noch immer nicht daran, dieser Aufforderung Folge zu leisten. Vielmehr begann er ganz im Gegenteil, Material für weitere Prozesse zu sammeln und auch Einkerkerungen vorzunehmen. Ein weiteres Ausweisungsschreiben des Bischofs, der ihn erneut in sein Kloster verweist, bezeugt die Anwesenheit des hartnäckigen Dominikaners noch im Februar 1486. Diesmal wird Golser noch deutlicher. Er gibt nicht nur seiner Verwunderung Ausdruck, den ungebetenen Gast trotz der „errores" und „dissensiones" noch immer hier anzutreffen, sondern warnt ihn vor möglichen Racheakten von Verwandten der beschuldigten Frauen. In einem Begleitbrief für einen gewissen „brueder Niclas" hält er ihn außerdem für nicht ganz zurechnungsfähig: „Mich verdrewst des münchs gar vast im bistumb....er bedunkt mich aber propter senium gantz chindisch sein worden..."

Worauf Institoris wohl nichts anderes übrig blieb, als endlich das Land zu verlassen.

Ein — nicht ganz uninteressantes — Nachspiel hat diese Angelegenheit jedoch noch gehabt: Und zwar hat Erzherzog Sigismund, möglicherweise um dadurch in Gang gebrachte Diskussionen und Unsicherheiten zu klären, den Konstanzer Rechtsgelehrten und Prokurator der bischöflichen Kurie Ulrich Molitoris beauftragt, über das Hexen- und Zauberwesen ein Gutachten auszustellen. Vielleicht wollte er sich damit auch vor den Landständen rechtfertigen, die Beschwerde geführt hatten, daß in jüngster Zeit

„*viele Personen gefangen, gemartert und ungnädig gehalten worden, was doch merklich wider Gott und Sr. Fürstl. Gnaden Seelen Seligkeit und wider den Glauben ist*", womit sicherlich einer damals noch vorhandenen Grundstimmung im Land Ausdruck gegeben und die allgemeine Unbeliebtheit des Inquisitors dokumentiert wurde. Molitoris hatte also keine leichte Aufgabe: Einerseits sollte er dem Erzherzog ein aufgeklärtes Image geben, um ihn dadurch gegenüber dem Landtag zu entlasten, andererseits wußte er von dem Anerkennungsschreiben des Papstes, das Sigismund für sein Eingreifen gegen die Hexen erhalten hatte. Er zog sich aus der Klemme, indem er eine relativ kritische Haltung mit einer Schlußfolgerung im Sinne der theologischen Lehrmeinung verband: Hexen können zwar nicht zaubern, aber die Todesstrafe ist trotzdem gerechtfertigt, weil allein ihr böser Wille und damit der Abfall von Gott todeswürdig ist.

Die Schrift des Ulrich Molitoris, die in Dialogform abgehalten ist und abwechselnd drei Gesprächspartnern, nämlich dem Konstanzer Schultheiß Konrad Schatz, dem Erzherzog Sigismund und dem Autor selbst das Wort erteilt, ist aber auch noch aus anderen Gründen interessant. Zum einen ist sie eine der frühesten Abhandlungen über das Hexenwesen, die den neuen Kollektivbegriff der Hexe als bekannt voraussetzt. Zum anderen ist auch hier die einseitige Verlagerung auf das weibliche Geschlecht bereits offenkundig. Was der Titel verspricht („de laniis et phitonicis mulieribus"), das bestätigt der Inhalt. Wie ja auch Bischof Golser keinerlei Zeugnis hinterlassen hat, daß er es bemerkenswert fand, fast ausschließlich Frauen als Angeklagte vorzufinden. Woraus zu schließen ist, daß die allgemeine Konzentration des Bösen auf das Weib damals bereits als normal empfunden wurde.

Der Traktat ist mit insgesamt 13 Auflagen allein in der Zeit von 1487 bis 1520 zu einer der meistgelesenen Hexenschriften dieser Zeit geworden. Seine größte Verbreitung hat er jedoch durch seine spätere Aufnahme in den Hexenhammer gefunden, wodurch gleichzeitig der Beweis geliefert wird, daß keinesfalls die darin zum Ausdruck kommende skeptische Haltung, sondern lediglich die Schlußfolgerung wichtig schien. Denn der Hexenhammer hat an der Wirklichkeit des Schadenzaubers nicht nur keinerlei Zweifel geäußert, sondern ihn geradezu in den Mittelpunkt seiner Betrachtungen gestellt. Und dieses schreckliche Machwerk ist auch das eigentliche wichtige und für den weiteren Verlauf der Entwicklung so ungemein verhängnisvolle Ergebnis des Innsbrucker Prozesses gewesen. Denn sein Verfasser war niemand anderer als Heinrich Institoris selbst. Die kränkende und demütigende Behandlung, die er in dieser Stadt erfahren hatte, mag der Anlaß dazu gewesen sein, daß er zusammen mit seinem Ordensbruder und Kollegen Jakob Sprenger ein umfangreiches, die gesamte scholastische Hexendoktrin zusammenfassendes Werk schaffen wollte, das die offenbar zu wenig informierte Bevölkerung für dieses Problem sensibilisieren, den Hexenglauben stärken und möglichst viele ruchlose Weiber auf den Scheiterhaufen bringen sollte. Und diesmal ist seine Rechnung aufgegangen.

Malleus maleficarum:
Der Hexenhammer

Obwohl Jakob Sprenger die Vorrede schrieb, ist der eigentliche Verfasser des Hexenhammers, der 1489 das erste Mal in Köln im Druck erschien, wohl Institoris gewesen. Möglicherweise wollte er sich seines berühmteren und auch untadeligeren Ordensbruders als Aushängeschild bedienen, um seinem Werk damit eine entsprechende Glaubwürdigkeit und Verbreitung zu sichern. Denn anders als bei Institoris, der eigentlich Krämer hieß, wurde Sprengers Blitzkarriere durch keinerlei Peinlichkeiten getrübt: Nach seiner Versetzung von Basel in das Dominikanerkloster Köln wurde er Lektor der Theologie und mit 35 Jahren bereits Prior des Klosters (1472). Kurze Zeit darauf promovierte er zum Doktor der Theologie, wurde Professor an der Kölner Universität und 1480 Dekan der theologischen Fakultät. Ein Jahr später erfolgte seine Ernennung zum Inquisitor für die Kurbistümer Köln, Mainz und Trier.

Neben Sprengers Mitarbeit (ein dritter Mitarbeiter, der jedoch namentlich nicht aufscheint, war wahrscheinlich Johannes Gremper) bedurfte Institoris allerdings auch noch anderer Empfehlungen. Aus diesem Grund begab er sich im Mai 1487 mit dem bereits fertigen Manuskript an die theologische Fakultät in Köln, die als oberste Zensurbehörde für in Druck gehende Werke eine besondere Rolle gespielt hat und an der sein Mitstreiter Sprenger sicher über gute Beziehungen verfügte. Ob allerdings das von ihm dort erwirkte positive Gutachten, das von acht Theologieprofessoren ausgestellt wurde, nun gefälscht oder in seinem lobenden, den Inhalt des Hexenhammers vorbehaltlos bejahenden Text authentisch war, ist in der jüngeren Hexenforschung zu einer Streitfrage geworden. Tatsache bleibt, daß diese Beurteilung zusammen mit der Hexenbulle Innozenz' VIII. und einer inzwischen erwirkten Urkunde König Maximilians I., in der alle Untertanen zur Unterstützung der Inquisitoren aufgerufen waren, dem Malleus vorangestellt wurden, der damit jene absolute Autorität erhielt, die nötig war, um noch bestehende Widerstände auszuräumen.

Denn daß es an diesen keineswegs gefehlt hat, beweist auch eine Stelle in der „Apologia", in der sich die Verfasser unwillig gegen Geistlichkeit und weltliche Obrigkeiten richten, *„weil manche Seelsorger und Prediger....öffentlich zu behaupten und zu versichern sich nicht scheuen, es gäbe keine Hexen oder sie könnten durch keinerlei Betätigung etwas zum Schaden der Geschöpfe ausrichten, infolge welcher unvorsichtiger Predigten bisweilen dem weltlichen Arme die Befugnisse zur Bestrafung derartiger Hexen abgeschnitten wurde...."*

Es gab also durchaus Leute auch unter den Theologen, die sich der Meinung der Autoren des Hexenhammers nicht vorbehaltlos anschlossen. Weshalb sich dieser zu Beginn seines Erscheinens auch nicht gleich völlig durchzusetzen vermochte. Das änderte sich allerdings relativ rasch, denn die große Gefahr, die durch eine Ausbreitung der Hexensekte drohte, und die Notwendigkeit ihrer Ausrottung wurde bald allgemein eingesehen. Der Malleus entwickelte sich in den nächsten zwei Jahrhunderten zum beliebtesten Handbuch nicht nur der Inquisitoren und katholischen Theoretiker, sondern auch der protestantischen und weltlichen Intelligenz. Wobei seine außerordentliche Wirkung nicht so sehr auf einer originalen oder originellen Auffassung der Dinge beruht, sondern vielmehr auf einer äußerst geschickten Zusammenstellung bereits vorhandener Tendenzen und Ansichten. Er ist lediglich ein Sammelwerk, das ein in Jahrhunderten entstandenes Gedankengut zusammengefaßt und kommentiert hat. Als wichtigstes Vorbild dürfte dabei das „Directorium inquisitorum" des aragonischen Generalinquisitors Nikolaus Eymericus aus dem Jahre 1376 gedient haben, aber auch die „Ketzergeißel" des französischen Inquisitors N. Jaquier und der zwischen 1435 und 1437 geschriebene „Formicarus" des Schweizer Theologen Johannes Nider werden die Verfasser gekannt haben. Ebenso hatte der Titel das Werkes bereits Tradition. Er lehnt sich an den „Malleus haereticorum" an, ein Beiname, der verdienten Kämpfern gegen die Häresie verliehen wurde. Bischof Hugo von Auxerre wurde um das Jahr 1200 so genannt, ebenfalls der Niederländer Gerhard Groot, der Begründer der Brüderschaft vom gemeinsamen Leben am Ende des 14. Jahrhunderts. Auch die Übertragung dieses Namens auf ein literarisches Werk geschah nicht zum ersten Mal: Einen „Malleus iudeorum" hat es bereits 1420 gegeben.[33] Neu war vor allem zweierlei: der Akzent, der — im Gegensatz zu den Ketzerprozessen — auf das Maleficium, den Schadenzauber gelegt wurde. Und die eindeutige Ausrichtung auf das weibliche Geschlecht.

Die auffallende Betonung des Maleficiums verfolgte einen bestimmten Zweck: Und zwar sollte damit den weltlichen Gerichten, die den Schadenzauber seit eh und je geahndet hatten, Gelegenheit gegeben werden, auch jene Hexen, die von der Inquisition ausfindig gemacht wurden, zu verurteilen. Auch darüber gibt eine Stelle im Malleus Aufschluß:

„Da es unsere Hauptabsicht in diesem Werk ist, uns Inquisitoren der Länder Oberdeutschland der Inquisition der Hexen, soweit es mit Gott geschehen kann, zu entledigen, indem wir sie ihren Richtern überlassen und zwar wegen der Beschwerlichkeit des Geschäftes, wobei jedoch für die Unversehrtheit des Glaubens und das Heil der Seele um nichts weniger gesorgt würde, weshalb wir auch das gegenwärtige Werk in Angriff genommen haben, wobei wir den Richtern selbst die Arten der Untersuchung, Entscheidung und Urteilsprechung überlassen."

Der eigentliche Grund für die Übergabe an die weltlichen Gerichte dürfte jedoch nicht in der „Beschwerlichkeit des Geschäftes" gelegen sein, sondern in der Möglichkeit einer effektiveren Verfolgung, weil einzig das weltliche Gericht in der Lage war, die Todesstrafe auszusprechen. Weshalb auch den reuigen Hexen in Hinkunft keine Gelegenheit mehr gegeben werden sollte, begnadigt zu werden. Aus dem „crimen mixtum", das weltlicher und geistlicher Verfolgung unterlag, wurde ein „crimen", für das sich vor allem die weltlichen Gerichte zuständig erklärten. Und damit war den furchtbaren Verfolgungen der kommenden Jahrzehnte und Jahrhunderte Tür und Tor geöffnet. Erst auf diesen Voraussetzungen, die das von der christlichen Lehre vertretene Gebot der Liebe praktisch ausschlossen und die letzten Vorbehalte niederrissen, indem sie die Opfer dem weltlichen Richter nicht nur übergaben, sondern eine schrankenlose Verfolgung sogar rechtfertigten und förderten, konnten sich die Dinge in ihrer schaudervollen Gesetzmäßigkeit erst entwickeln.

Der Malleus maleficarum gliedert sich in drei Teile. Im ersten, der in 17 Kapitel unterteilt ist, geht es um die Definition der Hexe und um ihre Macht, Böses zu tun. Wobei wiederum das besondere Interesse an sexuellen Dingen auffallend ist. Hexen, so heißt es, können mit Hilfe des Teufels nicht nur Liebe und Haß erzeugen, sie können auch das männliche Glied verhexen, so daß es *„gleichsam gänzlich aus dem Leib herausgerissen ist"*, also Kastration bewirken. Sie können die Zeugungskraft oder den Liebesgenuß verhindern, indem sie die Erektion unterdrücken und die Samenwege versperren. Sie sind den Dämonen hörig, von denen sie möglicherweise sogar geschwängert werden. Über die Existenz von incubi und succubi besteht auf jeden Fall kein Zweifel. Generell wird die Realität der Hexen außer Frage gestellt und ein diesbezüglicher Unglaube als Häresie bezeichnet. Die Unsicherheit der Kirche, ihr früher Zweifel an der Existenz der Zauberer, der sich bei Bestrafungen bislang günstig auswirkte, hat sich unter dem Einfluß der Ketzerverfolgung und dem Gefühl einer unmittelbaren Bedrohung nun zur Gewißheit verhärtet. Es gab Hexen, daran durfte nicht mehr gerüttelt werden, und sie waren willig und bereit, dem Teufel Macht über die Menschheit einzuräumen.

Im zweiten Teil werden in anekdotischer Art verschiedene Untaten der Hexen angeführt, wobei die Beispiele entweder der eigenen Inquisitionspraxis oder jener von Kollegen entnommen sein dürften. Im Mittelpunkt steht immer das Maleficium, das im Bund mit dem Teufel ausgeführt wird, obwohl der Darstellung des Teufelspaktes und des Sabbats eine vergleichsweise geringe Bedeutung eingeräumt wird (in den späteren Hexenprozessen sollte sich das wieder ändern). Einer besonderen Aufmerksamkeit erfreuen sich dabei die Hebammen. Sie werden beschuldigt, Verhütungsmittel anzuwenden, Abtreibungen vorzunehmen oder die neugeborenen Kinder den Dämonen zu weihen. Wobei die Opferung genau beschrieben wird: Die Hebammen, heißt es da, würden das Neugeborene entweder heimlich, oder, wenn die Wöchnerin schon Hexe ist, mit deren Wissen aus der Kammer tragen, über das Herdfeuer halten, und auf diese

Art und Weise dem Fürst der Dämonen, also Luzifer, darbringen. Daß solchen Handlungen alte, heidnische Riten zugrundeliegen, kann angenommen werden.

Der dritte Teil gibt genaue Anweisungen, wie sich Richter und Hexenverfolger verhalten müssen, um möglichst viele Hexen auf den Scheiterhaufen zu bringen. Er wurde häufig als Leitfaden bei Prozessen benützt und ist aus diesem Grunde besonders populär gewesen. Gleich im ersten Kapitel wird ausgeführt, wie der Prozeß zu beginnen habe. Vorerst, so heißt es, müsse an den Türen der Kirchen und Rathäuser angeschlagen werden, daß innerhalb einer Frist von zwölf Tagen jedermann bei Strafe der Exkommunikation anzugeben habe, *„wenn er weiß, gesehen oder gehört hat, daß irgendeine Person als Ketzerin oder Hexe übel beleumundet oder verdächtig sei und daß sie im besonderen so etwas treibe, was zur Schädigung der Menschen, Haustiere oder Feldfrüchte und zum Schaden des Staatswesens auszuschlagen vermag. "*

Diesem Aufruf zur Denunziation folgt eine detaillierte Beschreibung der Zeugenverhöre. Zugelassen, um gegen die Verdächtigen auszusagen, sind *Exkommunizierte, ebenso Teilhaber und Genossen des Verbrechens, also Infame und Verbrecher, Sklaven gegen ihre Herren…. ebenso wie Ketzer gegen Ketzer…. "* und *„…. Hexer gegen Hexer, jedoch nur mangels anderer Beweise und immer gegen und nicht für…. auch Gattin, Söhne und Angehörige gegen und nicht für…. "*

Es wurde also alles aufgeboten, um Hexen zu belasten, hingegen nichts, um sie zu entlasten. Der Verteidiger — der nur in den seltensten Fällen bei wohlhabenden Standespersonen anwesend war — wurde ermahnt, sich keiner Begünstigung der Ketzerei schuldig zu machen, weil er dann exkommuniziert würde: *„…. Denn mag er auch den Irrtum nicht verteidigen, da er in diesem Fall verdammenswerter als die Hexen selbst und vielmehr ein Ketzerfürst als der ketzerische Hexer wäre…. macht er sich noch dadurch, daß er ungehörigerweise einen der Ketzerei schon Verdächtigen verteidigt, gleichsam zu seinem Gönner und zwar nicht leicht, sondern heftig, gemäß der Verteidigung, die er geliefert hat. "*

Womit umständlich und verklausuliert ausgedrückt wird, warum alle diese Prozesse zu einem Scheinverfahren werden mußten: Der Denkfehler, daß ein Verdächtiger zugleich schon ein Schuldiger zu sein hat, verhalf dem Hexenprozeß zu seinem eigenen, schauervollen Charakter. Wobei die Tatsache, daß der Name des Denunzianten verheimlicht wurde, die Absurdität einer derartigen Prozeßführung noch deutlicher macht.

Eine ausführliche Beschreibung wird schließlich der Folter gewidmet. Und auch hier zeigt sich der Wahn in seiner schrecklichen Dimension. Denn die Hexe, so heißt es, würde vom Teufel so unempfindlich gegen Schmerzen gemacht, *„daß sie sich eher gliederweise zerreißen läßt, als etwas von der Wahrheit gestehen zu können"*. Weshalb schrankenlose Folterung gerechtfertigt und jede Spur von Mitleid abwegig erschien.

66

Getragen und stimuliert wurde dieses monströse und außerordentlich dumme Werk jedoch von einem geradezu pathologischen Frauenhaß, der beinahe ausschließlich das weibliche Geschlecht für das Böse verantwortlich macht. Das kommt bereits im Titel zum Ausdruck, in dem das weibliche „maleficarum" (statt einem männlichen „maleficorum") auf die eigentliche Zielgruppe weist. Ketzerei, heißt es hier unter anderem, sei vornehmlich eine Angelegenheit der Frauen, nicht der Männer. Und um die größere Verderbtheit der Weiber unter Beweis zu stellen, wird sogar die Etymologie bemüht: Das Wort „femina" erscheint in einer spitzfindigen Interpretation als die Zusammensetzung von fe = fides, der Glaube, und minus = weniger, was soviel bedeutet wie: im Glauben weniger. Die Frau ist also weniger gläubig, sie fällt schneller vom Glauben ab. *„Also schlecht ist das Weib von Natur, da es schneller am Glauben zweifelt, auch schneller den Glauben ableugnet, was die Grundlage für die Hexerei ist. "* Aber das Weib ist nicht nur schlecht, es ist vor allem ungeheuer gefährlich. *„Forschen wir nach, so werden wir finden, daß fast alle Reiche der Welt um der Frauen willen zu Grunde gegangen sind. "* Als Beweis dient unter anderem der Fall Trojas durch Helena. *„Wäre nicht die Schlechtigkeit der Weiber, so wäre die Welt von unzähligen Gefahren befreit. "* Diese grundsätzliche Boshaftigkeit der Frau, in der die Autoren des Hexenhammers geradezu schwelgen, wird untermauert und gestützt durch Zitate aus der Bibel, — wobei sich vor allem das Alte Testament als besonders fündig erweist —, aber auch durch Aussprüche der Hauptvertreter der Zölibatsliteratur der urchristlichen Zeit wie Laktanz, Hieronymus und Chrysostomus. Ebenso müssen Cato, Cicero, Sokrates, Seneca und Theophrast mit diesbezüglichen Aussagen herhalten.

Eine Hauptursache für die Verderbtheit des Weibes liegt laut Hexenhammer in ihrer ins Ungeheure gesteigerten sexuellen Unersättlichkeit, die nur mit dämonischer Hilfe befriedigt werden kann, weshalb der Bund mit dem Teufel als logische Schlußfolgerung erscheint. In dieser vom asketischen Christentum verdrängten und daher negativ interpretierten Sinnlichkeit der Frau, die Gottes Ordnung gefährdet und mit Chaos gleichgesetzt wird, liegt auch die uralte Angst des Mannes vor der Frau begründet, die in zahlreichen psychologisch-philosophischen Werken der neueren Zeit bis zum Überdruß interpretiert und kommentiert worden ist. Diese — elementare — Sinnlichkeit, die in der Frühgeschichte des Menschen als göttlich verehrt wurde und der noch die Antike mit einer blutvollen Venus ein Denkmal setzte, mußte für den abendländischen, leistungsorientierten Mann, dem Triebverweigerung und Triebverzicht zu seiner speziellen Kultur verhalf, zu einer unmittelbaren Bedrohung und Gefahr werden. Und darum mußte die naturhafte, orgiastische Feste feiernde Hexe sterben, darum mußte sie in der guten, züchtigen und frommen Mutter gebändigt werden, und darum wurde sie schließlich in der triebschwachen Frau der Freud'schen Theorie besiegt, deren Frigidität wiederum ein Problem vor allem des Mannes und offenbar gar nicht so sehr der Frau geworden ist.

Der Hexenhammer ist auf jeden Fall jenes Buch, das naiv und unbekümmert genug ist, offen und ohne jeden Skrupel auszusprechen, was eher unterschwellig und nicht ganz so brutal geäußert schon längst allgemeine Überzeugung war: daß nämlich das Böse in der Welt zu Lasten des Weibes geht. Wobei die Tatsache, daß Institoris ebenso wie Sprenger große Marienverehrer gewesen sind — Sprenger soll sogar eine Muttergotteserscheinung gehabt haben —, nur auf den ersten Blick widersprüchlich erscheint. Die Verehrung der Madonna konnte sich deshalb so glänzend mit einer Verachtung der Frau vertragen, weil die jungfräuliche Gottesmutter eine Konstruktion des männlichen Geistes darstellt, dem die Menschenmutter in der Realität gar nicht entsprechen kann. Während sich der Madonnenkult auf die Überwindung und Auslöschung des Triebhaften und Sexuellen richtet, das als niedrig und tierisch abgewertet wird, bleibt die Frau als Geschlechtswesen dieser verdrängten — und als sündig erklärten — Wirklichkeit verhaftet.

Es würde zu weit führen, auch nur einen Bruchteil der frauenfeindlichen Zitate, die in ermüdender Wiederholung und Eintönigkeit den Hexenhammer bereichern, an dieser Stelle wiederzugeben. Weshalb lediglich eine Stelle für das Ganze stehen soll:

„So ist das Weib, von dem der Prediger 7 spricht und über das jetzt die Kirche jammert wegen der ungeheuren Menge der Hexen: ,Ich fand das Weib bitterer als den Tod; sie ist eine Schlinge des Jägers; ein Netz ist ihr Herz; Fesseln sind ihre Hände; wer Gott gefällt, wird sie fliehen; wer aber ein Sünder ist, wird von ihr gefangen werden.' Es ist bitterer als der Tod, d. h. der Teufel. Apokalypse 6: Ihr Name ist Tod. Denn mag auch der Teufel Eva zur Sünde verführt haben, so hat doch Eva Adam verleitet. Und wie die Sünde der Eva uns weder leiblichen noch seelischen Tod gebracht hätte, wenn nicht in Adam die Schuld gefolgt wäre, wozu Eva und nicht der Teufel ihn verleitet, deshalb ist sie bitterer als der Tod.

Nochmals bitterer als der Tod, weil dieser natürlich ist und nur den Leib vernichtet; aber die Sünde, vom Weibe begonnen, tötet die Seele durch Beraubung der Gnade und ebenso den Leib zur Strafe der Sünde.

Nochmals bitterer als der Tod, weil der Tod des Körpers ein offener, schrecklicher Feind ist; das Weib aber ein heimlicher, schmeichelnder Feind. — Und daher heißt man sie nicht mehr eine bittere und gefährlichere Schlinge der Jäger, als vielmehr der Dämonen, weil die Menschen nicht bloß gefangen werden durch fleischliche Lüste, wenn sie sehen und hören, da, nach Bernardus, ihr Gesicht ist ein heißer Wind und die Stimme das Zischen der Schlange, sondern auch weil sie unzählige Menschen und Tiere behexen. Ein Netz heißt ihr Herz: d. h. die unergründliche Bosheit, die in ihrem Herzen herrscht; und die Hände sind Fesseln zum Festhalten; wenn sie die Hand anlegen zur Behexung einer Kreatur, dann bewirken sie, was sie erstreben, mit Hilfe des Teufels. Schließen wir: Alles geschieht aus fleischlicher Begierde, die bei ihnen unersättlich ist. Sprüche am Vorletzten: ,Dreierlei ist unersättlich (usw.) und das

vierte, das niemals spricht: es ist genug, nämlich die Öffnung der Gebär-
mutter.' Darum haben sie auch mit den Dämonen zu schaffen, um ihre Be-
gierde zu stillen. — Hier könnte noch mehr ausgeführt werden; aber den Ver-
ständigen ist hinreichend Klarheit geworden, daß es kein Wunder, wenn von
der Ketzerei der Hexer mehr Weiber als Männer besudelt gefunden werden.
Daher ist auch folgerichtig die Ketzerei nicht zu nennen die der Hexer, son-
dern der Hexen, damit sie den Namen bekommen a potiori; und gepriesen sei
der Höchste, der das männliche Geschlecht vor solcher Schändlichkeit bis heu-
te so wohl bewahrte: Da er in demselben für uns geboren werden und leiden
wollte, hat er deshalb auch so bevorzugt. "[34]

Es ist — aus heutiger Sicht — schwer möglich, derartige Gedankengänge
nachzuvollziehen. Trotzdem jedoch erscheint es etwas leichtfertig, wenn
J. W. R. Schmidt, der den „Hexenhammer" 1920 ins Deutsche übertrug, im
Vorwort meint, der Zeitgenosse könne über derartige Tiraden nur noch
lachen. Denn immerhin sind es diese Ansichten gewesen, die Millionen
Frauen das Leben kosteten, und noch Ende des 18. Jahrhunderts, wahrscheinlich sogar im 19. Jahrhundert wurden Hexen auf europäischem Boden offiziell verbrannt. Und es waren diese Ansichten, die unsere Kultur
und Zivilisation entscheidend mitgeprägt haben und die in Ausläufern fort-
wirken bis hinein in die Gegenwart.

Die Frau im Mittelalter

Frau und Gesellschaft

Um die Konzentration auf das weibliche Geschlecht in ihren Wurzeln zu verstehen, ist es notwendig, die verschiedenen Faktoren, die dazu geführt haben, kurz zu untersuchen. Dabei muß auch die rechtliche und gesellschaftliche Stellung der Frau im Mittelalter etwas eingehender betrachtet werden.

Im germanischen Recht war die Frau der Alleinherrschaft des Mannes, der sogenannten Munt (von mundium = manus = Hand) unterworfen und wurde gleichgestellt mit Kindern, Sklaven, Vieh und Besitz.[35] Starb der Ehemann und hinterließ einen Sohn, so wurde dieser Vormund der Mutter. Die Muntgewalt räumte dem Ehemann das Recht über das Vermögen seiner Frau ein, ihm war außerdem erlaubt, mehrere Frauen zu haben — Ehebruch konnte nach ältestem Recht nur die Frau begehen. Er allein hatte auch das Recht zur Scheidung und konnte die Frau verstoßen oder verkaufen, sogar töten.[36] Töchter waren auch vom Erbrecht benachteiligt, sie bekamen lediglich Anteil an der fahrenden Habe, während die Söhne den väterlichen Besitz an Grund und Boden erbten. Die Muntgewalt beinhaltete außerdem einen Ausschluß der Frauen von jeder öffentlichen Funktion. Sie durften auch nicht vor Gericht erscheinen und mußten ihre Interessen nur vom Mann vertreten lassen.

Es gibt Anzeichen dafür, daß die rechtliche Situation adeliger Frauen günstiger gewesen ist, doch unterlagen auch sie letztlich der Gewalt des Ehemannes.

Im frühen Mittelalter wurde die Frau vom Tauschobjekt langsam zur Person. Sie war nicht mehr Eigentum des Mannes, und Verkauf und Tötung wurden als Übertretung der Muntgewalt angesehen. Auch durfte sie vom Vater zur Ehe nicht mehr gezwungen werden, denn die Eheschließung bedeutete nicht mehr den Kauf oder Verkauf einer Sache. In der Praxis jedoch hielten sich die alten Anschauungen ziemlich lang, und es gab immer Mittel, ein Mädchen gefügig zu machen, angefangen vom Verlust des Erbrechts bis zum Ausschluß aus der Familie. Immer noch waren Frauen vom öffentlichen Leben und vom Rechtsverkehr ausgeschlossen, der um 1200 entstandene Sachsenspiegel, das älteste Landesrechtsbuch Deutschlands, bestreitet ihnen die Prozeßfähigkeit, *„weil sie wegen schwachheit und geringes verstandes ihres geschlechts sich vor schaden nicht leichtlich bewahren können"*.

Daß es trotzdem unter Frauen auch Widerstände gegen eine allzu rigoros ausgeübte männliche Vorherrschaft gegeben hat, beweisen etliche Verordnungen, die gerade durch ihr Verbot die Möglichkeit einer Übertretung ausdrücken. So etwa war den Frauen verboten, Waffen zu tragen — wenn sie einen Mann zum Zweikampf aufforderten, mußten sie Buße zahlen; und der Spott, den ein Mann erntete, wenn er sich von einer Frau schlagen ließ, beweist ebenfalls, daß dies vorgekommen ist.

In einer besonders unwürdigen Situation befand sich die Frau des Bauern, wobei zu berücksichtigen ist, daß etwa neun Zehntel der deutschen Bevölkerung auf dem Land lebten, daß also jene Kultur des Mittelalters, wie wir sie kennen, nur von einer ganz schmalen Schicht getragen wurde. Der weitaus größere Teil des Volkes wohnte unter ärmlichsten Verhältnissen in kleineren oder größeren Hütten aus Holz oder Lehm, in deren Mittelpunkt der offene Herd stand, dessen Rauch mangels Schornstein durch Fenster und Türen abziehen mußte.

Die Abhängigkeit der Frau des Leibeigenen war eine doppelte, nämlich vom Grundherrn und vom Vormund in Gestalt des Ehemannes oder Vaters. Das grundherrschaftliche Besitzrecht drückt sich auch in der beschämenden Einrichtung der „ius primae noctis" aus, die dem Grundherrn einen Anspruch auf die erste Nacht bei einer Neuvermählten einräumte — wobei allerdings keine Berichte überliefert sind, inwieweit von diesem Gebrauch gemacht wurde. Fest steht jedoch, daß die Bräute häufig mit Geld oder Naturalien freigekauft wurden. Auch bei der Eheschließung hatte der Grundherr ein Wort mitzureden. Paßte ihm die Wahl des Ehepartners nicht, weil er dadurch eine Arbeitskraft verlor, konnte er Einspruch erheben. Heiratete eine Freie einen Hörigen, so wurde sie so wie dieser vom Grundherrn abhängig. Mägde waren auch mit dem Hinweis, sie könnten weniger leisten als die Männer, das ganze Mittelalter hindurch wesentlich schlechter gestellt als die Knechte. Tatsächlich jedoch haben gerade die Frauen die schwerste und unbedankteste Arbeit verrichtet und waren besonders auf dem Land als Gehilfin des Mannes unersetzlich.

Natürlich gab es auch in frühen Zeiten gebildete Frauen, doch betrafen sie nur die dünne Schicht des Adels oder des gehobenen Bürgertums. Sie lasen und dichteten vornehmlich in den Klöstern, wo eine Frau Ava als Verfasserin neutestamentlicher Dichtungen oder eine Hrotsvith von Gandersheim als Autorin zahlreicher lateinischer Dramen berühmt geworden sind. Es gab bedeutende Mystikerinnen wie die Äbtissin Hildegard von Bingen oder Mechthild von Magdeburg, die in einen Beginenhof eintrat und Begine wurde. Bildung besaßen häufig auch die adeligen Frauen auf ihren Burgen, die im Lesen und Schreiben meist gewandter waren als die im Kampf und Sport geübten Ritter. Manche von ihnen traten auch literarisch hervor wie etwa die in Venedig geborene Christine de Pisan. Sie hatte den berühmten, von Jean de Meung verfaßten „Roman de la Rose", der sich durch eine extrem frauenfeindliche Haltung auszeichnete, nichtsdestoweniger jedoch zu den beliebtesten und am meisten gelesenen mittelalterlichen Dichtungen zählte, öffentlich angegriffen und mit einer Gegenschrift bekämpft, die zum sogenannten „Rosenstreit" führte. Daß die Frauen der höheren Schichten im Durchschnitt sicherlich gebildeter waren als die Männer, beweist auch eine im „Sachsenspiegel" angegebene Verfügung, nach der Bücher unter das besondere, nicht an männliche Erben übertragbare Eigentum der Frau gerechnet werden.[37] Trotzdem war die aktive Rolle der Frau in der Literatur vergleichsweise bescheiden. Eine größere Bedeutung erlangte sie in einer passiven Rolle als Gegenstand der Literatur. In der Mariendichtung wird Maria, die heilige, reine Frau verehrt und besungen, die als Gegenkraft zur triebhaften und daher sündigen Urmutter Eva verstanden wird. Dieses Bild der hohen, hehren Frau lebt dann im Minnesang fort und verweist das lustvoll sündigende, aber auch böse, abartige Weib in die Niederungen der bürgerlichen Literatur, wo es allerdings fortbesteht, sogar üppig gedeiht. So zum Beispiel in der Novellistik des späten 13. und 14. Jahrhunderts, die sich des Alltags annimmt und im Unterschied zur höfischen Minnelyrik vor allem die literarischen Bedürfnisse eines städtischen Publikums befriedigt. Hier hat das verklärte, überhöhte und mit der Wirklichkeit in keinerlei Einklang stehende Frauenbild der Troubadoure sein Pendant gefunden, das jedoch, ebenso verzerrt und überspannt, ins Groteske führt. Hier wird die Frau zum zänkischen Eheweib, zur Hure und Kupplerin, zur scheinheiligen Person, die unter dem Mantel der Ehrbarkeit mit List und Ränkespiel den tölpelhaften Mann überlistet. Hier ist bereits angelegt, was so schreckliche Folgen hat: Die Frau der Trivialliteratur des 13. und 14. Jahrhunderts ist die spätere Hexe.

Im Hochmittelalter hat sich dann die Stellung der Frau vor allem in den Städten wesentlich gebessert. Auch hier waren die Frauen zuvor nur in der Familienwirtschaft tätig gewesen. Sie versorgten Haushalt und Kinder und halfen dem Mann bei der Arbeit. Bedingt durch den Frauenüberschuß und daraus sich ergebende Versorgungsgründe begannen die Frauen und jungen Mädchen jedoch allmählich in die Berufe vorzudringen. Vor allem das Textilgewerbe war überwiegend von Frauen besetzt, daneben waren sie aber auch noch in zahlreichen anderen Berufen tätig. Bald waren sie grundsätzlich von keinem Gewerbe ausgeschlossen, zu dem ihre Kräfte reichten. Sie durften das Handwerk als Gehilfin, manchmal sogar als Meisterin ausüben. In den Zünften, die zunächst reine Männerbünde gewesen sind, werden im 14. Jahrhundert mehr und mehr Frauen aufgenommen. Es gab selbständige Meisterinnen nicht nur in der Textilfabrikation, sondern auch bei den Bleicherinnen, Spinnerinnen, Fütterinnen und Färberinnen, bei den Kürschnern und sogar unter den Webern. Besonders stark vertreten waren Frauen in der Leinenweberei, der Seidenweberei und Garnmacherei. Karl Bücher hat anhand von Frankfurter Urkunden für die Zeit zwischen 1320 und 1500 rund 200 Berufsarten gefunden, in denen Frauen beschäftigt waren. Er nennt nicht nur die Schneiderei, sondern auch die Holz- und Metallindustrie, die Feinbäckerei und Bierbrauerei als bevorzugtes weibliches Arbeitsgebiet. In den nicht-zünftigen Berufen waren Frauen vor allem im Kleinhandel tätig, Obst, Butter, Hühner, Eier, Milch, Käse usw. wurde fast nur von ihnen vertrieben. Auch als Trödlerinnen und Krämerinnen begegnen wir ihnen in den Aufzeichnungen, ebenso als weiblichen Musikanten in den Weinschenken, als Bademädchen in den Badestuben und sogar als Schulmeisterinnen und Ärztinnen.

Gleichzeitig damit besserte sich auch ihre rechtliche Situation. Die Geschlechtsvormundschaft wurde zunehmend laxer gehandhabt, vor allem das Stadtrecht befreite Handel- und Gewerbe treibende Frauen teilweise von der Vormundschaft, weil derartige Rechtsvorschriften, nach denen sich die Frau in Fällen einer Rechtsverordnung immer einen Vormund suchen mußte, die Abwicklung von Geschäften wesentlich erschwert haben. Besonders Witwen, denen erlaubt war, das Geschäft ihres Mannes zu übernehmen, wurden von der Geschlechtsvormundschaft befreit und durften manchmal auch selbständig eine neue Ehe eingehen. Die Frauen durften zunehmend auch ihr Vermögen selbst verwalten, seit dem 14. Jahrhundert wurde vor allem in den Städten ihre erbrechtliche Gleichstellung anerkannt und wurden ihnen im Verhältnis zu ihren Kindern durch den sogenannten Beisitz ähnliche Rechte wie dem Vater zugestanden. Das größte Hindernis für die verheiratete Frau im städtischen Handel bildete jedoch nach wie vor die sogenannte Ehevogtei, die eine Zustimmung des Ehemannes für jedes Geschäft beinhaltete, wodurch es der Frau praktisch unmöglich gemacht wurde, einen selbständigen Gewerbebetrieb zu führen. Auch hier wurden jedoch Zugeständnisse gemacht, und die Ehevogtei wurde bei erwerbstätigen Frauen teilweise durchbrochen.

Obwohl diese Entwicklung kurzlebig war und in die höheren Positionen — etwa jene einer Meisterin — auch nur wenige vordringen konnten, hat sie doch zu einem gewissen Selbstbewußtsein der mittelalterlichen Frau beigetragen. Das darf aber nicht darüber hinwegtäuschen, daß die Masse der Frauen in untergeordneter Stellung als abhängige Lohnarbeiterinnen tätig waren, deren Löhne — ebenso wie jene der Landarbeiterin — immer niedriger eingestuft wurden als jene der Männer. Und weil Frauen in der Überzahl waren, wurden vor allem sie auf die Straße, in den Bettel getrieben. Unter den ehr- und rechtlosen fahrenden Leuten sind Frauen massenweise vertreten. Sie finden sich in großen Scharen bei Kaiserkrönungen ein, auf Reichstagen, Kirchenversammlungen, Turnieren, Messen und Märkten. Sie zogen mit dem Troß der Söldnerheere und lebten in wilder Ehe mit Landsknechten und Offizieren. Viele von ihnen gingen in die Prostitution, die im 14. und 15. Jahrhundert in den deutschen Städten ein beachtliches Ausmaß erreicht hatte. Sie waren in eigenen Frauenhäusern zusammengefaßt, denen Frauenwirte oder Wirtinnen vorstanden und die besonders organisiert und sogar durch eine Art Sozialfürsorgesystem abgesichert waren. In späteren Jahrhunderten kehrte sich jedoch die ursprünglich eher wohlwollende oder doch zumindest duldende Haltung diesen Liebesdienerinnen gegenüber allmählich in ihr Gegenteil. Es wurde ihnen, so wie auch anderen „unehrlichen" Leuten, eine besondere Tracht oder Abzeichen vorgeschrieben, sie durften nicht mehr bei Tanzfesten oder Hochzeiten anwesend sein, und in den Kirchen mußten sie auf abgesonderten Plätzen beten. Die katholische Kirche bemühte sich, diese Frauen in Klöstern der Büßerinnen, der Reuerinnen oder weißen Frauen aufzufangen, und auch weltliche Organisationen errichteten Rettungshäuser für die Bußschwestern oder bekehrten Frauen, die nach dem Muster der Beginenhäuser eingerichtet waren.

Einen gewissen Einfluß besaß die Frau im Hochmittelalter natürlich auch innerhalb der Familie. Sie hatte als Leiterin des Haushaltes die Schlüsselgewalt und sie war verantwortlich für die Erziehung der Kinder. Häufig wurde sie als die Genossin des Mannes bezeichnet, was allerdings auf einer einseitigen Interpretation beruhte: Sie teilte durch die Heirat seinen Stand.

Die Familie blieb auch ihr letztes und einziges Betätigungsfeld für die kommenden Jahrhunderte. Denn bereits im Verlauf des 15. Jahrhunderts wurde sie aus dem öffentlichen Bereich zurückgedrängt. Vorerst richtete sich die männliche Konkurrenz gegen die Meisterinnen, deren Rechte beschränkt oder an bestimmte Bedingungen geknüpft wurden. Dann gegen die Mitarbeit der weiblichen Familienmitglieder und schließlich gegen die selbständige Tätigkeit der Frauen in den Zünften. Die Gesellenverbände fingen an sich zu weigern, neben Frauen zu arbeiten, und die Meister befürchteten eine Beeinträchtigung ihrer Einnahmen. Gegen Ende des Mittelalters mehren sich die Gesetze, die die Frauenarbeit beschränken oder gänzlich verbieten. Und um 1600 verschwindet die Frau beinahe völlig aus dem Berufsleben.

Parallel zu dieser Zurückdrängung im beruflichen Bereich wuchs auch die allgemeine Geringschätzung, die dem weiblichen Geschlecht generell entgegengebracht wurde. Eine Entwicklung, die die Hexenverfolgungen sicherlich wesentlich begünstigt hat.

Frau und Kirche

Wahrscheinlich noch wichtiger und verhängnisvoller als die Zurückdrängung und Ausschaltung der Frau im beruflichen Bereich war die Abwertung, die sie durch die Kirche erfuhr. In einer Gesellschaft, die so sehr von religiösen Aspekten geprägt war und in der die Kirche einen derartigen Machtfaktor darstellte, mußte diese negative Einschätzung schwerwiegende Folgen haben. Auf jeden Fall jedoch haben sich beide Parallelerscheinungen gegenseitig beeinflußt und jenes Bild geschaffen, auf das sich die Hexenverfolger stützen konnten.

Um die Inferiorität des Weibes zu beweisen, hat sich die frühchristliche und mittelalterliche Kirche und Theologie gerne auf Textstellen des Alten und Neuen Testaments gestützt, wobei jedoch ausnahmslos jene Stellen bevorzugt wurden, in denen die Frau in einem ungünstigen Licht erscheint. Hingegen viele, in der Bibel enthaltene positive Wertungen nicht berücksichtigt wurden. So etwa war der sogenannte zweite Schöpfungsbericht (Genesis 2, 1 ff), nach dem Eva aus der Rippe Adams stammt, bald zum allgemeinen Gedankengut geworden. Der erste Schöpfungsbericht (Genesis 1, 26 ff) hingegen, in dem Eva ebenso wie Adam unmittelbar von Gott geschaffen erscheint, wurde kaum erwähnt:

„ Und Gott sprach: machen wir doch einen Menschen uns zum Ebenbild und er soll über die Meeresfische herrschen und über die Vögel des Himmels und über die Tiere des ganzen Erdreichs und über alle Reptilien, die auf der Erde kriechen. Und Gott schuf den Menschen zu seinem Ebenbild; zum Bilde Gottes schuf er ihn, und er schuf einen Mann und eine Frau. Und Gott segnete sie und sagte: Wachset und vermehret euch und füllt die Erde und macht sie euch untertan... "

Hier wird also der Frau noch nicht, so wie später von den Kirchenvätern, die Ebenbildlichkeit Gottes abgesprochen, sie ist — ebenso wie Adam — Gottes unmittelbares Geschöpf. Daß Christus von einer Gleichwertigkeit der Geschlechter ausging, ist bekannt. Nur waren ihm durch die jüdische Tradition hier Grenzen gesetzt. Er konnte zum Beispiel keine Frau als Apostel, als Verkünderin des Evangeliums aussenden, das verboten die Verhältnisse seiner Zeit. Gerade dieser Tatbestand jedoch bekräftigte die spätere Kirche in ihrer Ansicht, Frauen seien zum Lehren und Predigen religiöser Glaubenssätze ungeeignet.

Die Entstehung Evas aus Adams Rippe hatte auf jeden Fall fatale Folgen. Die Frau wurde dadurch von Anfang an zu einem inferioren Geschöpf, leicht verführbar und selbst Verführerin, die dem Mann Schaden zugefügt und um den paradiesischen Urzustand gebracht hatte. Ein Makel, der an ihr haften blieb und sie zur permanenten Buße über Jahrhunderte verdammte. Während dem Mann als Opfer ihrer Verführung gewissermaßen das Recht eingeräumt wurde, Gottes Strafe an ihr zu vollziehen.

Die Vorstellung von der untergeordneten Rolle der Frau zieht sich demnach auch wie ein roter Faden durch die gesamte Religionsgeschichte. Schon Paulus bemerkt in seinem Brief an die Korinther:

„Ich möchte euch aber zu bedenken geben, daß das Oberhaupt jeden Mannes Christus ist, das Haupt der Frau aber ist der Mann, das Haupt Christi ist Gott. " (1 Korinther 11, 3) Und weiter: *„Der Mann dagegen darf das Haupt nicht verhüllt haben, weil er Gottes Abbild und Abglanz ist; die Frau aber ist der Abglanz des Mannes. Der Mann stammt jedoch nicht von der Frau, sondern die Frau vom Manne; auch ist der Mann nicht um der Frau willen geschaffen, sondern die Frau um des Mannes willen. Deshalb muß die Frau ein Zeichen der Herrschaft auf dem Haupt tragen und dies um der (beim Gottesdienst anwesend gedachten) Engel Gottes willen. " (1 Korinther 11, 7-10)*

Hiermit war also festgelegt, was Frauen in den kommenden Jahrhunderten erwartete und womit sie sich konfrontiert sehen sollten. Und es ist diese Bibelstelle, die in der Folge immer und immer wieder zitiert, interpretiert und auf die verschiedensten Lebensbereiche angewendet wurde. Sie hat die gesamte Stellung der Frau in der Gesellschaft und in der Kirche maßgeblich bestimmt. So etwa meint Hieronymus:

„Da der Mann das Haupt der Frau ist, das Haupt des Mannes hingegen Christus, macht sich eine jede Ehefrau, die sich dem Mann, also ihrem Haupt, nicht unterwirft, desselben Vergehens schuldig wie der Mann, wenn er sich seinem Haupt nicht unterwirft."[37a]

Und Gratian zitiert in seinem um die Mitte des 12. Jahrhunderts entstandenen Dekretbuch jene dem Augustinus zugeschriebene und von den großen Kirchenvätern übernommene Äußerung:[38]

„Das ist das Abbild Gottes im Menschen (= Mann), daß er als einziger, aus dem die anderen hervorgehen, geschaffen ist, und die Herrschaft Gottes gleichsam als sein Stellvertreter innehat, weil er das Ebenbild des einen Gottes in sich trägt. Daher ist die Frau nicht nach Gottes Bild geschaffen....und deshalb sagt auch der Apostel: der Mann freilich soll sein Haupt nicht verhüllen, weil er Bild und Abglanz Gottes ist, die Frau aber muß es verhüllen, weil sie weder Abglanz noch Bild Gottes ist."[39]

Derartige Ansichten, die der Frau einen abseitigen Platz in ewiger Schuld und Buße zuschrieben, werden besonders in ihrer Stellung innerhalb der Kirche deutlich. Frauen waren (und sind bis heute) nicht nur ausgeschlossen vom Priesteramt, es wurde ihnen auch, selbst wenn sie Nonnen waren, der Zutritt zum Altarraum und das Berühren geweihter Gefäße und Gegenstände untersagt. Um eine Besudelung des Allerheiligsten durch Frauenhände zu verhindern, durfte ihnen zum Beispiel die Kommunion nicht in die Hand gegeben werden. Lediglich das Waschen und Flicken der beim Gottesdienst verwendeten Gewänder und Tücher und die Zubereitung der Oblaten für das Meßopfer war den Ordensfrauen gestattet.[40]

Es gibt allerdings Hinweise, daß die Situation der Frau in frühchristlicher Zeit eine etwas bessere gewesen ist. Es hat zumindest Diakonissen gegeben, deren Tätigkeit jedoch später durch mehrere Synoden unterbunden wurde. Vor allem in der orthodoxen Kirche war es nach Angabe des berühmten Kanonisten Theodor Balsamons noch im 12. Jahrhundert der Diakonin gestattet, wie der Diakon am Altar zu wirken. In der Westkirche hingegen hat es um diese Zeit keine Diakonissen mehr gegeben.

Der unwürdige und unreine Status der Frau wurde häufig auch mit dem Hinweis auf ihren monatlichen Menstruationszyklus untermauert. Der Kirchenschriftsteller Paucapalae etwa beschreibt ausführlich die verheerende Wirkung des Menstruationsblutes:

„....nur die Frau ist ein menstruierendes Lebewesen; durch die Berührung mit ihrem Blut gedeihen die Früchte nicht, wird der Most sauer, verdorrt das Gras und verlieren die Bäume ihre Frucht. Eisen verrostet und die Luft verfinstert sich. Wenn Hunde davon fressen, geraten sie in Tollwut."

Ebenso spricht Rufin vom *„fluchwürdigen und verunreinigenden Menstruationsblut*", über dessen Auswirkungen er höchst sonderbare und absurde Anschauungen entwickelt.

76

„Zwei Hexen" von Hans Baldung, genannt Grien,
Straßburg 1523. Baldung, ein Gegner der Hexenverfolgung,
zeigt die selbstbewußte, kraftvolle Hexe.

Bademädchen.
Miniatur aus der „Wenzelsbibel"
böhmisch, um 1390/1400.

Teufel trägt zu Wolfsberg
(Kärnten) eine Frau durch
die Luft. Detail aus einem
Flugblatt (1517).

Frauen bei der Feldarbeit.
Miniatur aus einem
Jungfrauenspiegel,
mittelrheinisch Ende 12. Jh.

Hildegard von Bingen
diktiert einem Mönch.
Miniatur aus dem
„Hildegard-Codex" um 1165.

Ärztinnen. Aus dem Compendium Maleficarum 1608
des Hexenjägers Francesco-Maria Guazzo.

Hebamme in der Antike und im Mittelalter.
Nach einem römischen Geburtshilfebuch.

Maßgeblich beteiligt an der Erzeugung und Verfestigung eines negativen Frauenbildes war auch der große Kirchenvater Thomas von Aquin, dessen diesbezügliche Ansichten wegen seiner hohen Autorität eine besondere Bedeutung zukamen. Er stellt eine dreifache Minderwertigkeit der Frau fest: die im Werden oder biogenetische Minderwertigkeit, die im Sein oder qualitative, und die im Tätigsein, das ist die funktionale Minderwertigkeit. Insgesamt, so ist er überzeugt, verhält sich das Weib zum Mann wie das Unvollkommene und Defekte zum Vollkommenen.

Das Ausmaß der Verachtung, das der Frau generell entgegengebracht wurde, und die ungeheure Hybris des Mannes, der sich allein als Ebenbild Gottes und damit als vollkommen betrachtete, zeigt sich auch in einem Vers, der in den „Apparatus ad Decretales Gregorii IX." des Bernhard von Botone aufgenommen wurde:

„ *Was ist leichter als Rauch? Der Wind. Was ist leichter als der Wind? Luft. Was ist leichter als Luft? Die Frau. Was ist leichter als die Frau? — nichts!"*

Der Frau, unwürdig und unrein von Natur, bot sich also keinerlei aktive Betätigung innerhalb der Liturgie. Sie durfte auch nicht lehren, und sie durfte nicht taufen. „Mag eine Frau auch gebildet und heilig sein, so darf sie sich dennoch nicht herausnehmen, zu taufen oder Männer in der (Gemeinde-) Versammlung zu lehren", heißt es in dem Dekretbuch Gratians. Mit dem Hinweis, daß die Frau der Leib des Mannes sei, *„sie ist aus seiner Rippe und ihm unterworfen, weswegen sie auch zum Gebären der Kinder auserwählt ist"*, wird ihr sogar die Nottaufe untersagt. Eine Ausnahmebestimmung ergeht erst unter Papst Urban II. (1088—1099), doch wird sie hierbei auf den letzten Platz der Hierarchie verwiesen. Nur wenn weder Kleriker noch (männlicher) Laie vorhanden war, dann erst durfte sie in Aktion treten. Noch krassere Bestimmungen herrschten bei Überbringung der Krankenkommunion. Bei Ausfall des Klerikers konnte der männliche Laie einspringen, selbst dann, wenn er noch ein Knabe war. Die Frau aber, selbst die gottgeweihte, durfte sogar in dieser Notlage nicht das Sakrament spenden.[41] Eine deutlichere Diskriminierung einzig auf Grund des Geschlechts läßt sich wohl kaum vorstellen.

Wie sehr die Beziehung der Frau zu Gott über den Mann geregelt war und wie sehr sie zu einem inferioren und unmündigen Wesen degradiert wurde, geht auch aus jener Bestimmung hervor, nach der sie ohne Einwilligung ihres Ehemannes kein Gelübde ablegen durfte, durch das sie sich aus religiösen Motiven zu einem Verzicht (Fasten und ähnliches) verpflichtete. Sie konnte dieses Gelübde auch nicht erfüllen, wenn ihr Mann ein gegebenes Einverständnis widerrief, *„und zwar wegen ihres Standes sklavischer Unterworfenheit, auf Grund dessen sie dem Mann in allem untertan sein muß"*[42]. Womit der Frau in entwürdigender und beschämender Weise nicht nur das Verfügungsrecht über ihre eigensten, innersten Angelegenheiten entzogen, sondern auch ein unmittelbares Verhältnis zu Gott verweigert wurde.

Es kann nicht verwundern, daß auf einer solchen, die Frau als eigenständige Person und als unmittelbar von Gott geschaffenes Wesen in Frage stellende Ansicht Auswüchse von so entsetzlichem Ausmaß wie die Hexenverfolgungen entstehen und gedeihen konnten. Hatte sich doch sogar das Konzil zu Macon im Jahre 585 mit der Frage beschäftigt, ob *„Weiber auch Menschen seien"*, d. h. eine Seele haben. Indem der Frau Gottesebenbildlichkeit abgesprochen wurde, hat man sie dem Teufel ausgeliefert. *„Frau"*, sagt auch Tertullian in „De cultu feminarum", *„du bist der Anteil des Teufels. Du hast zuerst den Baum berührt und Gottes Gebot übertreten, deinethalben hat Gottes eigener Sohn sterben müssen. Du müßtest für immer in Trauer und Lumpen gehen, den Blick von Tränen der Reue in beiden Augen darbieten, um vergessen zu machen, daß du das Menschengeschlecht ins Verderben gestürzt hast. "*

Über den Mann geregelt war auch die Gottesbeziehung der Nonnen in den Frauenklöstern. Daß nur Männer in den Nonnenklöstern Gottesdienste halten, die Sakramente spenden und die Frauen unterrichten durften, wirkte sich besonders nachteilig auf die Entstehung neuer Frauenklöster aus, da die Mönche mit dem Hinweis, sie seien den Mehrbelastungen nicht gewachsen, diese zu unterbinden suchten. Ein weiteres Argument, das der Gründung von Klöstern für Frauen entgegenstand, war die damit verbundene Gefährdung der allgemeinen Sittlichkeit. Dabei war der Bedarf an Frauenklöstern ungeheuer groß. Und weil er durch entsprechende Maßnahmen nicht befriedigt werden konnte, griffen viele Frauen zur Selbsthilfe und schlossen sich zu Gemeinschaften, die in manchen Teilen Deutschlands Samungen genannt wurden, zusammen, um auf diese Art und Weise ein zurückgezogenes und gottnahes Leben zu führen. Sie bestritten ihren Lebensunterhalt entweder durch ein mitgebrachtes Vermögen, das sie auch selbst versteuerten, oder durch eigene Arbeit wie Handarbeiten, Krankenpflege und dergleichen. Diese Pfründnerinnen oder Mantelfräulein (wie sie nach ihrer Tracht genannt wurden) bildeten eine Wohngemeinschaft, in der sie den Haushalt gemeinsam führten. Andere Frauen gingen zu den Ketzern oder zu den Beginen.

Neben jenen Orden, die sich gegen die Neugründung von Frauenklöstern aussprachen, gab es allerdings auch solche, die sich dafür einsetzten. Vor allem die neugegründeten Bettelorden nahmen sich zu Beginn ihres Bestehens dieser Frauen an. Dominikus etwa versuchte im Jahre 1206 mit der Gründung eines Frauenklosters in Prouille eine Alternative zu den Frauengemeinschaften bei den Ketzern zu schaffen. 1218 und 1219 folgten weitere Nonnenklöster der Dominikaner in Madrid und Rom. Aber bereits auf seinem Totenbett warnte er die Brüder eindringlich vor einer Gemeinschaft mit Frauen, vor allem mit den Jungen, und nach seinem Tod hat sich der Orden weiteren Neugründungen heftig widersetzt. Er mußte, ebenso wie die Franziskaner, im 13. Jahrhundert vom Papst nachgerade gezwungen werden, die immer zahlreicher werdenden religiösen Frauengemeinschaften anzuerkennen. Auch die Prämonstratenser hatten anfänglich mehrere Doppelklöster für Männer und Frauen im Nordosten Frankreichs und Deutschlands gegründet. Aber bereits im 13. Jahrhundert trat eine gegenteilige Entwicklung ein, und der Orden begann — ebenso wie die Zisterzienser — Stellung gegen die Neugründung von Frauenklöstern zu beziehen. Daß die Zahl der Nonnenklöster trotzdem im 12. und 13. Jahrhundert sprunghaft zugenommen hat, ist der starken Eigendynamik dieser Bewegung zuzuschreiben, die sich immer wieder durchzusetzen wußte. Die eigentlichen Gründe für das plötzliche Anschwellen der religiösen Frauenbewegung sind bis heute nicht völlig erforscht. Sie mögen sicherlich religiöse Ursachen gehabt haben, daneben aber boten die Nonnenklöster — ebenso wie die Ketzerkonvente — eine Versorgungsmöglichkeit für die vielen alleinstehenden Frauen. Wobei die Klöster allerdings zum Unterschied von den Frauengemeinschaften bei den Häretikern fast ausschließlich Angehörige des Adels aufnahmen. Erst im hohen und späten Mittelalter drang auch das Bürgertum in die Klöster ein, kaum jemals jedoch Frauen niederer Schichten. Nonnenklöster waren auch deshalb so gut als Versorgungsanstalten für adelige Damen geeignet, weil die Regeln der weiblichen Orden selten so streng wie jene in den Männerklöstern gewesen sind. Zwar verpflichteten sich auch die Nonnen zu einem Leben in Askese und Gottesverehrung. Soferne sie jedoch das ziemlich hohe Einkaufsgeld aufbringen konnten, erwartete sie in den Klöstern doch ein recht beschauliches Dasein. Ein weiterer Anziehungspunkt bildete sicherlich die Möglichkeit, sich in — relativer — Freiheit und entlastet von den Pflichten des Ehelebens geistig zu betätigen und zu bilden. Die berühmten und gebildeten Frauen dieser Zeit sind fast ausschließlich aus Klöstern hervorgegangen, und eine Äbtissin besaß eine Machtfülle, wie sie Frauen sonst nur selten geboten wurde. Ihre relative Anerkennung, Wertschätzung und den Zugang zum allgemeinen Bildungsgut verdankte die Frau in den Klöstern der Auffassung vom jungfräulichen Ideal, dem die Nonne am ehesten entsprechen konnte. Durch die Verehrung der Jungfrau versuchte sich die Kirche für ihre Verdammung der Frau als Geschlechtswesen zu rechtfertigen. Wobei zumindest im Frühchristentum Maria, die Verkörperung des jungfräulichen Ideals, noch Restbestände der Großen Mutter in sich bewahren konnte, die jedoch später unter dem Aspekt einer reinen Vergeistigung und Entrückung völlig verschwanden. Dem Madonnenkult, wie er nun einsetzte, entsprach in der Realität die Verfolgung der Hexe. Und es war diese Spaltung der Frau in einander entgegengesetzte Pole, diese Unvereinbarkeit von zwei Prinzipien, die sie in ihrer Ganzheit als Mensch und Frau in Frage stellte und schließlich die Katastrophe der Hexenverfolgung heraufbeschwor. Denn das allgemeine Keuschheitsideal wurde ja immer nur auf Kosten der Frau gelebt. Wann immer den Mann der natürliche Trieb überwältigte, war sie daran schuld. Versuchungen durch das Weib wurden Versuchungen durch den Teufel. Womit ein tragendes Motiv für die Hexenverfolgungen gegeben war.

Weise Frauen, Ärztinnen, Hebammen

Die weise Frau, die neuerdings in etlichen Veröffentlichungen eine vielbeachtete Auferstehung feiert, ist wahrscheinlich die letzte Bewahrerin alten, magisch-heidnischen Wissens gewesen, bevor Rationalismus und Wissenschaft diese Restbestände matristischer Lebensformen aus dem menschlichen Bewußtsein verdrängt, wenn auch nie ganz ausgelöscht haben. Wer war diese halb legendäre Gestalt, welche Spuren hat sie hinterlassen, wo begegnen wir ihr im Dunkel der Geschichte? Wahrscheinlich lebte sie in jeder Frau, sie war die Nachbarin, die bei Geburten Hilfe leistete, die Mutter oder Großmutter, die bei Krankheiten in der Großfamilie und Sippe half, sie war die Bäuerin, Leibeigene, die Einsiedlerin irgendwo am Rand des Dorfes, die Kräuterkundige, Zauberkundige mit dem magischen Wissen. Sicherlich war sie keine professionelle Heilpraktikerin, eher eine Hobbyärztin, die aus der Praxis der Erfahrung, mit Intuition und sehr vielen Zaubersprüchen in verschiedenen Lebenslagen und Bedrängnissen Rat zu geben wußte. Sie konnte sich wohl Achtung schaffen damit, manchmal erzeugte sie auch Furcht und sicherlich gebrauchte sie gelegentlich Flüche, böse Bannsprüche, mit denen sie sich rächen oder Unrecht vergelten wollte. Meist jedoch trat sie heilend, pflegend auf, meist kannte sie Mittel gegen Krankheiten, unglückliche Liebe oder unerwünschte Schwangerschaften. Sie hat sich — neben der Hexe — in den Märchen und Sagen ein Andenken geschaffen, als Fee, Saliges Fräulein oder Diale, lange, nachdem die letzte weise Frau von einer Entwicklung überrollt oder auf dem Scheiterhaufen verbrannt worden war. Golowin führt in seinem Buch „Die weisen Frauen" viele Märchen aus den Alpenländern an, in denen freundliche Feen und gute Geistfrauen den Menschen helfen, bis sie allesamt aus den Hütten der Hirten und Bauern verschwanden, entweder weil Habgier und Neid die Menschen verdarben, oder aber weil sie von ihren Ehemännern schlecht behandelt, geschlagen oder generell verleugnet wurden.

Um die Herkunft der weisen Frau zu erforschen ist es notwendig, bis in die Zeit der alten Germanen zurückzugehen, wo die Heilkunde, vor allem aber die Geburtshilfe in ihren Händen lag. Heilkundige Frauen sind in der Sagazeit wegen ihres Wissens berühmt, sie behandelten nicht nur Frauen, sondern auch die Männer. Bei Geburten verwendeten sie schmerzlindernde, krampfstillende und wehenfördernde Kräuter wie Wacholder, Mutterkorn oder Kamille. Die germanischen Hebammen kannten aber wahrscheinlich auch die Geburtenregelung durch antikonzeptionelle Mittel oder Abtreibung. Und es ist anzunehmen, daß die mittelalterlichen weisen Frauen, die vor der zünftigen Organisierung eines Hebammenberufes Heilkundige und Geburtshelferin zugleich waren, diese Kunst von ihren Vorfahren übernommen haben. Es verwundert vielleicht, daß Frauen bei den streng patriachalisch organisierten Germanen zu so hohem Ansehen kommen konnten. Doch läßt sich die Bedeutung der Frau auf diesem Gebiet aus dem religiös motivierten Naturverständnis der Germanen erklären, in dem die Frau als Gebärende die Fruchtbarkeit der Natur symbolisierte und aus diesem Grund auch in einer engeren Beziehung zu den Geistern, den Dämonen und magischen Kräften gesehen wurde. Reste dieses heidnischen Naturverständnisses haben sich noch nach der Christianisierung erhalten und in den weisen Frauen bis in die Neuzeit fortgelebt.

Die weise Frau pflegte jedoch nicht nur vertrauten Umgang mit Pflanze und Tier, sie stand auch in geheimer Verbindung mit den Elementen. Vor allem die heilkräftigen Wasser und Quellen, die schon immer als heilig galten, unterstanden ihrer Obhut. Auch hier geben viele Sagen und Märchen Aufschluß, Frauen oder Göttinnen erscheinen als Hüterinnen von Gesundbrunnen, und das Baden im Frühling an den Quellen hatte sakralen Charakter. Die Existenz von Frauen läßt sich noch heute in den sagenhaften Ursprungsmythen vieler moderner Kurorte zurückverfolgen, so etwa sollen in Baden bei Zürich schon in keltisch-römischer Zeit drei weise Frauen den Quellen ihre Wirkung gegen viele Leiden verliehen haben. Später ließ man diese Bewahrerinnen des Wassers zum mittelalterlichen Bademädchen verkommen, das meist einen schlechten Ruf besaß, wie ja überhaupt das auch damals äußerst beliebte Baden in den Badstuben als sündig galt und in Mönchskreisen als ein „Fest des Bauches, öffentliches Haus der Venus und Spielwerk des Teufels" bezeichnet wurde.[43]

Die Frau als Heilende, als Ärztin hat also eine alte Tradition. Immer schon sind es Frauen gewesen, die über heilkräftige Naturmittel, aber auch über die Funktionen des menschlichen Körpers Bescheid wußten. Mit ihrem praktischen Wissen unterschieden sie sich von den männlichen Ärzten, die eher über theoretische Kenntnisse verfügten. Schon bei den Griechen hat es Heilfrauen, „Arzthebammen", „Nabelschneiderinnen" und „Ärztinnen" gegeben. Für das alte Rom unterscheidet Walter Schönfeld vier Gruppen von heilkundigen Frauen: die Durchschnittshebammen; die hochstehenden „obstetrices", die mit den „medicae" einen gleichen Rang innehatten; die quacksalbernden Hebammen und die „sagae", die Matronen, Masseusen und alten Kupplerinnen.

Wie der berühmte Frauenarzt Soranos von Ephesos, der wahrscheinlich in der ersten Hälfte des 2. nachchristlichen Jahrhunderts in Rom gelebt hat, berichtet, standen dort die Ärztinnen, die vor allem für Frauen- und Kinderkrankheiten zuständig waren, in hohem Ansehen. Auch die Hebamme versah nicht nur die Geburtshilfe, sondern daneben auch noch einen großen Teil der gynäkologischen Eingriffe. Nach der Völkerwanderungszeit, als die antiken Wissenschaften unterzugehen drohten, fand die Heilkunde eine Zufluchtstätte in den Klöstern, was sich für die Frauenheilkunde sehr negativ auswirkte. Während die Mönche in ihren wissenschaftlichen Arbeiten die Gynäkologie aus Schamhaftigkeit verschwiegen, gingen die Arzthebammen in den Untergrund. Vollends gefährdet schien ihr Wirken, als die ersten Universitäten gegründet wurden, zu denen ihnen der Zutritt verweigert war. Die ausgebildeten Buchmediziner wurden zu einer ernsthaften und letztlich siegreichen Konkurrenz.

Eine Ausnahmestellung unter den Stätten allgemeiner Bildung nahm die Schule von Salerno ein, die mit ihrem „Collegium Hippocraticum" vom 10. bis zum 13. Jahrhundert berühmt gewesen ist. Sie war eine der wenigen Hochschulen des Abendlandes, an denen die medizinische Kunst, die sich damals noch zum größten Teil in den Händen des Klerus befand, auch an Laien vermittelt wurde. Und weil die Schule von Salerno um höchstmögliche Toleranz bemüht war, wurden hier neben Juden und Arabern auch Frauen zugelassen. Die „Mulieres Salernitanae" beschäftigten sich neben der Frauenheilkunde und den Kinderkrankheiten auch mit Augenheilkunde, mit Kosmetik und Hautkrankheiten. Einige Namen der adeligen Italienerinnen, die hier studiert und auch gelehrt haben, sind uns überliefert. Einer gewissen Trotula zum Beispiel, die im Rufe großer Gelehrsamkeit stand, wird sogar ein gynäkologisches Spezialwerk zugeschrieben, in dem zum ersten Mal in der Geschichte der Medizin die Dammnaht erwähnt wird und das auf die gynäkologische Literatur des späteren Mittelalters einen großen Einfluß ausgeübt hat.[44] Daß auch deutsche Frauen an der Hochschule von Salerno studierten, ist uns nicht bekannt. Doch spielte das für die Praxis eine geringe Rolle, weil Heilberufe in den entstehenden deutschen Städten zunächst noch frei waren, so daß sich relativ viele Frauen auf diesem Gebiet betätigen konnten. In Frankfurt am Main konnten zwischen 1389 und 1497 insgesamt fünfzehn Ärztinnen nachgewiesen werden, unter diesen vier Judenärztinnen und drei Augenärztinnen.[45] Daß in den städtischen Urkunden auch Hebammen als „medicinae" bezeichnet werden, weist auf deren medizinische Tätigkeit hin. Wahrscheinlich werden diese Frauen vor allem chirurgisch tätig gewesen sein, weil Chirurgie nicht zu der an den Hochschulen gelehrten Medizin gehörte.

Über die Art der Praxis dieser Frauen, über ihre Person, ihren Stand und wie sie sich das Wissen angeeignet haben, wissen wir wenig oder nichts. Hier können nur Vermutungen ausgesprochen, aus Zeitumständen Rückschlüsse gezogen werden. Soferne medizinisch tätige Frauen den Adelskreisen oder den Klöstern entstammten, konnten sie sicherlich lesen und schreiben. Dann werden ihnen wohl die medizinischen Werke aus anderen Kulturkreisen, aus der Antike oder aus dem arabischen Raum bekannt gewesen sein. Nach Diepgen war auch die Kenntnis des arabischen Hebammenkatechismus von „Musico" unter den heilkundigen Frauen des Mittelalters bereits vor Entstehung der Buchmedizin weit verbreitet. Frauen, die hingegen nicht der Adelsschicht angehörten, werden ihr Wissen wohl durch mündliche Überlieferung und praktische Anleitung erworben haben. Über eine einzige Frau, nämlich Hildegard von Bingen, besitzen wir eine genaue Überlieferung ihrer medizinischen Kenntnisse. Sie war als Äbtissin angesehen und berühmt genug, um einen Mönch mit der Niederschrift zu beauftragen. Ihre Bücher „De physica" und „Causae et Curae" (Über die

Ursachen und Behandlung der Krankheiten) geben nicht nur ein recht aufschlußreiches Bild über den Stand der damaligen Medizinwissenschaft, sondern auch über ihr eigenes Weltbild und den religiös-ideologischen Zusammenhang, in dem die Heilkunst stand.

Während also Geburtshilfe und Heilkunde ursprünglich eine Einheit gebildet hatten und die weisen Frauen sowohl das eine wie auch das andere praktizierten, zeigt sich bereits im Mittelalter eine zunehmende Spezialisierung in Ärztinnen und Hebammen. Im Althochdeutschen taucht die Bezeichnung hevianna (aus hevi = heben und ana = Großmutter) auf. Ab dem 12. Jahrhundert folgen dann Namen wie hebeamme und hebemuoter, Wehfrau, Wehmutter. Auch wie die Hebammen zu ihrem Wissen gelangten, ist unbekannt. Wahrscheinlich hat die Tochter von der Mutter gelernt, es soll auch Frauen gegeben haben, die ihre Kunst unterrichteten. Vielleicht wurde der weisen Frau das Wissen auch unter bestimmten Ritualen vermittelt, möglicherweise sind die Hebammen bei rituellen Festen von den Frauen des Dorfes gewählt worden.[46] Überliefert ist in jedem Fall in den städtischen Hebammenordnungen des Mittelalters, daß in dieser Zeit Wochenbett- und Kindstauffeiern stattgefunden haben, an denen nur Frauen zugelassen waren. Später wurden diese Frauenfeste mit ihrem orgiastischen und freudigen Charakter verboten.

Trotz Spezialisierung der heilkundigen Frau in Ärztin und Hebamme war sie jedoch in beiden Funktionen hauptsächlich für Frauenkrankheiten und Geburtshilfe zuständig. Und vornehmlich die Hebamme hat sich während des ganzen Mittelalters und auch noch in der Neuzeit auf diesem Gebiet gegen die männliche Konkurrenz behauptet. Kein Wunder also, wenn sie auf der besonderen Abschußliste der Hexenjäger stand: *„Niemand schadet dem katholischen Glauben so sehr wie die Hebammen"* verkündet der Hexenhammer, um sich dann ausführlich ihren Schandtaten zu widmen. Daß die Kleriker in den Hebammen mit ihrem alten, aus antiker und heidnischer Vorzeit stammenden Wissen Hexen sahen, ist naheliegend. Es gab aber auch noch andere Gründe, die sie verdächtig machten. So etwa verrät uns eine Legende, die in verschiedensten Versionen seit dem 9. Jahrhundert erzählt wird, daß die zwei von Josef bei der Geburt Jesu bestellten Hebammen an der jungfräulichen Geburt zweifelten. Als sich eine von ihnen jedoch durch eine Untersuchung diesbezüglich vergewissern wollte, folgte die Strafe auf dem Fuß: *„ Unzüchtig ließ die Hand sie schleifen; sie wollte die Magd (= Maria) angreifen, da erlahmte sie zur Stund. "*[47] Daß gerade Hebammen auf Grund ihrer Kenntnis des weiblichen Körpers und seiner Funktionen die Lehre von der jungfräulichen Geburt suspekt erscheinen mußte, ist einleuchtend. Und natürlich konnte die Kirche nicht untätig zusehen, wenn ein so wichtiger Glaubenssatz angezweifelt wurde. Unbequem wurde die Hebamme auch durch ihre häufige Weigerung, die Nottaufe des ungeborenen Kindes durchzuführen, weil sie darin eine Gefahr für die Mutter sah. Um das ungeborene Kind vor der Verdammnis zu bewahren, wurde nämlich eine Taufspritze entwickelt, „die mit Weihwasser gefüllt, unsteril und oft rostig bis in die Gebärmutter eingeführt wurde, um das Kind zu bespritzen"[48]. Auch an jene Bestimmungen, nach denen ein Kaiserschnitt erst durchgeführt werden sollte, wenn die Mutter schon tot oder sterbend war, haben sich offenbar nicht alle Hebammen gehalten, sondern häufig bereits dann operiert, wenn das Leben auch der Mutter unter Umständen noch gerettet werden konnte.[49]

Besonders schwere Vergehen aber waren natürlich Geburtenregelung und Abtreibung, welche beide von den weisen Frauen und Hebammen trotz Verbot der Kirche praktiziert wurden. Sie kannten Kräuter mit empfängnisverhütender und abtreibender Wirkung und verwendeten das Mutterkorn als wehenförderndes, aber auch abortatives Mittel, wobei die richtige Dosis sehr genaue Kenntnisse voraussetzte, andernfalls es entweder wirkungslos oder lebensgefährlich gewesen ist. Auch bestimmte ätherische Öle, z. B. aus Majoran, Thymian, Rosmarin, Lavendel oder Petersilie, konnten, wenn sie an bestimmten Tagen des weiblichen Zyklus getrunken wurden, empfängnisverhütend wirken. Natürlich war die weise Frau auch Zauberin, Heilwissen und Magie waren untrennbar miteinander verbunden, und zwar nicht nur bei den Kräuterfrauen, sondern auch bei den studierten Ärzten. Und meist war das Volk eher bereit, dem Zauber zu glauben als der natürlichen Wirkung eines Medikaments.

Als im 12. und 13. Jahrhundert in den großen europäischen Städten die Universitäten entstanden, verdrängten die dort ausgebildeten sogenannten Buchmediziner allmählich die heilkundigen Frauen, die, weil sie kein wissenschaftliches Studium vorweisen konnten, als Kurpfuscherinnen und Quacksalberinnen bekämpft wurden. Vor allem durch die Einrichtung eines Stadtarztes im 14. Jahrhundert gelang es dem ausgebildeten Mediziner, seinen Einfluß auszuweiten. Das geschah jedoch nur allmählich, denn vorerst war der studierte Arzt von der Bevölkerung wenig anerkannt, weil seinem rein theoretischen Wissen weitgehend die Erfahrung fehlte. Sogar Paracelsus meinte in der ersten Hälfte des 15. Jahrhunderts, daß die Bauern die gelehrten Ärzte oft auslachten, und das zu Recht, denn diese könnten oft nicht einmal das kleinste Zahnweh heilen, obwohl sie hohe Honorare verlangten.[50]

Bereits seit der Mitte des 14. Jahrhunderts enthielten städtische Verordnungen Bestimmungen, welche den Frauen die Ausübung des Arztberufes untersagten. Und während auf dem Land die magische Kräuterfrau bis tief in die Zeit der Hexenverfolgungen hinein tätig war, wurde sie in der Stadt bereits am Ende des 15. Jahrhunderts aus dem Heilberuf verdrängt. Weil die Buchmediziner auf Grund ihres mangelnden Wissens die Geburtshilfe jedoch noch immer Frauen überlassen mußten, entstand jetzt die zünftig organisierte Hebamme, die ihren Beruf wie ein Handwerk erlernte. So wie die weisen Frauen war auch sie neben der Geburtshilfe für Frauenkrankheiten zuständig, außerdem führte sie Operationen durch. In ihrer „Hebammentasche" befand sich eine Vielzahl von Instrumenten, sie verwendete Gebärmutterspiegel und Geburtszangen, letztere aber nur dann, wenn tote Kinder auf keine andere Art und Weise entfernt werden konnten. Mit selbst zubereiteten Salben und ätherischen Ölen wurden die Geschlechtsteile der Gebärenden eingerieben und so elastisch gehalten. Auch die Instrumente wurden damit eingerieben, um sie leichter einführen zu können. Aber ab der zweiten Hälfte des 16. Jahrhunderts wurde auch die Geburtshilfe mehr und mehr von Ärzten übernommen und kontrolliert, obwohl diese vorerst den Hebammen mit ihrem in Jahrtausenden gewachsenen gynäkologischen Wissen weit unterlegen waren. Während zuvor „weise", „ehrbare" oder gar patrizische Frauen die Oberaufsicht über die Hebammen hatten, unterlagen sie ab dem 16. Jahrhundert der Aufsicht des Stadtarztes. Sie mußten die von Ärzten verfaßten Hebammenbücher lesen und deren Anordnungen befolgen. Ärzte begannen der Hebamme zu assistieren und sich dabei deren bislang geheimes und nur unter Frauen weitergegebenes Wissen anzueignen. Nur die inneren Geschlechtsorgane der Frau durften nach wie vor nicht von ihnen berührt werden. Auch die Behandlung von Unterleibserkrankungen lag sehr lange in den Händen der Hebammen.

Schließlich wurde auch der Geburtsvorgang von einem ursprünglich freudigen Ereignis, an dem alle Nachbarinnen der Umgebung intensiven Anteil nahmen, unter dem Einfluß der christlichen Lehre zu einer schmerzvollen und verdienten Strafe. Das Titelbild eines der verbreitetsten Hebammenbücher aus dem Jahre 1580 ist unterschrieben mit dem Bibelzitat:

„Und zum Weib sprach Gott der Herr: Ich will dir Schmerzen schaffen/ wen du schwanger wirst/du sollst mit Schmerzen deine Kinder gebären/und dein Will soll deinem Mann unterworfen sein/und er soll dein Herr seyn." [51]

Die Hebamme, schon lange verdächtig und angegriffen, wurde einer genauen Aufsicht und Zucht unterworfen. In der ersten Frankfurter Hebammenordnung von 1573, verfaßt von dem Stadtarzt Adamus Lonicerus, heißt es u. a.:

„Dieweil wir alle durch den schmerzten/von wege des erstenfalls und auferlegten fluchs/geboren werden/und nicht wenig unraths in der Geburt/nicht allein der Mutter/sondern auch der Frucht durch Ungeschicklichkeit/und auch zuweilen durch Bosheit etlicher Ammen/widerfahren kan/Sol man billich zur erwehlung der Ammen fleißig achtung und aufsehen haben." [52]

Die Hebammen wurden angehalten, jene Frauen anzuzeigen, die Abtreibungs- und Verhütungsmittel nahmen, sie durften sich nicht mehr der alten volksmedizinischen Mittel oder auch Zaubersprüche bei der Geburt bedienen und wurden insgesamt als Kontrollinstanz für das Leben der Frauen eingesetzt. Sie hatten die Prostituierten zu überwachen und mußten dafür Sorge tragen, daß die Frauenfeste am Wochenbett, die sogenannten „Kindbetthöfe", unterblieben. Auch bei Hexenprozessen wurden sie als Aufsichtsorgane über Frauen und Kinder angestellt. Sie hatten Mädchen auf ihre Virginität zu untersuchen (was bei vermuteter Teufelsbuhlschaft von

Bedeutung war) und Kinder beiderlei Geschlechts, die oft ihr Alter nicht angeben konnten, ob sie die „annos discretionis" erreicht haben, weil die Geschlechtsreife für Verurteilung oder möglicherweise Begnadigung ausschlaggebend war. Am grausamsten jedoch waren jene Bestimmungen, nach denen sie Kindern von 12 oder 13 Jahren, die zum Tode verurteilt wurden, als besondere „Gnade" im warmen Bad die Adern öffnen und ausbluten lassen mußten. Damit wurde die ursprüngliche Funktion der Hebamme, nämlich bei Entstehung des Lebens mitzuhelfen, auf entsetzliche Art und Weise in das Gegenteil gekehrt. Es ist auch verbürgt, daß sich Hebammen, wahrscheinlich unter Lebensgefahr, diesen Anordnungen widersetzten.

Unter diesen Umständen ist es nicht verwunderlich, wenn das Berufsethos und die Qualifikation der Hebammen zu leiden begannen. Sie gerieten zunehmend in schlechten Ruf, den die Hexenverfolger eifrig schürten. Der einst angesehene Frauenberuf wurde zu einem verachteten und verfolgten.

Die Verdrängung der heilkundigen Frauen hat also verschiedene Ursachen. Zum einen die Konkurrenz der auf wissenschaftlich-theoretischer Basis arbeitenden Ärzte, der sie mit ihrer auf der Naturheilkunde beruhenden Behandlungsmethode unterlagen. Zum anderen die Tatsache ihres verfemten Geschlechts, die sie für das Unvollkommene und Schlechte prädestiniert erscheinen ließ. Zerrieben zwischen Hexenverfolgung und neuem, wissenschaftlich orientiertem Weltbild mußte die heilkundige Frau erliegen.

Der schließlich erfolgte, endgültige Ausschluß aus ihrem letzten, ureigensten und durch Jahrtausende nicht angetasteten Betätigungsfeld, nämlich der Geburtshilfe, und deren Übernahme durch den männlichen Arzt hatte für die Frau katastrophale Folgen. Denn nicht nur ihrer Gebärfähigkeit war sie künftig hilflos ausgeliefert, sondern die Ärzte ließen häufig auch viele wichtige Regeln, wie die Sterilität der Geburtshilfe, außer acht. Es kam zu der gefürchteten Krankheit des Kindbettfiebers, an der noch im 18. Jahrhundert Tausende von Frauen starben. Daß der männliche Arzt auch ansonsten den weiblichen Körperfunktionen fremd gegenüberstand, ist einleuchtend. Zudem wurde eine Behandlung auch dadurch erheblich erschwert, daß ihm von der Kirche der Anblick einer nackten Frau untersagt war. Noch um die Mitte des 19. Jahrhunderts „behandelten Ärzte die Frau blind tastend unter der Bettdecke, deren Ende sie sich wie eine Serviette unter den Hals banden, in dunklen Zimmern, oft mit verbundenen Augen".[53]

Die Frau war am Beginn der Neuzeit, in einer Epoche der Krisen und Revolten gedemütigt und entrechtet wie selten zuvor in der Geschichte. Die jüdische Tradition des Alten Testaments, die Tradition des antiken Schrifttums, die germanische Kriegertradition und die christliche Theologie waren sich einig in der Ansicht von der natürlichen Inferiorität, aber auch Schlechtigkeit des Weibes, die sie zur Dienerin des Mannes prädestinierte. Die Veränderungen der kommenden Jahrzehnte, die Gefährdung der Kirche durch Schisma, Verweltlichung und Reformation, die Ablösung des alten, mittelalterlichen Weltbildes und eine daraus entstehende existentielle Unsicherheit verschärften diese Situation. Die ungeheuren Umwälzungen der folgenden Zeit mit ihrem Sieg der Naturwissenschaften, ihren großartigen Leistungen und ihrer letztlichen Hybris, an deren Ende wir jetzt stehen, sind ein Ergebnis des männlichen auf Kosten des weiblichen Prinzips. Und nachdem die Seele der Frau bereits beschädigt und vergewaltigt war, griff man auch noch nach ihrem Leib. Jules Michelet, jener phantastische und subjektive Geschichtsschreiber des vergangenen Jahrhunderts, der viel eher Romancier denn Historiker gewesen ist, hat es blumig ausgedrückt:

„Magierkönigin Persiens, bezaubernde Circe, erhabene Sibylle, was bist du geworden und welche entsetzliche Verwandlung! — Diejenige, die vom Thron des Orients herab die Eigenschaften der Pflanzen und den Lauf der Sterne lehrte, diejenige, welche auf dem Dreifuß zu Delphi, überstrahlend vom Gott des Lichts, ihre Orakel der auf den Knien lauschenden Welt gab, sie war es, die man nach nur tausend Jahren hetzt wie ein wildes Tier, das man verhöhnt, hin und her zerrt, steinigt, auf glühende Kohlen setzt.“

Die Frau, einst machtvoll, dann Zauberin, die sinnliche Frau, die in ihrer Verbindung mit der Natur und den chthonischen Kräften Gefahr signalisierte, das Chaos, die Unterhöhlung der bestehenden Ordnung — sie wurde endgültig zur Hexe. Sie wurde aufgegriffen, gebunden, gefesselt und vor Gericht gestellt.

Der Prozeß

Der Hexenprozeß war besonders konstruiert, denn als „crimen exceptum", als außerordentliches Verbrechen, war für die Hexerei jede Willkür und jede Grausamkeit erlaubt. Er hat das von den Ketzergerichten eingeführte Inquisitionsverfahren ausgebaut und fortgeführt und wurde damit zu einem der schauderhaftesten Verfolgungs- und Vernichtungsinstrumente, die sich der Mensch in seiner diesbezüglich sicherlich reichen Geschichte ausgedacht hat.

Wie bereits ausgeführt ist im gesamten frühen Mittelalter der Anklageprozeß, der sogenannte Akkusationsprozeß, das allein rechtsgültige Verfahren gewesen. „Wo kein Kläger, da kein Richter" hieß die stehende Formel. Wobei neben der Zeugenaussage und dem sogenannten Gottesurteil der Eid des unbescholtenen Mannes als Hauptbeweismittel galt. Die Rechtspflege war somit eine offene und öffentliche Angelegenheit, die vor dem Volk ausgetragen werden mußte. Ganz anders der Inquisitionsprozeß, der sich auf die geheime Denunziation, auf das Gerücht stützte und dessen vornehmliches Ziel darin bestand, ein Geständnis des Angeklagten zu erreichen. Was wiederum nur dadurch möglich war, daß die Folter als erlaubtes und erwünschtes Mittel in den Prozeß eingebaut wurde.

Die Tortur, in den Ketzerprozessen bereits ausgiebig angewendet, wurde mit der Übernahme des Inquisitionsprozesses in den Hexenprozeß der weltlichen Gerichte gegen Ende des 15. Jahrhunderts auch in diesem ein fester Bestandteil des Strafverfahrens und durch die Bamberger Halsgerichtsordnung von 1507 und schließlich durch die Reichsgesetzgebung, die peinliche Halsgerichtsordnung Karls V. von 1532 (Constitutio Criminalis Carolina), ausdrücklich bestätigt. Die Verdrängung des Akkusations- durch den Inquisitionsprozeß erfolgte allerdings allmählich, und Reste des Akkusationsverfahrens sind noch während des gesamten 16. Jahrhunderts festzustellen. Die Carolina, die sich eingehend mit dem Verbrechen der Zauberei befaßt und zur Grundlage des weiteren Verfahrens gegen Hexerei geworden ist, stellt bereits eine Verbindung zwischen dem altdeutschen Verfahrensgericht und dem Inquisitionsverfahren her. Die alten Volksgerichte mit ihrer noch relativ humanen Auffassung traten mehr und mehr in den Hintergrund. Und schließlich waren sie ebenso vergessen wie die ursprüngliche Forderung der Carolina, lediglich die schadenbringende Zauberei mit dem Feuertod zu bestrafen.

Das Inquisitionsverfahren wurde also aus der kirchlichen Gerichtsbarkeit herausgelöst und dem weltlichen Verfahren einverleibt, das künftig, etwa vom Ende des 15. Jahrhunderts, so wie im Hexenhammer gefordert in Deutschland die Hexenprozesse zu übernehmen begann. Diese Übernahme durch die weltlichen Gerichte bedeutete aber keinerlei Erleichterung, vielmehr wurde der fanatische Geistliche lediglich durch den trockenen, am Buchstaben des Gesetzes haftenden Juristen abgelöst, der sich am Tod zahlreicher Unschuldiger auch noch bereicherte. Hexe und Hexer waren der Willkür der Inquisitionspraxis, die zur Erreichung ihres Ziels sämtliche Mittel heiligte, hilflos ausgeliefert. Wie auch sollte so ein irrationales Vergehen wie die Zauberei mit den bislang üblichen Mitteln bewiesen werden? Wie etwa sollte sich die vom Teufel Besessene und von ihm Verführte durch einen Eid lossprechen, wenn doch Satan höchstpersönlich ihr schon längst alle Glaubwürdigkeit genommen hatte? Dem Reich des Höllenfürsten konnte nur mit außergewöhnlichen Mitteln begegnet werden, nur die härtesten Strafen, nur die ausgesuchtesten Foltermethoden konnten hier erfolgreich sein. Wurde jemand als Hexe oder Hexer verdächtigt, gab es kein Entkommen. Die Schuld stand von Anbeginn fest — sie mußte nur noch durch das von der Folter erpreßte Geständnis bewiesen werden. Sicherlich haben sich die Gerichte gelegentlich bemüht, den häufig absurden Geständnissen auf den Grund zu gehen. Es wurden Kommissäre ausgesandt, die das angebliche Hagelwetter, das die Ernte vernichtet hatte, den Kindermord, die angehexte Krankheit nachprüfen sollten. Aber nachdem ohnedies immer alles zu Ungunsten der Hexe ausgelegt wurde, fand sich fast immer irgendein „Beweis", irgendeine Zeugenaussage, irgendein Indiz, das als Belastungsmaterial verwendet werden konnte. Schließlich war es ja nicht so einfach, dem Teufel auf seine Schliche zu kommen. Denn das war überhaupt der springende Punkt: Nicht der leibhaftigen Person aus Fleisch und Blut, die, elend, verängstigt, zerschunden, oft halb wahnsinnig vor dem Richter stand, nicht ihr galt sein eigentliches Interesse, sondern dem Teufel, der, unsichtbar, trotzdem allgegenwärtig war: Er verfolgte das Verhör, band den Angeklagten die Zunge, daß sie nicht gestehen konnten, besuchte sie nachts im Kerker, um sexuell mit ihnen zu verkehren und sie zu bedrohen, falls sie aussagen sollten. Und er war bei der Folter anwesend, um sie gegen Schmerzen unempfindlich zu machen. Ihm galt das Breve, das den Delinquenten während der Haft um den Hals gehängt wurde, ihm galt das Besprengen der Amtsstube und der Folterkammer mit Weihwasser und die geweihte Foltersuppe, die die Gepeinigte schlucken mußte. Und ihm galt diese ganze entsetzliche, jedes Mitgefühl bereits im Keim erstickende Haltung, die Richter und Scharfrichter den Gequälten gegenüber einnahmen. Denn wie konnte man Mitleid empfinden mit einem Wesen, das ohnedies vom Teufel gegen jeden Schmerz gefeit worden war?

So sehr hatte der Wahn vom Reich des Bösen überhand genommen, daß ihm selbst die klügsten Köpfe, die großen Gelehrten und einflußreichen Juristen unterlagen. Der Jurist Benedikt Carpzov zum Beispiel, der als Schöpfer der deutschen Wissenschaft vom Strafrecht galt, erfand in seinem wichtigen Lehrbuch „Practica rerum Criminalum", das 1635 in Wittenberg erschien und bis 1723 neunmal nachgedruckt wurde, den sogenannten „Vermutungsbeweis", nach dem im Verbrechen der Hexerei keine Beweise nötig seien, sondern die bloße Vermutung bereits die Folter rechtfertigte. Denn, so argumentierte der kluge Mann, da das Hexenwesen ein fünffaches Verbrechen sei, würde es auch die dreifach verschärfte Folter und die fünffache Todesstrafe verdienen. Für seine Praxis scheint er aus dieser Erkenntnis auf jeden Fall Folgen gezogen zu haben: Es wird behauptet, daß er 20.000 Todesurteile unterzeichnet und die Folter sogar bei Kindern eigenhändig durchgeführt hat. Wobei ihm das Ansengen der Opfer mit „glühendem Eisen", das anschließend das „Herausschneiden des brandigen Fleisches" nötig machte, besonders wichtig schien.[54] Auch Jean Bodin, einer der gebildetsten und belesensten Gelehrten seiner Zeit, Jurist, Ökonom, Staatstheoretiker und Naturphilosoph, schrieb mit seiner „Dämomanie" ein Werk, das den „Hexenhammer" an Sadismus noch übertrifft. Döbler äußert die Vermutung, daß er selbst an sexuellen Komplikationen litt. Zumindest lasse der geradezu hysterische Haß, den der sonst als tolerant beschriebene Gelehrte gegenüber den Frauen entwickelte, und die auffallende Beachtung, die er dem Nestelknüpfen, das angeblich Impotenz verursachen soll, widmete, darauf schließen. Interessant ist auch seine Lehre von der Harmonie der Welt, in der die elementare Natur, die ungeformte, bloße Materie — und damit auch die Frau — als Ursprung und Sitz des Bösen interpretiert wird. Er bezeichnet aus dieser Weltanschauung heraus die Herrschaft des Mannes über die Frau als die des Geistes über die Natur, der Vernunft über die Begierde und der Seele über den Körper. Und so wie die Autoren des Hexenhammers sieht auch er in der Frau ein schwachsinniges und moralisch tiefstehendes Geschöpf, das nur durch brutale Maßnahmen daran gehindert werden kann, die ganze Welt ins Verderben zu stürzen.

Über die Ursachen der Hexenverfolgung hat die Forschung des 19. und 20. Jahrhunderts die verschiedensten Vermutungen angestellt. Religionskriege, Häresie, das Aufkommen der Naturwissenschaften, Veränderungen des Weltbildes, ökonomische Krisen, Bauernkriege und die Verelendung breiter Bevölkerungsschichten wurden dafür verantwortlich gemacht. Die beiden Universitätsprofessoren Heinsohn und Otto Steiger betrachten in ihrem Buch „Die Vernichtung der weisen Frauen" eine von kirchlicher und staatlicher Seite organisierte Verfolgung der Hebammen mit dem Ziel der Beseitigung unerwünschter Geburtenkontrollen als das auslösende Moment. Und Byloff schließlich sieht in den österreichischen Hexenprozessen ein Mittel, der Landstreicherplage Herr zu werden. Die Tatsache jedoch, daß über 80 Prozent der Opfer Frauen gewesen sind, wird mit Ausnahme von Heinsohn/Steiger, die ein Phänomen wiederum zu einseitig behandeln, als Nebenprodukt abgetan. Denn sicherlich war es so, daß ein neues Weltbild ein altes abgelöst hat und daß es galt, neuen Erkenntnissen mit allen Mitteln zum Durchbruch zu verhelfen. Aber ebenso richtig ist, daß dieses alte Weltbild vor allem von Frauen repräsentiert wurde, und daß daher vor allem sie zum Ziel der Verfolgung werden mußten.

Der Hexenprozeß wurde, so wie im Malleus gefordert, meist durch einen allgemeinen Aufruf zur Denunziation eingeleitet. Kam der wandernde Inquisitor in einen Ort oder in eine Stadt, so ließ er vorerst einmal durch einen Anschlag an den Türen der Pfarrkirchen oder des Rathauses verkünden, daß unter Androhung des Kirchenbanns und weltlicher Strafen jeder verpflichtet sei, suspekte Personen anzuzeigen. An manchen Orten befanden sich in den Kirchen auch Kästchen, in die durch einen Spalt die auf Zettel geschriebenen Namen Verdächtiger eingeworfen werden konnten. Nachbarlicher Neid, Streit, Mißgunst, verweigerte Liebe usw. wurden so zur Ursache von Verhaftungen. Um dem Volk die Augen zu öffnen und die Hexenangst zu schüren, bestieg der Inquisitor auch die Kanzel, von wo er der Gemeinde die Gefahren erläuterte, die ihrer harrten, wenn sämtliche Hexenweiber nicht möglichst schnell auf den Scheiterhaufen kämen. Weltliche Gerichte hingegen beorderten häufig Gerichtsschöffen aus den Dörfern zu sich, die ihnen über verdächtige Personen zu berichten hatten. Manchmal sandten sie auch Kundschafter in die Gemeinden, wobei man sich nicht scheute, selbst hinter den harmlosesten Spielen von Kindern Teufelswerk zu sehen. Thomasius etwa berichtet von einem Fall, in dem ein achtjähriges Mädchen in Untersuchungshaft genommen wurde, weil es aus seinem Taschentuch eine Maus geknotet hatte, und Mäusemachen bekanntlich zu den Hexenkünsten zählte. Die Alte, die dem Kind dieses Spiel beigebracht hatte, wäre fast auf die Folter gekommen.[55]

Es läßt sich vorstellen, mit welcher Angst vornehmlich die Frauen eines Ortes dem Besuch eines Inquisitors oder eines Gerichtsbeamten entgegensahen. Konnte doch oft das geringste unachtsame Wort eine Verhaftung herbeiführen, eine Drohung, die vielleicht irgendwann ausgesprochen wurde und sich bewahrheitet hatte, eine Bemerkung, die mißgünstig ausgelegt worden war. Schon gar jedoch ein schlechter Ruf, ein absonderliches Aussehen, Heimatlosigkeit, Armut. Zugleich jedoch auch schneller Reichtum, Erfolg, Schönheit, unverhofftes Glück. Denn das ist das Wahnwitzige an dieser Verfolgung gewesen: daß ihr, wenn der Verdacht einmal geäußert war, durch kein wie immer geartetes Verhalten zu entkommen war. Konnte die weise Frau eine Krankheit nicht heilen oder wurde sie sogar schlimmer, war sie selbstverständlich verdächtig. Sie war es aber auch, wenn eine sichtbare oder überraschende Heilung eintrat, denn auch das konnte nicht mit rechten Dingen zugehen. Nachlässiger Kirchenbesuch schien in höchstem Maße suspekt, aber auch den frommen, einwandfreien Lebenswandel konnte Beelzebub als Tarnung benutzen, um desto ungestörter seine teuflischen Pläne zu schmieden. Wandte man sich gegen die Hexenprozesse, fiel man in den Verdacht der Häresie. War man allzu eifrig im Denunzieren, hieß es, man wolle einen Verdacht von sich ablenken. Wehrte sich eine Frau, die Hexe geschimpft wurde, nicht rasch durch eine Klage bei Gericht, so bestätigte sie stillschweigend diesen Verdacht. Wollte sie dem jedoch zuvorkommen, lieferte sie sich dem Richter aus, der sofort umfangreiche Untersuchungen vornahm, in denen sie sich wie in einem Spinnennetz fangen mußte.

Die nötigen Indizien, um einen Prozeß beginnen zu können, waren also meist schnell gefunden. Reichten sie aus, um eine Verhaftung vorzunehmen, war das Todesurteil meist auch schon gesprochen. Denn es gab wenige, die diesem Gerichtsapparat, der mit tödlicher Konsequenz immer nur an einem, nämlich dem Schuldbekenntnis interessiert war, entkamen.

Bei der Verhaftung sollten besondere Vorsichtsmaßregeln beachtet werden. Der „Hexenhammer" empfiehlt, die Hexe möglichst von hinten zu packen und dann hochzureißen, damit auf diese Art und Weise die Verbindung mit der Erde unterbrochen werde und gleichzeitig auch die Hilfe des Teufels, der ja in letzter Minute die Festnahme noch vereiteln könne, verlorengehe. Dieser alte Glaube an die magische Erdkraft der Hexe drückt sich auch noch in einer weiteren, für die Eingekerkerten schrecklich peinigenden Einrichtung aus: Sie wurden manchmal in den Gefängnissen in kupferne Körbe gesteckt, die an eisernen Haken an der Decke aufgehängt waren, um so, in einer qualvollen Stellung in der Luft schwebend, der Macht des Teufels entzogen zu werden.

Der Kerker

Die Kerker jener Zeit sind überhaupt in einem grauenhaften Zustand gewesen. *„Denn es ist genugsam bekannt und darüber geklagt worden, daß zumal in Deutschland das Gefängnis ein unterirdischer, schrecklicher und schmutziger Ort ist"*, bekennt sogar Carpzov. Für die Hexen wurden häufig sogenannte Hexentürme errichtet, in denen derart entsetzliche Verhältnisse herrschten, daß sich die Gerichtsbeamten oft weigerten, sie zu betreten. So wie etwa der kaiserliche Kommissar Graf Purgstall, der am 7. Juli 1675 an die Regierung nach Graz schrieb, *„daß er dausendmall liber bey den Barbaros quam apud inferos et daemones commissioniren wole, da der Gestankh so man in den Kerkhern des Gefangenen ausstehen mueß ist unbeschreiblich, were auch kein Wunder (wann Gott nicht beistünde) eine schwere Krankheit zu erlangen."*.[56] Durch Falltüren und über Leitern bzw. an Stricken wurden die Gefangenen häufig 15 oder mehr Fuß tief hinabgelassen. Dort mußten sie auf verfaultem Stroh, mit schweren Ketten belastet oder auch auf große Holzkreuze gebunden oft wochen- oder sogar monatelang auf ihr Verhör warten. Manchen wurden Arme und Beine in schwere Holzbalken gelegt, so daß sie lediglich in gekrümmter Stellung sitzen oder liegen konnten. Dazu kam die Angst vor der Folter und der Anblick der zerschundenen, zerbrochenen Gestalten, die aus den Folterkammern zurückgeführt wurden.

Wie es in diesen Gefängnissen zugegangen ist, beschreibt anschaulich der calvinistische Prediger Anton Prätorius, der — als ein Vorläufer des Jesuiten Friedrich Spee — generell gegen die Hexenprozesse Stellung nahm:

„Nach dem nun der Ort ist, sitzen etliche gefangen in großer Kälte, daß ihnen auch die Füß erfrieren und abfrieren, und sie hernach, wenn sie loskämen, ihr Lebtage Krüppel seyn müssen. Etliche liegen in stäter Finsternuß, daß sie der Sonne Glanz nimmer sehen, wissen nicht, ob's Tag oder Nacht ist. Sie alle sind ihrer Gliedmaßen wenig oder gar nicht mächtig, haben immerwährende Unruhe, liegen in ihrem eigenen Mist und Gestank, viel unflähtiger und elender, denn das Viehe, werden übel gespeiset, können nicht ruhig schlafen, haben viel Bekümmerung, schwere Gedanken, böse Träume, Schrecken und Anfechtung. Und weil sie Hände und Füße nicht zusammenbringen und wo nöthig hinlenken können, werden sie von Läusen und Mäusen, Steinhunden und Mardern übel geplaget, gebissen und gefressen. Werden über das noch täglich mit Schimpf, Spott und Dräuung vom Stöcker und Henker gequälet und schwermüthig gemacht.... In so schändliche, grausame, böse Türme, welche billig nicht Menschengefängnis, sondern Teufelsmarterbank mochte geheißen werden, lassen die Richter oftmals unschuldige Frauen hinabwerfen...."

Ein Augenzeugenbericht, der noch anderes vermittelt: nämlich, daß es auch damals Menschen gegeben hat, die das Unrecht erkannten und Mitleid empfanden. Sie waren leider in der Minderheit.

Manche der Gefangenen wurden draußen, an den steinernen Turmmauern mit schweren Eisenketten angehängt, ihre Kleider verfaulten ihnen am Leib, und sie waren Spott und Verhöhnung ausgesetzt.

Genauere Kenntnisse besitzen wir auch von den Gefängnissen in Salzburg, die Keuchen genannt wurden. Protokolle berichten, daß die Eingekerkerten von Ratten angefressen oder derart von Ungeziefer bedeckt waren, daß man ihnen neue Kleider aus Sackleinwand geben mußte. Im Hexenturm in Salzburg, zu dem der ehemalige Stadtturm während des großen Zauberer-Jacklprozesses wegen allgemeinem Platzmangel umgebaut wurde, war es so kalt, daß sich der Malefikant Ruepp Sibenhofer, kurz bevor er wohl infolge dieser unmenschlichen Zustände starb, die Zehen abgefroren hat. Immerhin mußte hier die Notdurft nicht unmittelbar in das Stroh verrichtet werden, sondern es gab einen Leibstuhl oder ein „Unflatschaff". Daß es trotzdem grauenvoll gestunken hat, geht aus den Berichten hervor. Unter anderem beantragte Kommissar Baumgarten am 15. Dezember 1678 für den Medicus eine Aufstockung seines Honorars um 8 Reichstaler, da er ungeachtet des üblen Geruchs in den Keuchen sehr viel zu tun habe. Das war unter gegebenen Umständen auch nicht weiter verwunderlich: Die Gefangenen waren fast ohne Ausnahme krank. Jede Art von Hautkrankheiten, Geschwüre, aber auch Infektionskrankheiten breiteten sich aus. Weiters war das Essen so schlecht, daß es während des erwähnten Zauberer-Jacklprozesses (er hat zwischen 1675 und 1681 rund 140 Personen, darunter sehr viele Kinder und Jugendliche, das Leben gekostet) von den gewiß nicht verwohnten Gefangenen teilweise ausgespuckt und in den Leibstuhl geworfen wurde.[57]

Obwohl die Malefikanten allerlei geweihte Sachen um den Hals tragen mußten, um den Teufel zu vertreiben, schien sich Satan gerade in dieser Umgebung äußerst wohl zu fühlen. Er kam nicht nur des Nachts, um mit den Hexen zu buhlen, sondern er brachte sie auch um, wenn sie ein Geständnis ablegten. Und so manche Hexe, die des Morgens tot in ihrem elenden Verließ aufgefunden wurde, war natürlich nicht an den Folgen der Folter oder unzumutbaren Kerkerbedingungen gestorben, sondern weil ihr der Leibhaftige den Hals umgedreht hatte. Ähnlich verhielt es sich, wenn eine Hexe durch den Henkersknecht vergewaltigt worden war: Auch dann wurde der Teufel als Sündenbock vorgeschoben. Und wenn eine Defloration — oft sogar bei Kindern — von der Hebamme festgestellt wurde, war das Todesurteil meist schon gesprochen.

Das Verhör

Hexe oder Hexer, die zum Verhör vor ihren Richter kamen, waren also meist durch Kerkerhaft und unwürdige und demütigende Behandlung seelisch und körperlich gebrochen. Weshalb es nicht verwunderlich ist, wenn die nun einsetzende sogenannte „gütliche" Befragung oft schon zum Erfolg, daß heißt zum Geständnis führte. Noch dazu, da dem Richter laut Hexenhammer und anderen einschlägigen literarischen Leitfäden praktisch jedes Mittel erlaubt war, um das gewünschte Schuldbekenntnis herbeizuführen. Er durfte Suggestiv- und Fangfragen stellen, sogar die Lüge war gestattet. Zum Beispiel konnte er dem Opfer im Falle eines Bekenntnisses Straffreiheit verprechen, die natürlich dann nicht gewährt wurde, weil man einer Hexe gegenüber sein Wort nicht halten mußte. Manchmal auch wurde in so einem Fall der Richter gewechselt, der sich an das Versprechen seines Vorgängers nicht mehr erinnerte. Die mildernden Umstände jedoch, die bei einem freiwilligen Geständnis angekündigt wurden, bestanden letztlich darin, daß der Malefikant nicht lebend verbrannt, sondern durch das Schwert oder durch den Strang vom Leben in den Tod befördert wurde.

Die Angst vor der Hexe nahm oft groteske Züge an. Laut Hexenhammer sollte sie mit dem Rücken zum Richter zum Verhör geführt werden, weil dieser sonst fürchten mußte, durch ihren bösen Blick behext zu werden. Außerdem sollte er samt seinen Beisitzern am Palmsonntag geweihtes Salz und geweihte Kräuter ebenso wie geweihtes Wachs bei sich tragen und sich vor einer Berührung der Hexe, besonders an unbedeckten Körperstellen, hüten. Es ist geradezu lächerlich, welche Macht diesen armen, elenden und völlig verängstigten Frauen zugeschrieben wurde, die ihre bösen Kräfte für vielerlei einsetzten, nur nicht, um sich selbst zu befreien.

Bei der Befragung wurden die sogenannten Interrogatorien verwendet, Fragebögen, die alle in einem ähnlichen Schema abgefaßt waren und die stereotypen, ständig wiederkehrenden Gemeinsamkeiten der Antworten erklären. Zunächst mußten die sogenannten Generalien (Name, Alter, Geburtsort, Beschäftigung etc.) erfragt werden, später ging man dann ins Detail. Diese Interrogatorien waren oft sehr ausführlich, sie konnten unter Umständen 80 bis 90 Fragen enthalten. Als Zeugen zugelassen waren Meineidige, Exkommunizierte, Mitschuldige und alle Arten von Verbrechern, allerdings immer nur als Belastungs-, niemals als Entlastungszeugen. Nur der „Todfeind" war als Zeuge ausgenommen, wobei allerdings schwer festzustellen war, wer als Todfeind zu gelten hatte. Auffallend detailliert waren regelmäßig die Fragen nach der Sexualität des Angeklagten, sie umfaßten von Teufelsbuhlschaft bis zu Sodomie sämtliche Perversitäten, wofür sicherlich einerseits die sexualfeindliche Einstellung der Kirche, andererseits jedoch das derbe und unverblümte Nahverhältnis des Volkes zu geschlechtlichen Dingen verantwortlich war.

Hexenproben

Um die Schuld einer Hexe festzustellen, wurde sie häufig sogenannten Hexenproben unterzogen. Die gebräuchlichste war die Nadelprobe, die bei Prozessen regelmäßig ihre Anwendung fand. Zu diesem Zwecke wurden ihr sämtliche Haare, auch die Augenbrauen und die Schamhaare, abgeschoren und überall am Körper nach dem Teufelszeichen gesucht. Das im Hexenhammer geforderte Gebot, diese Untersuchung nur von Geschlechtsgenossinnen durchführen zu lassen, wurde dabei nicht immer beachtet. Und so waren es häufig Henkersknechte, die die Frau dieser demütigenden und entwürdigenden Prozedur unterzogen. Als Teufelszeichen galt jedes Muttermal, jede Warze, dunkle Hautstelle oder sogar Narbe, es war daher meist schnell gefunden. Zum richtigen Stigma jedoch wurde es erst, wenn es sich als schmerzunempfindlich erwies. Der Freimann begann also mit einer Nadel vor mehr oder weniger großem Publikum draufloszustechen, bis er eine Stelle gefunden hatte, bei der das Opfer nicht genügend laut schrie oder sich kein Blut zeigte. Daß ein Mensch, der längere Zeit einer derartigen Behandlung unterzogen wird, vor Schmerz so irritiert ist, daß er eine einzelne Schmerzquelle nicht mehr wahrnehmen kann, war damals noch unbekannt. Und auch eine Stelle, die nicht blutete, konnte bald ausfindig gemacht werden. Außerdem wurde dabei manipuliert: Der Freimann, langer und erfolgloser Sucherei müde, hat manchmal das stumpfe Ende der Nadel benutzt, um Schmerzunempfindlichkeit vorzutäuschen.

Als weiteres Indiz gegen die Hexe galt ihre Unfähigkeit, auf Aufforderung oder während der Tortur Tränen zu vergießen. Auch hier sind offenbar in der damaligen Zeit gewisse medizinisch-psychologische Zusammenhänge nicht bekannt gewesen. So etwa fordert der Hexenhammer den Richter oder Geistlichen auf, entweder während der Folter oder beim Verhör der Hexe die Hand auf das Haupt zu legen mit folgenden Worten: *„Ich be-*

schwöre dich bei den bittersten Tränen, die unser Heiland und Herr, Jesus
Christus, am Kreuze zum Heile der Welt vergossen hat, und bei den bren-
nendsten Tränen der glorreichen Jungfrau, seiner Mutter selbst, die sie über
seine Wunden zur Abendstunde hat fließen lassen, und bei allen Tränen, wel-
che hier in der Welt alle Heiligen und Auserwählten Gottes vergossen haben,
von deren Augen (Gott) jetzt jede Träne abgewischt hat, daß du, sofern du un-
schuldig bist, Tränen vergießt; wenn unschuldig, keinesfalls...."
Natürlich mühte sich die arme Frau durch Schluchzen, oder indem sie
mit Speichel ihre Wangen benetzte, den Eindruck plötzlicher Tränen vorzutäuschen. Aber die Hexenrichter beobachteten sie scharf, und es ist anzunehmen, daß diese sogenannte Tränenprobe fast immer zu Ungunsten der
Angeklagten verlief. Mag sie auch später, im Kerker, umso ausführlicher
und verzweifelter geweint haben.

Häufig wurde auch die Wasserprobe angewendet, die sich ebenso wie die
Feuerprobe vom mittelalterlichen Gottesurteil ableiten läßt. Anders als in
frühen Jahrhunderten, als damit zugleich ein Urteil ausgesprochen wurde,
galt das Wasserbad jetzt allerdings als ein, wenn auch sehr schweres, Indiz.
Das Verfahren war lange Zeit umstritten. Ludwig der Fromme hatte es verboten, Hinkmar von Reims trat als sein Befürworter auf, und zur Zeit Bern-
hards von Clairvaux wurde es gegen die Manichäer in Frankreich angewendet. Als jedoch Innozenz III. auf dem Laterankonzil 1215 diese grausame
Methode verbot, wurde sie in der Folge seltener gehandhabt. In den Hexenprozessen fand sie trotzdem teilweise noch Anwendung. Man fesselte dabei
die Angeklagte derart, daß man ihre rechte Hand an den linken Fuß band
und umgekehrt die linke Hand an den rechten Fuß. Derart kreuzweise gebunden ließ man sie an einem Strick in das Wasser hinunter. Ging sie dabei
nicht unter, war dies ein Beweis ihrer Schuld. Es darf angenommen werden,
daß die Henkersknechte zum Gaudium des meist sehr zahlreichen Publikums das Opfer häufig durch mehrmaliges Untertauchenlassen und wieder
Hinaufziehen furchtbar gequält und auch oft ein Absinken des Körpers
durch straffes Anziehen des Seils verhindert haben. Die Wasserprobe als
Beweis einer Schuld beruhte auf dem Glauben, daß das Wasser, durch die
Taufe Christi im Jordan geheiligt, keinen Verbrecher aufnehme. Außerdem
war es bekannt, daß Hexen gerne durch die Luft flogen und daher eine besondere Leichtigkeit besaßen, die ihnen ein Untertauchen unmöglich
machte.

Der Glaube an die Schwerelosigkeit der Hexenweiber führte auch zur
Einführung der Wiegeprobe, die darin bestand, daß die Angeklagten auf der
Stadtwaage gewogen werden mußten, um sich ihres normalen Gewichts zu
vergewissern. Daß sie dabei allerdings fast regelmäßig als zu leicht befunden
wurden — manchmal wogen sie überhaupt nichts —, beweist die üblicher-
weise durchgeführte Manipulation. So etwa berichtet noch im Jahre 1728
die „Wiennerische Zeitung" Nr. 67 von einem Hexenprozeß im ungari-
schen Szegedin:

„Nehmlich nachdem sie auf dem Wasser gleich einem Pantoffel-Holtz ge-schwummen, wurden sie auf eine Waage gelegt, um sie zu wägen; dabey denn zu verwundern, daß ein großes und dickes Weib nicht mehr als 1½ Loth, ihr Mann, so auch nicht von den kleinsten war nur 5 Quentgen, die übrigen aber durchgehends entweder 1 Loth oder 3 Quentlein, oder noch weniger gewogen haben. Darauf wurden den 13. Jun. Freytages 13 Personen, 6 Hexenmeister, 7 Hexen, lebendig verbrannt. "

Eine einzige unbestechliche Einrichtung hat hier Objektivität bewahrt und auf diese Art und Weise vielen angeblichen Hexen und Hexern das Leben gerettet: die Hexenwaage in Oudewater, einem kleinen Städtchen in Holland, die in damaligen Zeiten berühmt gewesen ist. Anders als in Frankreich, Deutschland und auch England, wo die Hexenprozesse im 17. Jahrhundert ihren Höhepunkt erreichten, sind die Niederlande um diese Zeit bereits weitgehend frei davon gewesen. Trotzdem — oder wahrscheinlich gerade deshalb — besaßen sie ein Kuriosum, das für viele angstgejagte Beschuldigte aus dem Ausland zum letzten Rettungsanker wurde. Denn die Hexenwaage von Oudewater lieferte sonderbarerweise immer das richtige Gewicht. Sonderbar und eine jener Ungereimtheiten in der Geschichte der Hexenverfolgung war es allerdings auch, daß selbst die hartgesottensten Hexenjäger aller Länder diese Wiegezeugnisse als unbedingt maßgeblich anerkannten. Konnte ein Verdächtiger ein Zertifikat von Oudewater, das regelmäßig nach sorgfältigem Wiegen durch den Wiegemeister im Beisein von Bürgermeister und Rat ausgestellt wurde, vorweisen, so war er gleichzeitig gerettet.

Die Wiegeprobe und die Nadelprobe waren — anders als das ursprüngliche Gottesurteil der Wasser- und Feuerprobe — neue Erfindungen der Hexenjäger, die als Beweismittel für den weltlichen Untersuchungsrichter galten. Der Hexenhammer erwähnt die Wasserprobe noch nicht, weil sie erst im 16. Jahrhundert Eingang in den Hexenprozeß fand. Die Feuerprobe hingegen führt er an, um sich gleichzeitig dagegen auszusprechen. Es ist offenbar vorgekommen, daß Beschuldigte diese Probe, bei der ein Stück glühend gemachtes Eisen einige Schritte weit getragen werden mußte, bestanden haben und damit freigesprochen wurden. Der Hexenhammer macht dafür gewisse Kräuter der Hexen mit betäubender Wirkung verantwortlich, die möglicherweise wirklich angewendet wurden und bis zu einem gewissen Grad Schmerzunempfindlichkeit hervorgerufen haben.

Die Folter

Sobald nun gegen die Hexe genügend Indizien vorlagen, sie vielleicht überdies auch noch durch eine Hexenprobe der Schuld überführt worden war, wurde sie noch einmal in Gegenwart von zwei „verständigen und tauglichen" Personen und des Gerichtsschreibers befragt, ob sie gestehen wolle.

Blieb sie „verstockt", wurde die Tortur angekündigt. Dazu zeigte man ihr vorerst in der sogenannten „Territio verbalis" die verschiedensten Marterinstrumente, worauf in der „Territio realis" auf grobe und bereits schmerzhafte Weise ein Folterinstrument angelegt wurde, ohne es jedoch im eigentlichen Sinn zu gebrauchen. In den meisten Fällen brachen dann Hexe oder Hexer zusammen und gestanden, was der Richter hören wollte. Ihre Angaben wurden unter diesen Voraussetzungen immer noch unter der Bezeichnung einer „gütlichen" Befragung zusammengefaßt. Manchmal allerdings wurden sie trotzdem gefoltert, weil man der Meinung war, sie hätten auf „gütlichem" Wege zuwenig ausgesagt. Unter der mehrfachen Folter, bei der man sich mit den erhaltenen Aussagen nie zufrieden gab, ist es dann auch zu jenen haarsträubenden und absurden Geständnissen gekommen, denen wir in den Hexenprozessen immer wieder begegnen. Manche besonders standhafte Hexe wollte jedoch auch beim Anblick der Folterwerkzeuge nicht ihr „Gewissen erleichtern", wie das von ihr erwartet wurde. Offenbar glaubte sie noch, durch eine überstandene Folter ohne Schuldbekenntnis ihr Leben retten zu können. Sie hatte zweifellos den schlechteren Weg gewählt. Denn daß ein Gefolterter freigelasssen wurde, kam äußerst selten vor. Schon deswegen, weil ein lebenslänglicher Krüppel ein ständiger Vorwurf gegen die Gerichte gewesen ist. Darum mußte er ja auch in jenen Fällen, in denen ein Freispruch erfolgte, eine sogenannte „Urfehde" schwören, in der er sich verpflichtete, weder selbst noch durch Mittelsmänner Racheakte gegen die Obrigkeit vornehmen zu wollen. Daß es besser war, gleich zu gestehen und damit einen möglichst raschen Tod herbeizuführen statt in einem langsamen und unendlich qualvollen Martyrium zu sterben, bestätigt auch einer der wenigen Gegner der Hexenverfolgungen, der Jesuit Friedrich von Spee, der als Beichtvater 200 Hexen zur Richtstätte begleitet haben soll. Er beklagte in seiner „Cautio Criminalis" jene, die sich auf der Folter als schuldig bekannt hatten und dieses Bekenntnis nachher widerriefen. Widerruf nach der Folter kam häufig vor. Er nützte der Hexe jedoch nichts, sondern bedeutete nur neue Folterqualen, bis sie, ihrer Sinne nicht mehr mächtig, die wahnwitzigsten Schuldbekenntnisse ablegte oder gar an der Folter starb.

Der Tod im Gefängnis als Folge einer hemmungslosen Folter war keine Ausnahmeerscheinung. Zahlreiche Gerichtsprotokolle berichten davon. So etwa war die bereits siebzigjährige Dorothea Weda während eines Zaubereiprozesses in Friedau im Jahre 1677 trotz ihres Alters einer ungeheuer grausamen 24stündigen Stuhlfolter unterzogen worden, an deren Folgen sie wenige Tage später im Kerker starb. Natürlich war ihr Tod vom Teufel herbeigeführt worden. Er bemächtigte sich auch ihrer Seele, die er in einem gewaltigen Sturm, der von wütendem Hundegebell begleitet war, mit sich in die ewige Verdammnis mitgenommen hatte. So lautet zumindest der Bericht des Bannrichters, der uns überliefert ist.[58] Auch in den Prozessen in Cavalese im Fleimstal in Südtirol, die 1501 bis 1505 durchgeführt wurden und nach den erhaltenen Urteilen zu schließen etwa 20 Menschen auf den Scheiterhaufen brachten, sind mindestens drei der Verhafteten an den Folgen der Tortur gestorben. Unter ihnen die einzig standhaft Leugnende, die Barbara Marostiga, die mit insgesamt 27 Torturen zu Tode gefoltert wurde. Sie mußte — weil sie ohne Geständnis starb — in geweihter Erde, jedoch ohne Glockengeläute bestattet werden. Der Notar Silvester Lentner von Schliersee jedoch, dem wir die sehr ausführlichen Protokolle verdanken, konnte sich die Bemerkung nicht verkneifen, daß seit dem Begräbnis kein gutes Wetter mehr gewesen sei und Sturm, Schnee und Kälte offenbar als Strafe für eine zu milde Behandlung geschickt worden waren. Daß selbst Greisinnen einer erbarmungslosen Tortur unterzogen wurden, beweist auch das Beispiel der Martha Meßnerin, die nach eigener Angabe 100 Jahre alt war und zusammen mit ihren beiden Töchtern Maria und Christina und den zwei Enkelinnen, der zehnjährigen Urschl und der stummen und geistesschwachen Christine einem grausigen Hexenprozeß in Lankowitz bei Köflach im Jahre 1671 zum Opfer fielen. Die Alte leugnete zuerst standhaft, war nach einer schweren Folter mit Bindung am Seil und Beschwerung durch Gewichte jedoch geständig und „verschmachtete" schließlich ebenfalls im Kerker. Auch ihre beiden Töchter wurden schwer gefoltert, unter anderem mit den in der Steiermark seltenen „spanischen Stiefeln", worauf sie phantastische Dinge gestanden wie Hexenflug mit einer Salbe aus Donnerstrahlen und Hittrach, Sabbatorgien und Hostienfrevel. Sie wurden 1672 am Scheiterhaufen erwürgt und dann verbrannt. Die 10jährige Urschl Meßnerin wurde ebenfalls zum Tode verurteilt, ihr sollte die Stadthebamme wegen ihrer Jugend im warmen Bade die Adern öffnen und sie zu Tode bluten lassen. Wahrscheinlich jedoch hat sich die Hebamme geweigert, auf jeden Fall wurde dem Kind das Leben geschenkt. Auch das „Stummerl" wurde freigesprochen.[59]

Daß häufig gerade die standhaftesten Hexen, die trotz qualvoller Folterung nicht nachließen, ihre Unschuld zu beteuern, als schlimmste Teufelsbuhlen verdächtigt wurden, gehört zum Paradoxon des Hexenprozesses. Schlimm erging es auch meist jenen wenigen, die ohne Geständnis entlassen werden mußten, denn sie erwartete ein erbärmliches und verfemtes Dasein. Sie mußten in von ihren Familien abgesonderten Räumen leben, durften entweder überhaupt nicht auf die Straße oder wurden gemieden und hatten in der Kirche auf gesonderten Plätzen zu sitzen. Oft auch wurden sie von ihren Angehörigen, die überdies die Prozeßkosten zu zahlen hatten, verstoßen oder von der Obrigkeit zum Ort hinausgejagt.

Ursprünglich war die Folter in der Reichscarolina gesetzlich geregelt worden. Im Verbrechen der Hexerei als crimen exceptum herrschten jedoch Ausnahmebestimmungen. Wie allgemein über die Folter beim Hexenprozeß gedacht wurde, geht aus einem Gutachten des paduanischen Juristen Marcantonius Peregrinus hervor, das 1602 auf Ansuchen Herzog Maximilians von Bayern eingereicht worden war. Hier heißt es unter anderem: *„Bei schweren Verbrechen soll der Richter leicht die Tortur anwen-*

den. ... bei schweren Verbrechen darf das Recht beiseite gestellt werden und es ist Regel, die Regeln nicht zu beachten. ... Leichtere Indizien genügen zur Folter bei verborgenen und schweren Verbrechen. ... Bei Hexerei muß der Richter leichter geneigt sein zur Folter. ... "⁶⁰ Art und Dauer der Folter waren also meist dem Ermessen des Richters überlassen, was sich auf die Hexenprozesse sehr verhängnisvoll ausgewirkt hat.

Ursprünglich sollte das Gericht beim peinlichen Verhör besonders besetzt sein: Außer dem Richter und dem Gerichtsschreiber hatten fünf oder sechs *„verständige und taugliche Gerichts- oder andere angesehene Personen"* als Beisitzer zu fungieren. Außerdem sollte die Grundherrschaft verständigt sein, damit sie einen Vertreter entsenden konnte. Tatsächlich jedoch waren bei den Verhören meist nur zwei bis drei Beisitzer, oft sogar nur der Richter und der Protokollführer anwesend. Manchmal kam es sogar vor, daß der Freimann mit dem Inquisiten allein gelassen wurde. Und weil jeder Henkersknecht es als Schande betrachtete, wenn er bei einem schwachen oder gar alten Weib nicht erfolgreich war, dürfte er sich bei solchen Gelegenheiten auch hemmungslos ausgetobt haben.

Grundsätzlich war eine Wiederholung der Folter nur dann gestattet, wenn neue Indizien auftraten. Um exzessive Folterungen zu rechtfertigen, beruhigte man daher sein Gewissen damit, daß man sie als Fortsetzungen deklarierte, was erlaubt war. Insgesamt erleichterte natürlich eine derart unsichere Rechtslage, wie sie in jenen Jahrhunderten herrschte, jede Willkür und die Anwendung von unkontrollierter Gewalt.

Um zu möglichst vielen und ausführlichen Geständnissen zu gelangen, wurde meist mit der Folterung jener Personen begonnen, von denen die geringste Widerstandskraft zu erwarten war. Das waren Kinder und Jugendliche, bei denen meist schon ein paar Rutenstreiche, in der Amtsstube verpaßt, die gewünschte Aussage herbeiführten. Es müssen sich dabei erschütternde Szenen abgespielt haben, denn oft waren es Kinder von erst fünf oder sechs Jahren, die, auf solche Art und Weise völlig verängstigt, gegen ihre Eltern aussagten und diese schwerst belasteten. So wie etwa die erwähnte zehnjährige Urschl Meßnerin, die, wie das Protokoll berichtet, ihrer Mutter Maria „unerschrocken" ins Gesicht sagte, sie hätte mit ihrem schwarzen Liebhaber auf dem Kremser Schloß geschmaust und getanzt. Aber auch Jugendliche besaßen meist eine geringere Widerstandskraft und brachen beim Anblick der Folterwerkzeuge oder dem Anlegen der Daumenschrauben bereits zusammen. Worauf dann die Eltern, mit den Aussagen ihrer eigenen Kinder konfrontiert, verunsichert und mürbe gemacht werden sollten.

Um während der Folterung die Macht des Teufels über die Hexe zu brechen, wurden alle möglichen Rituale an ihr vollzogen. Es wurden ihr nicht nur die Haare als Sitz des Lebens abgeschoren, sondern ihr Körper auch nach diversen Hexenmitteln abgesucht, die eine wirksame Tortur verhindern sollten. Außerdem mußte sie mit Weihwasser gewaschen werden und

Matthew Hopkins, der englische „General-Hexen-Finder",
und zwei Hexen mit ihren „imps", grotesk-tiergestaltige
Familiaren, die exotisch klingende Namen tragen.

Eine Hexe wird vor dem Verhör von Mönchen exorciert.
Aus: Hermann Löher „Hochnötige Klage",
Amsterdam 1676.

Nadelprobe; im Hintergrund werden einer Hexe die Haare
abgeschnitten. Aus: Hermann Löher „Hochnötige Klage",
Amsterdam 1676.

Folter: Reiten auf dem Bock.

Hexenverbrennung, Holzschnitt 1555.

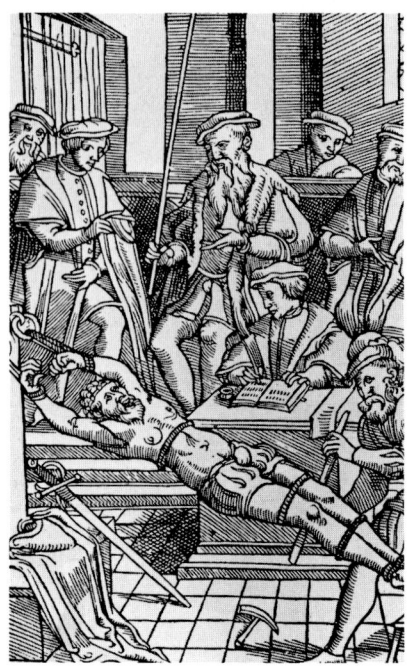

Folter durch Strecken.
Holzschnitt 1554.

„Wasserprobe".
Radierung von F. Katzler.

Anna Schultzin in Eisen geschlagen.

Folterszene: Brennen.

die schon erwähnte Foltersuppe essen. Und schließlich bekam sie auch noch einen Zettel mit den sieben Worten, die Christus am Kreuz gesprochen hatte, um den Hals gehängt.

Es gab zahllose Foltermethoden, die sich je nach Land geringfügig unterschieden. Am gebräuchlichsten waren wohl die Daumenschrauben, die aus zwei hölzernen oder metallenen Platten bestanden, in die der Malefikant seine Finger legen mußte. Dann wurden die Schrauben immer enger zusammengezogen, bis das Fleisch aufsprang und die Knochen gebrochen wurden. Das war die mildeste Art der Folter. Der nächste Foltergrad war meist die Elevation oder das Recken, in den österreichischen Kriminalakten häufig „Strang" genannt. Dabei wurden dem Gefolterten die Hände hinter den Rücken gefesselt, daraufhin ein Seil, das an der Decke über einer Rolle hing, um die Handgelenke befestigt und der Körper langsam frei schwebend aufgezogen, bis die Arme verdreht oder ausgerenkt wurden. So ließ man die Opfer oft eine viertel bis eine halbe Stunde, manchmal noch länger, hängen, während Henker und Richter sich zum Mittagsmahl begaben. Zur Vergrößerung der Schmerzen wurden häufig schwere Gewichte von 10 kg an die große Zehe gehängt, brennender Schwefel oder siedendes Pech auf die nackte Haut geträufelt oder brennende Fackeln unter die Fußsohlen gehalten. Der perversen Phantasie der Folterknechte war hier keine Grenze gesetzt. Manchmal wurde die Hexe an einer Folterleiter, bei der in der Mitte eine Sprosse mit kurzen, spitzigen Hölzern — der sogenannte „gespickte Hase" — angebracht war, langsam in die Höhe gezogen, bis die Arme verdreht über dem Kopf standen, und dann mehrmals rasch hinuntergelassen, worauf man sie wieder langsam hochzog. Beliebt waren die „Spanischen Stiefel", die aus zwei Eisenplatten bestanden, die so an die Beine gelegt wurden, daß sie Wade und Schienbein bedeckten. Dann wurden langsam die Eisenplatten zusammengeschraubt, bis die Knochen zerquetscht wurden. Manchmal kam es vor, daß in die „Stiefel" siedendes Pech hineingegossen wurde, so daß das Fleisch verbrannte. Ein besonders gefürchtetes Marterinstrument, das in der Steiermark angewendet wurde, war der „ordinary Hexenstuhl", von dem der steirische Hexenrichter Johannes Wendtseisen meinte, daß er selbst „die schwersten Casus" herauszubringen pflegte. Er beschrieb das schreckliche Instrument als eine acht Schuh lange Bank, deren Füße an einem Ende fünf und am anderen nur zwei Schuh hoch waren. Mehrere Bretter von 6 Zoll Dicke waren auf der einen Kante scharf zugeschnitten und nebeneinander aufgestellt, wobei die nach oben gekehrten Schneiden der Bretter die eigentliche Bank bildeten. Auf diesen Stuhl wurde der Gepeinigte, bereits mit ausgerenkten und geschundenen Gliedern (weil er zuvor gereckt werden mußte), mit den Füßen aufwärts angebracht, zugleich aber mit den Händen an den zu beiden Seiten befindlichen eisernen Ringen so befestigt, daß er weder sitzen noch liegen oder sich an etwas anlehnen und daher während des gräßlichen Hin- und Herschwebens keinen Ruhepunkt finden konnte.[61] Dieses ausgeklügelte Marterinstrument erhielt seine Wirksamkeit durch die lange Dauer der Anwendung. Wendtseisen hält 24 Stunden in dieser gräßlichen Zwangslage für das Äußerste, was ein Mensch ohne ernste Gefahr für sein Leben ertragen konnte. Tatsächlich jedoch wurde diese Tortur bis zu 36 Stunden ausgedehnt. Im Jahre 1673 wurde die 57jährige Keuschlerin Marina Wukinetz sogar 48 Stunden lang ununterbrochen auf den Stuhl gesetzt, dann eine Nacht heruntergenommen und die folgenden vier Nächte neuerdings auf den Stuhl gebunden, die letzten zwei Nächte nach neuer Schärfung der Sitzkanten. Außerdem wurden ihr die Füße dreimal durch brennendes Unschlittpflaster geröstet. Sie hat nichts gestanden, wurde aber schließlich wahnsinnig und glaubte Teufel zu sehen, die *„unter andern aus ihren Henden und Fießen das Bluet in ain Hefferl gezogen und unter einander ausgetrunkhen und aller ehest nach der Hanen Geschray von ihren wieten ausgesetzt."* Morgens um acht Uhr habe sie dann *„ain abscheuliches verkehrtes Gesicht und krumpes Maul gemacht"* und sei bald darauf *„mit gueten Verstand und unverlohrner Red biß an ihrn letzten Augenblick urplötzlich verschieden."*[62] Ihr Leichnam wurde vom Freimann im Wald verscharrt.

Bestialisch ist auch das sogenannte Tormentum insomniae, die Schlaffolter gewesen. Um den Gefangenen am Schlaf zu hindern, wurde er im Kerker von einander ablösenden Henkersknechten pausenlos hin und hergetrieben, bis er wunde Füße hatte und seinen Verstand verlor.

Während sich menschliches Mitleid angesichts der Tatsache, daß die Folter als dämonenvertreibendes Mittel angesehen wurde, bei dem die Hexe durch den Teufel vor Schmerzen geschützt war oder die sie durch Mithilfe des Bösen sogar lustvoll erlebte, von selbst verbot, feierte der Sadismus schreckliche Triumphe. So kam es häufig vor, daß vor allem die Geschlechtsteile des weiblichen Delinquenten eine besondere Beachtung fanden. (Woraus die moderne Psychologie sicherlich die entsprechenden Schlüsse ziehen könnte.) Bei der sogenannten Lichtfolter etwa wurde eine brennende Kerze auf ein Brett gestellt, das zwischen die gespreizten Beine der stehenden Hexe gezwängt wurde, die derart gefesselt war, daß sie sich nicht bewegen konnte. Worauf die Kerze die Schamteile langsam verbrannte. Und damit die Hexe dabei nicht schrie, steckte ihr der Scharfrichter ein Kapistrum, einen Knebel in den Mund. Auch der Bock oder Hexenstuhl war ein extra für Frauen ausgedachtes Instrument. Es war dies ein in einer scharfen Schneide auslaufender Holzbock, auf den die Hexe nackt gesetzt wurde, so daß infolge des eigenen Körpergewichts die spitzzulaufende Kante in den entblößten Damm und Schamteil einschnitt, weil ihr durch das erzwungene Spreizen der Beine jeder andere Stützpunkt entzogen worden war. Ebenso waren die Brüste, die *„Blasbälge des Teufels"* genannt wurden, ein besonderes Marterobjekt. Sie wurden mit Peitschen geschlagen oder mit glühenden Zangen gebrannt oder zerfleischt. In dem großen bayrischen Hexenprozeß gegen die Familie Pappenheim des Jahres 1600 wurden Anna Pappenheimerin vor ihrer Hinrichtung die Brüste abgeschnitten.

Weil es beinahe unmöglich ist, sich solche und noch viele andere Unge-
heuerlichkeiten, den Schmerz und die Qual, die sie verursachten, vorzustellen, hat so mancher Gegenwartsautor eine Flucht zu der Vorstellung genommen, die Schmerzschwelle des Menschen der damaligen Jahrhunderte
könne höher angesetzt werden als jene des homo sapiens aus der Jetztzeit.
Sicherlich waren Grausamkeiten damals eher an der Tagesordnung, und das
Volk delektierte sich auch daran. Inwieweit dadurch jedoch die Schmerzschwelle des einzelnen beeinflußt wurde, sei dahingestellt. Tatsache bleibt,
daß die Gefolterten häufig irrsinnig wurden, Teufelshalluzinationen hatten
oder in Ohnmacht, den sogenannten „Hexenschlaf", verfielen, der natürlich auch vom Teufel herbeigeführt war und mit kaltem Wasser möglichst
schnell behoben werden mußte. Daß viele der Gequälten im Kerker auf ver-
zweifelte Art und Weise Selbstmord begehen wollten, ist verständlich. Sie
versuchten sich mit den Nägeln die Adern aufzukratzen, sich mit ihrem Kit-
tel zu erhängen, die Zunge herauszureißen oder mit dem eigenen Finger zu
ersticken. Im großen „Lauterfresser"-Prozeß des Jahres 1645 gegen Tirols
berühmtesten Zauberer versuchte sich der Angeklagte mit einem Büschel
Stroh zu ersticken.

Eine ungemein klägliche Rolle haben in diesem Prozeß die Beichtväter
gespielt. Es hat — so wie immer und überall — sicherlich auch hier Ausnahmen gegeben, wie etwa den genannten Friedrich von Spee, dem, wie er
selbst meinte, über dem Leid, das er mitansehen mußte, das Haar grau geworden war. Es ist auch manchmal in den Protokollen davon die Rede, daß
Geistliche den gewünschten Prozeßablauf störten, weil unter ihrem Einfluß die eine oder andere Hexe widerrufen hätte. Und schließlich sind es
auch vor allem Geistliche gewesen, von denen dann gegen Ende des 17.
Jahrhunderts allmählich ein Widerstand gegen die Hexenverfolgung ausge-
gangen ist. Trotzdem hat es sich dabei um Ausnahmen gehandelt, die lediglich die Regel bestätigen. Denn der überwiegende Teil der Priesterschaft hat
sich als Mitarbeiter und Handlanger des Richters gefühlt. Was das weltliche
Gericht durch Tortur und Verhör verfolgte, bemühte sich der für das Seelenheil des Eingekerkerten verantwortliche Priester durch gutes Zureden
zu erreichen: nämlich das Schuldbekenntnis und die darauffolgende Reue
der Hexe. Und es ist kaum vorstellbar, in welchen Gewissenskonflikt und in
welche Verwirrung der Angeklagte zusätzlich zu den Folterqualen auf diese
Art und Weise kommen mußte. Bot sich doch die ewige Seligkeit nach dem
Tod nur durch das Bekenntnis einer Sünde, die nie begangen worden war,
also durch eine Lüge. Die Ausweglosigkeit dieser Situation hat sicherlich zu
manchen Aussagen geführt, die uns heute nicht mehr verständlich sind. Es
ist zum Beispiel auffallend, daß in den erhaltenen Protokollen viele Delinquenten nach anfänglichem hartnäckigen Leugnen plötzlich ungemein ge-
sprächig werden und in phantastischen Schuldbekenntnissen geradezu
schwelgen. Daß sich Opfer unter besonderen Umständen mit ihren Peini-
gern solidarisieren, ist eine durch die jüngere Psychologie bestätigte Er-

scheinung. Viele der Gemarterten mögen die Qualen auch als Sühne für irgendwann einmal begangene oder auch nur eingebildete Sünden empfunden haben.

Wie schwer dieser Gewissenskonflikt vor allem für gläubige Menschen gewesen ist, die ja für eine Lüge oder unwahre Denunziation im Jenseits das ewige Höllenfeuer fürchteten, geben etliche Zeugnisse mit erschütternder Deutlichkeit wieder. So zum Beispiel berichten die Protokolle der Torquierung der Enneke Fürsteners zu Coesfeld am 31. Oktober 1724 von unglaublichen Folterungen in allen fünf Graden bis an den Rand des Todes, die jedoch immer nur die Unschuldsbeteuerungen der Angeklagten zur Folge hatten: *„Bei der Anbindung hat Angeklagte beständig gerufen und um Gottes willen begehrt, man möge sie loslassen. Sie wolle gern sterben und wolle gern ja sagen, wenn die Herrn es nur auf ihr Gewissen nehmen wollten . . . , O Jesus, ich habe es nicht getan, ich habe es nicht getan! Wenn ich es getan hätte, wollte ich gerne bekennen! Herr Richter, lasset mich nur unschuldig richten! Ich bin unschuldig, unschuldig.'"*[63]

Ähnliche Gewissensqualen verrät das Protokoll eines Prozesses in Eßlingen vom 14. September 1662:

„Wird gebunden; winselt: ‚könne's nicht sagen, soll ich lügen? O weh, o weh, liebe Herren!' — Bleibt auf der Verstockung. Der Stiefel wird angetan und etwas zugeschraubt. Schreit: ‚Soll ich denn lügen? Mein Gewissen beschweren? Kann hernach nimmer recht beten!' — Stellt sich weinend, übergeht ihr aber kein Auge. ‚Kann wahrhaftig nicht, und wenn der Fuß herab müßte' — Schreit sehr: ‚soll ich lügen, kann's nicht sagen!' — Ob zwar stark angezogen, bleibt sie doch auf Einerlei. — ‚O Ihr zwingt einen!' — Schreit jämmerlich. ‚O lieber Herr Gott!' Sie wollts bekennen, wenn sie es nur wüßte; man sage ja, sie solle nicht lügen. Wird weiter zugeschraubt. — Heult jämmerlich. — ‚Ach liebe Herren, tut mir nicht so gar. Wenn man aber auch eins sagt, wollt Ihr wieder gleich ein Anderes wissen!'"[64]

Lag das gesamte Geständnis schließlich vor, wurde es in gekürzter und konzentrierter Form in dem Schuldbekenntnis, der sogenannten Urgicht, zusammengefaßt. Diese mußte dem Verurteilten wenige Tage vor Urteilsvollstreckung noch einmal vorgelesen werden. Das war zugleich auch die letzte Möglichkeit zu widerrufen, was allerdings selten vorkam, weil der Delinquent zu diesem Zeitpunkt meist nichts mehr sehnlicher wünschte als den Tod und gar nicht mehr die Kraft hatte, sich weiteren Folterqualen auszusetzen. Am Tag der Hinrichtung, an dem nicht mehr widerrufen werden konnte, wurde dann die Urgicht dem versammelten Volk als abschreckendes Beispiel vorgelesen. Gleichzeitig stürzte man den Verurteilten noch einmal in einen entsetzlichen Gewissenskonflikt, indem er aufgefordert wurde, seine Denunziation gut zu überlegen, damit er keinen Unschuldigen belaste. Schließlich wurde er auf einem Karren, im Büßerhemd und mit von der Tortur zerbrochenen und zerquetschten Gliedern auf die Richtstätte geführt.

Die Hinrichtung

Die Hinrichtungsart war entweder Verbrennen bei lebendigem Leibe, Erdrosseln oder Tod durch das Schwert, wobei in den beiden letzten Fällen der Körper anschließend den Flammen übergeben wurde. In Österreich kam die äußerst grausame Lebendverbrennung relativ selten vor, und wenn, dann meist mit angehängtem Pulversack. Bei besonders schweren Vergehen oder wenn sich das Opfer unbußfertig zeigte, wurden vor der Hinrichtung noch spezielle Marterungen vorgenommen, so wie etwa Räderung, glühende Zangenzwicke, Schleifung zur Richtstatt oder *„Riemen Ausschneidung aus dem Rücken"*. In manchen Fällen wurde auch die Hand abgehauen. Weshalb es — schon aus diesem Grund — kaum unbußfertige Verurteilte gegeben hat. Kinder von etwa 10 bis 14 Jahren wurden durch die mildeste Hinrichtungsart meist mit dem Fallbeil gerichtet. In Österreich hat man ihnen unter 10 Jahren im Bad die Adern geöffnet, um sie verbluten zu lassen. So wie etwa dem neunjährigen Mathiesel im Zaubereiprozeß in Fürstenfeld des Jahres 1680. Der Bub blutete jedoch nicht aus, also wurde das Kind in das Barmherzigenspital nach Graz gebracht, wo es von den Brüdern christgläubig erzogen werden sollte. Aber die Patres weigerten sich, denn dann *„hetten sie nichts anderes als übel konsequenzen zu gewerthen, indeme man alle kranken, die durch torturen destruirt wurden, hereinschaffen, und also des stadt- und landgericht enthöbt wurde, welchen aber obliege, ihre malefikanten zu unterhalten . . ."*

Worauf die Regierung die Einweisung des Buben in das Grazer Bürgerspital anordnete.[65] Manchmal auch wurden die Kinder um ein Kostgeld, das von der Amtskasse bezahlt wurde, an „ehrbare Hausleute" zur Erziehung übergeben. Daß sie unter dem Ruf, ein „Hexenkind" zu sein, ihr Leben lang gelitten haben, kann angenommen werden.

Gelegentlich kam es vor, daß kleine Kinder gezwungen wurden, *„zu einem schreckenden exempl"* bei der Hinrichtung ihrer Eltern oder anderer Familienangehöriger zuzuschauen. In dem schrecklichen Prozeß gegen die Landstreicherin Emeranziana Pichler, ihre vier Kinder und ihre Mutter im Jahre 1679/80 in Lienz in Tirol mußte das jüngste Kind, die sechsjährige Maria, bei der Hinrichtung ihrer zwölf- und vierzehnjährigen Geschwister anwesend sein. Anschließend bekam sie Rutenstreiche und wurde in die Zwangserziehung geschickt.

Entsetzliches ereignete sich an den Hinrichtungsstätten, wenn der Freimann seine Kunst nachlässig ausführte, indem er beispielsweise die Verurteilten zu langsam und qualvoll erdrosselte, oder wenn es ihm nicht gelang, den Kopf mit einem Hieb abzutrennen. Beides scheint mehrfach im Zauberer-Jacklprozeß in Salzburg vorgekommen zu sein. Und zwar hatte der Freimann Moritz Ehegartner bei der Exekution des 12 Jahre alten Dionysius Feldner, der, so wie üblich mit aufrechtem Oberkörper und wahrscheinlich verbundenen Augen vor ihm knien mußte, den Streich, wie es in einer Beschwerde des Stadtsyndicus hieß, zu nieder geführt, so daß der Kopf des Malefikanten erst auf den zweiten Hieb gänzlich vom Körper abgetrennt wurde. Worauf der Scharfrichter einen Verweis erhielt und vier Tage Keuchenhaft bei geringer „Atzung". Aber bereits knappe 9 Monate später liegt im selben Prozeß abermals ein ähnliches Beschwerdeschreiben des Stadtsyndicus an den Salzburger Hofrat vor, in dem die Erdrosselung von 13 Zauberern bemängelt wird. Und zwar sei dieselbe äußerst übel verrichtet worden, indem ein Verurteilter nach der „Einsazung" noch den Mund aufgetan und sich heftig aufgebäumt hätte.[66]

Hexenkünste

Das größte Verbrechen, das den Hexen von der christlichen Theologie vorgeworfen wurde, war also Abfall von Gott und Bund mit dem Teufel. Und auf Grund dieses Bündnisses war es ihnen dann auch ein Leichtes, die Menschheit auf die verschiedenste Art und Weise zu schädigen. Der — wesentlich ältere — Schadenzauber, der lange vor der scholastischen Konstruktion des Teufelsbundes existent gewesen ist, umfaßte den gesamten Lebensbereich: Liebe, Tod, Krankheit, Wetter, Ernte. Für ihre bösen Taten konnte sich die Hexe auch in ein Tier verwandeln, unsichtbar machen und durch die Luft fliegen. Ihre besondere Spezialität jedoch war das Brauen von Hexentränken und Hexensalben, wozu häufig die Leichenteile kleiner Kinder nötig waren, die zu diesem Zweck getötet und gekocht werden mußten. Manchmal wurden die Hexen sogar beschuldigt, Ungeborene aus dem Bauch von schwangeren Frauen zu schneiden. Und oft sollen sie diese Kinder auch selbst gefressen haben, um damit ihre magischen Kräfte zu stärken.

Ein überaus häufiges Vergehen war vor allem in ländlichen Gegenden der Wetterzauber. Für jedes Unwetter, Hagelschlag, Sturm und Überschwemmungen wurden die Dorfhexen verantwortlich gemacht. Und regelmäßig nach solchen Naturkatastrophen setzten die großen Hexenverfolgungen ein. Das hat sich vor allem in jenen Gegenden ausgewirkt, die besonders vom Wetter abhängig waren, wo also Landwirtschaft oder Weinbau betrieben wurde. Die ausgedehnten Gutenhager Prozesse im österreichischen Pößnitztal des Jahres 1661 beispielsweise, die 17 nachweisbare, wahrscheinlich jedoch weit mehr Todesopfer gefordert haben, sind eine unmittelbare Folge der großen Schauer zu Lorenzi (10. August) gewesen, die in Luttenberg (dem heutigen Ljutomer in Slowenien) Wein und Obst zerschlagen hatten. Sie wurden von dem berüchtigten Hexenrichter Wolf Lorenz Lämpertitsch geführt, der eine der abstoßendsten Richterpersönlichkeiten in der gesamten steirischen Hexenverfolgung gewesen ist, und haben fast ausnahmslos Frauen getroffen. Unter ihnen befand sich eine Urscha Tschernikhin, die unter der Folter aussagte, daß alle Weiber von Lendorf Hexen seien. Der Sabbat wurde hier am Rohitschberg, dem heutigen Donatiberg, gefeiert, wo eine schöne große Frau, die Gattin des obersten Teufels, die Blutverschreibung vornahm.[67] Auch die von 1686 bis 1688 stattfindenden umfangreichen Hexenverfolgungen im Landgericht der Reiner Zisterzienser zu Gratwein bei Graz sind auf eine schwere Wetterkatastrophe, nämlich den großen Hagelschlag im Juni 1686 zurückzuführen. Und auch hier waren vor allem Frauen aus den kleinbäuerlichen Bevölkerungsschichten betroffen. Sie forderten 29 nachweisbare Todesopfer. Eine der Angeklagten, die junge Christine Holzapfel, soll dabei als Geier durch die Luft geflogen sein, sich auf einen Baum gesetzt und dort langsam in Menschengestalt verwandelt haben. Wie groß die Angst unter den Frauen dieser Gegend damals gewesen sein muß, beweist ein Aktenvermerk, der besagt, daß sie sich nur noch unter Vorantragung eines Kruzifixes zu Gericht trauten, was allerdings von der Obrigkeit bald als Zeichen eines besonders schlechten Gewissens und als schlimmer Verdachtsgrund angesehen wurde.[68]

Schauerwetter wurden meist durch Pulver oder Salben erzeugt. Das Pulver wurde unter Beschwörungs- und Zauberformeln in Wasser gestreut, aus dem dann eine Wolke aufstieg, die das Unwetter verursachte. Die Salbe hingegen wurde auf den Boden, an Zäune oder sonstwo hingeschmiert oder auch vergraben. Oft ritten die Hexen zum Wettermachen auf Stäben, Ofenschüsseln (eine an einem Stiel befestigte Mulde zum Einschieben des Brotes) oder Ofenkrucken. Auch Kreuzwege waren für derartige Zaubereien beliebt. Hier wurden allerlei magische Zeichen in den Sand geritzt oder Zauberpulver und verschiedene Gegenstände vergraben. Manchmal legte die Hexe einen Totenschädel in Wasser, damit es regnete.

Auch der sogenannte Milchzauber hat die Gerichte der ländlichen Gegenden häufig beschäftigt. Immer, wenn eine Kuh krank war, wenig oder gar keine Milch geben wollte, war eine feindlich gesinnte Nachbarin, eine Zugezogene oder sonstwie verdächtig erscheinende Person daran schuld. Wobei — ebenso wie beim Wetterzauber oder sonstigem volkstümlichen Schadenzauber — die Verfolgungswelle oft von unten, vom Volk geschürt wurde. Und da die Milch in der kleinbäuerlichen Bevölkerung ein wichtiges Nahrungsmittel war und ihr Ausbleiben oft eine Katastrophe bedeutete, bekam der Hexenzauber hier eine wichtige Funktion. Wie er ausgeführt wurde, schildert ein Hexenprozeß in Obervöls im Jahre 1510: Man nehme, heißt es hier, fünf Kräuter: Simbin das blaue Kraut, Taubenwurz, Kronenkraut (hat eine gelbe Blume), Wolfwurzkraut und Schmerzwurzkraut. Diese führe man auf eine Wegscheid, zerbläue sie in aller Teufel Namen, werfe sie mit der linken Hand über den Kopf, hebe sie wieder auf und stecke sie zu dreien Enden in einen Stock oder eine Säule. Dann stoße man mit einem Messer in den Stock und sage: „Gib Milch in aller Teufel Namen."

Die Hexen stießen auch gerne ein Messer in die Wand, nahmen den Melkeimer zwischen die Knie, riefen die Dämonen an und bezeichneten die Kuh, deren Milch sie haben wollten. Daraufhin ahmten sie die Tätigkeit des Melkens nach und flugs brachte der Teufel die gewünschte Menge.

Natürlich gab es auch hier den entsprechenden Abwehrzauber: Bei einem Prozeß des Jahres 1592 vor dem Stadtgericht in Bruneck im Fürstbistum Brixen wurde Barbara Hinterhoferin, *„ain liederlich und unruebig Weib",* wegen Verdachtes des Wetter- und Milchzaubers gütlich und peinlich verhört. Es ergab sich jedoch, daß sie nur einen Abwehrzauber verübt hatte. Und zwar hatte sie zu diesem Zweck das Glockenseil der Dorfkirche mit Butter beschmiert, damit jeder Glockenstreich das Herz der Milchverderberin treffen solle.[69]

116

Die Gerichtsprotokolle sind voll von beschuldigten „Milchdiebinnen" und „Milchhexen", und es ist eigentlich erstaunlich, wie leichtfertig die Leute damals mit derartigen Ausdrücken umgegangen sind, berücksichtigt man die Gefahr, die damit verbunden war. Auffallend ist auch die Tatsache, daß es meist Frauen waren, die ihre eigenen Geschlechtsgenossinnen beschuldigten. Frauen hatten die allgemeine Vorstellung von der eigenen Schlechtigkeit, Verführbarkeit und Boshaftigkeit so sehr verinnerlicht, daß sie als gegebene Wahrheit und allgemeiner Glaubenssatz betrachtet wurde.

Selbständige Lynchjustiz der Bevölkerung, die von den Behörden bestraft wurde, war eine relativ verbreitete Erscheinung. Aus dem innerösterreichischen Bauernkrieg von 1515 stammt ein interessanter Beleg über den Zauberglauben der slowenischen Bauern, die sich zu einer Zeit, als Prozeßakten über Zauberprozesse noch selten sind, über die diesbezügliche Untätigkeit der Gerichte beschweren, weil sie nicht streng genug gegen Diebe und Zauberinnen vorgingen. Womit gleichzeitig der Beweis gegeben ist, daß schon damals vor allem Frauen mit Zauberei in Verbindung gebracht wurden:

„Seu vachn und einemen zu zeytten diep und zaubrerin anfengkhlich, lassen die umb geld, wein, vich und ander gab wider ledig, dy uns darnach drivaltigen schaden thain, dardurch solchs und ander mallafitz nuer im peytl gestrafft werden."[70]

Besonders verdächtig waren natürlich Frauen, die sich mit Heilkunst, Wahrsagerei und ähnlichem befaßten. Hormayr berichtet in seinem „Österreichischen Archiv", daß zwei alte Weiber auf dem Plinzberg bei Flunek verbrannt wurden, *„weil sie zur Sommerszeit viel in Felsen und Wäldern herumgewandelt und Kräuter gesucht"* hätten. Wie schonungslos und hartnäckig man bei der Verfolgung solcher Frauen bisweilen vorgehen konnte, zeigt der Fall der Kristallseherin und Heilkundigen Gertraud Brinougka oder Brinowizin aus Lendorf bei Cilli (Celje) im heutigen Slowenien, die lediglich gestanden hatte, durch Pflanzen, Wurzeln und Beschwörungen viele Leute gesund gemacht zu haben, worauf sie vorerst zu sechs Silberkronen Geldstrafe und Burgfriedensverweisung verurteilt wurde. Die innerösterreichische Regierung aber hob dieses Urteil auf und verordnete die Folter. Die Frau wurde gestreckt und zwölf Stunden auf den Hexenstuhl gesetzt, trotzdem gestand sie nichts, weshalb sie der Cillier Rat neuerdings nur zum Prangerstehen und zur Burgfriedensverweisung verurteilte. Aber die Regierung war noch immer nicht zufrieden. Man hätte, hieß es dort, ihr die Haare schneiden, ein Hanfhemd anziehen und verhindern sollen, daß sie mit der Erde in Berührung komme. Damit brechen die Akten ab. Byloff vermutet allerdings, daß es den Richtern doch noch gelungen ist, das gewünschte Geständnis aus der Frau herauszufoltern.[71] Auch die angeblich 104 Jahre alte Hexe Anna von Geistal, die in Wirklichkeit Martha Mosseggerin hieß und am 9. Juli 1647 zur Enthauptung und anschließenden Verbrennung des Körpers verurteilt worden war, hatte sich

unter der Folter als Kräuterhändlerin, Zauberärztin und Kennerin abergläubischer Segen und „Ansprechungen" mit einem großen Patientenkreis
aus Stadt und Land bekannt. Daß auf diesem Gebiet auch Männer tätig waren, beweist der Brixener Zaubereiprozeß in Sexten aus dem Jahre 1595 gegen den Arztheiler Christoph Gostner, bei dem ein umfangreiches Inventar
verschiedenster Heil- und Zaubermittel nebst einer ganzen Bibliothek an
einschlägiger medizinischer Literatur gefunden wurde. Gostner hatte jedoch Glück: Er wurde ohne Folter nur zu einer Geld- und Gefängnisstrafe
verurteilt, wobei ihm auf Grund seines vorgerückten Alters auch noch die
letzten 14 Tage Kerker erlassen worden waren.

Neben dem Heilzauber, der ja unter den Begriff „weiße Magie" fällt und
als solche ursprünglich nicht strafbar war, gab es natürlich auch den Krankheitszauber. Er gehörte neben dem Wetterzauber und Milchzauber zu den
häufigsten Erscheinungsformen des Malefiziums. In fast allen Gerichtspro-
tokollen ist vom Anhexen irgendwelcher Krankheiten die Rede, und die
Frage danach war auch in den Interrogatorien eingebaut. Verhext werden
konnten auf diese Art und Weise Menschen, aber auch Vieh und sogar
Pflanzen. Das „Leben abbeten" war die einfachste Form des Krankheits-
zaubers, die ziemlich lange gebräuchlich war. Noch im Jahre 1736 wurde
Maria Schmidin, eine Untertanin der Freiherrschaft Hollenburg, von einem
Bauern, der erkrankt war, deswegen verklagt. Ihre Strafe fiel allerdings
glimpflich aus: Sie mußte lediglich mit einem Stück Holz im Munde eine
Stunde lange vor der Kirche stehen. Schärfer wurde der Tötungszauber geahndet, der fast durchwegs die Hinrichtung der Verdächtigen zur Folge
hatte. Der alte heidnische Tötungszauber, so wie er auch noch heute in la-
teinamerikanischen Ländern, etwa in Brasilien, aber auch im Voodoo-Zauber geübt wird, bestand meist darin, daß eine kleine Puppe aus Lehm oder
Wachs, die nach Möglichkeit jenem Menschen nachgebildet war, den es zu
schädigen galt, mit Nadeln durchbohrt und unter Zaubersprüchen vergraben wurde. So wie in dem bereits erwähnten Zaubereiprozeß im kärntnerischen Lavanttal gegen die drei Bürgersfrauen Christina Trünkhlin, Barbara
Öslin und die Wolfin, die auf diese Art und Weise einen zauberischen
Mordanschlag gegen den Schloßbesitzer Wolfgang Poyner verübten, weil
er sich unrechtmäßig das Gut eines Bürgers angeeignet hatte.

Ein uraltes Betätigungsfeld der Hexen war auch der Liebeszauber. Er hat
durch die sogenannte „impotentia ex maleficio", die Impotenz durch Zauberei, die als gesetzlich anerkannter Scheidungsgrund galt, eine besondere
Bedeutung erlangt. Schon der Bischof und Kirchenrechtler Hostiensis
(1200—1270) bestätigt diese Auffassung in seiner „Summa super tituli de-
cretalium", einer der wichtigsten juristischen Schriften des Mittelalters, und
auch später wurde sie vielfach erörtert und durchdiskutiert. Ein wegen Malefizium geschiedener Mann durfte — im Gegensatz zu jenem, bei dem wegen natürlicher Impotenz die Ehe aufgelöst wurde — jederzeit wieder hei-
raten. Weshalb die angebliche Unfruchtbarkeit durch Liebeszauber zu ei-

nem bequemen Mittel gewoden war, lästige oder alt gewordene Gattinnen los zu werden, um eine neue Geliebte zu ehelichen. Wie bereits ausgeführt war der Liebeszauber bei der Rechtlosigkeit der Frau und ihrer völligen Abhängigkeit vom Mann ein häufig geübtes Mittel, um sich seine Gunst zu sichern oder auch Nebenbuhlerinnen auszustechen. Schon der Poet Hans Vintler beschreibt in seinen „Pluemen der Tugent", wie dies zu geschehen pflegte. Indem zum Beispiel ein Frosch in einen Ameisenhaufen gesteckt wird, bis das Fleisch völlig abgenagt ist — worauf jeder Mensch, dessen bloße Haut von dem Knochen berührt wird, in glühender Liebe entbrennen muß. Oder aber indem ein Haar oder ein Kleidungsstück von sich, vermischt mit den üblichen Zaubermitteln, unter die Schwelle oder das Bett des Geliebten gelegt wurde. Hingegen das sogenannte Knüpfen die gegenteilige Wirkung, nämlich Unfruchtbarkeit und Impotenz zur Folge haben konnte. Dabei wurden verschiedene Dinge wie Bänder, Fäden, Stricke, Riemen oder auch Birkenreiser zusammengeknüpft und dem Menschen, den es zu schädigen galt, entweder unter das Bettstroh, in das Kissen, unter die Schwelle oder sonstwo hin gelegt. Der Betroffene war dann ein „Geknüpfter", also ein durch Knüpfungszauber krank gewordener Mensch, der nur dann geheilt werden konnte, wenn der Knoten gefunden und aufgelöst wurde. Eine andere Knüpfungsart bestand im Bilden von Federkränzen, die ebenfalls in die Bettpolster gesteckt werden mußten, um die Zeugungsfähigkeit zu verhindern. Das zauberische Knüpfen und Weben der Hexen, vor dem so berühmte und gelehrte Leute wie Jean Bodin und De Lancre eine panische Angst hatten, wird in seinem Ursprung vielfach auf die germanischen Nornen und Schicksalsfrauen zurückgeführt, die dem Sterblichen sein Lebensgeschick webten.

Liebeszauber trieben natürlich vor allem junge Hexen, so wie etwa Katharina Henot, die Tochter eines kaiserlichen Postmeisters zu Köln, die am 19. Mai 1627 als unbußfertige Sünderin lebendig verbrannt wurde, nachdem sie zuvor dreimal alle Grade der Folter durchlitten hatte. Zwei Geistliche, die das junge Weib offenbar begehrenswert fanden, hatten ihr vorgeworfen, in dieser Hinsicht behext worden zu sein. Außerdem wurde sie noch einer Raupenplage beschuldigt, des Krankheits- und des Tötungszaubers.[72]

Auch in Kärnten wurde 1644 in einem Prozeß im Landgericht Weissenegg eine Margaretha Plassnitzer nach schauervollen Marterungen mit dem Schwert gerichtet und anschließend verbrannt, weil sie angeblich Liebeszauber getrieben hatte. Und zwar war sie von einem Rewald geklagt worden, der gegen die Heirat seines Sohnes mit der Plassnitzer gewesen war, weshalb sie diesen natürlich mit einer Rübe verhext hatte.[73]

Ein wichtiges Attribut des Hexenzaubers war auch die Hexensalbe. Sie konnte aus den Säften von giftigen Nachtschattengewächsen wie Bilsenkraut, Tollkirsche und Stechapfel hergestellt werden, die mit öligen und fettigen Substanzen vermischt waren. Aber auch der giftige Schierling, narkotische Mohnpflanzen und Wolfsmilcharten wurden zu ihrer Herstellung verwendet. Daneben noch andere, harmlose Kräuter, denen eine gewisse Zauberkraft zugeschrieben wurde wie Sellerie oder Pferdebohnen. Außerdem ist immer wieder vom Fett toter Kinder die Rede, das natürlich als besonders wirksam galt. Und nachdem in der gesamten zaubergläubigen Medizin des Mittelalters und auch noch in der Neuzeit Leichenteile, Blut, Harn und dergleichen zu Heilzwecken verwendet wurden, und sogar Paracelsus an die Heilkraft der Menschensubstanz glaubte, ist es durchaus möglich, daß tatsächlich Kinderfett der Salbe beigemischt war. Auch Ruß soll ein Bestandteil gewesen sein, wie etwa Giambattista della Porta und auch Cardanus erwähnen. In der modernen Hexenforschung wird vielfach die Ansicht vertreten, daß es bei einer Berührung dieser, der Salbe beigemengten giftigen Substanzen mit der Haut zu einer Beeinflussung des Nervensystems kommt, was halluzinatorische Erlebnisse zur Folge haben kann. In den Hexenprotokollen ist auch immer wieder davon die Rede, daß sich die Hexen damit vornehmlich die Stirn, Schläfen, Achselhöhlen, Fußsohlen und die Genitalgegend eingerieben haben, bevor sie auf den Sabbat flogen. Auch Fluggeräte wie Besenstiele und dergleichen sollen damit eingeschmiert worden sein. Wobei gerade dem Reiben der Salbe in der Genitalgegend eine besondere Wirkung zugeschrieben wird. Schon in alten Berichten wird die Vermutung ausgesprochen, daß die Sabbatflüge häufig Halluzinationen gewesen sind. Der Arzt und Bekämpfer der Hexenverfolgungen Johannes Wierus oder Weyer (1515—1588) erwähnt in seinem Werk „De Praestigiis Daemonum", Cardano habe von einer Salbe berichtet, *„welche soll der krafft und wirckung seyn, daß man durch sie wunderbarliche ding ersehen mag . . ."* Und der italienische Dominikaner Bartolomeo de Spina (1475—1546) berichtet in seinem „Tractatus de strigibus et lamiis" von sonderbaren Vorfällen über betäubt auf dem Boden liegenden Frauen, so etwa die Magd eines Arztes in Padua: *„Dieselbe habe in der Kammer nackt, ohne Empfindung und wie tot auf der Erde gelegen und sei durch nichts zu erwecken gewesen. Als er sie aber am nächsten Morgen, nachdem sie wieder zur Besinnung gekommen war, gefragt hätte, was denn diese Nacht vorgefallen sei, habe sie gestanden: sie sei auf der Fahrt gewesen."*

Oder, in einem anderen Bericht: Ein Notar sei am *„Morgen des heiligen Karfreitags, als er seine Frau nicht im Hause fand, in den Schweinestall"* gekommen und *„fand sie dort nackt, mit entblößter Scham, empfindungslos und voll Schweinekot in einem Winkel liegend. Da er sich nun durch den Augenschein von dem überzeugte, was er früher nicht glauben wollte (daß seine Frau eine nachtfahrende Hexe sei) ergriff er sein Schwert und wollte sie töten. Nach kurzer Zeit kam sie zu sich und fiel . . . ihrem Mann zu Füßen, bat ihn um Verzeihung und gestand, daß sie diese Nacht auf der Fahrt gewesen sei . . . "* [74]

Wahrscheinlich — so wird vermutet — haben sich diese Frauen entkleidet, um die Hexensalbe besser auf die nackte Haut auftragen zu können, worauf sie unter der Drogeneinwirkung besinnungslos geworden sind.

Die halluzinatorische Wirkung einer derartigen Salbe bezeugen auch Versuche der jüngeren Vergangenheit. So etwa unternahm Siegbert Ferckel in den fünfziger Jahren unseres Jahrhunderts einen Selbstversuch, indem er sich die Salbe nach überliefertem Rezept auf die Brust schmierte. Daraufhin wurde sein Herzschlag wie rasend, die Pupillen vergrößerten sich, es trat Schwindelgefühl auf und er konnte die Glieder nicht mehr bewegen. *„Aus dem Dunkel schwebten mir Gesichter zu, erst verschwommen, um dann Gestalt anzunehmen . . . ich schwebte mit großer Geschwindigkeit aufwärts. Es wurde hell und durch einen rosa Schleier erkannte ich verschwommen, daß ich über der Stadt schwebte. Die Gestalten, die mich schon im Zimmer bedrückt hatten, begleiteten mich auf diesem Flug durch die Wolken. Immer mehr kamen hinzu und fingen an, um mich herum Reigen zu tanzen.* "[75]

Auch der bekannte Volkskundler Will Erich Peuckert, Professor der Universität Göttingen, machte um 1960 zusammen mit einem befreundeten Rechtsanwalt einen ähnlichen Versuch. Das Rezept dazu entnahm er der „Magia naturalis" des Gelehrten Giambattista della Porta aus dem Jahre 1568, das dieser bereits am eigenen Leib erprobt hatte. Peuckert berichtet von einem rauschähnlichen Schlaf und wilden Träumen, in denen er das Flugerlebnis ebenso wie orgiastische Feste mit „grotesken sinnlichen Ausschweifungen" besonders hervorhob.

Daß derartige Wirkungen hier allerdings individuell verschieden ausfallen, bewies ein weiterer Versuch einiger Redakteure der niederländischen Zeitschrift „Televisier", die auf diese Weise die Selbstversuche Peuckerts prüfen wollten. Abgesehen von einer unbequemen Nacht konnten sie jedoch nichts Spektakuläres berichten. Wobei sicherlich eines zu berücksichtigen ist: daß eine gewisse Disposition, die sich aus der Befassung mit dem Gegenstand ergibt, vorhanden sein muß. Auch Träume kommen nicht von ungefähr. Den Frauen jener Zeit waren Sabbat, das Zauber- und Dämonenwesen nicht nur vertraut, es gehörte zu ihrem Alltag. Und auch Peuckert hat sich eingehend damit beschäftigt, was sicherlich das Traumleben wesentlich beeinflußt hat.

In der durch Rauschmittel erzeugten Sabbatvorstellung vom orgiastischen, sinnlichen und ausschweifenden Fest, auf dem gut gegessen und getrunken und ausgiebig geliebt wurde, zeigen sich die Reste alter Fruchtbarkeitskulte in einer letzten, armseligen Verfallsphase. Auf dem Sabbat vertauschte die Hexe ihr elendes, mehrfach ausgebeutetes und entrechtetes Dasein mit einem Augenblick der Lust, Freude und Ausgelassenheit. Hier konnte sie eine verdrängte Sinnlichkeit ausleben, die Grenzen der Realität überschreiten, nackt, und mit gelöstem Hexenhaar. Und während ihr Körper in den armen Hütten lag, starr, mit erweiterten Pupillen, träumte sich ihre Seele in die große Ekstase von Freiheit und Lust. Doch selbst diese kläglichen Ausflüge in ein besseres Dasein mußte sie mit Verfolgung und Tod bezahlen.

Die Verfolgung

Der Höhepunkt der Hexenprozesse in Deutschland, aber auch in anderen Ländern fällt in das Ende des 16. und in das gesamte 17. Jahrhundert. Wobei die Verfolgung nicht nur die niederen Schichten, sondern allmählich auch Leute von Stand erfaßte.

Es gab ein grauenvolles Massensterben im geistlichen Fürstentum Fulda vor allem in den Jahren 1603 bis 1605 unter dem „Malefizmeister" Balthasar Roß, in denen nach seinen eigenen Angaben 205 Menschen hingerichtet wurden. Gerhard Schormann allerdings vermutet in seinem Buch „Hexenprozesse in Deutschland", daß die Zahl wesentlich höher lag. In Braunschweig-Wolfenbüttel wurden unter Herzog Heinrich Julius (1589—1613) oft an einem Tag zehn bis zwölf Hexen verbrannt.[76] Während der schrecklichen Verfolgungen in und um Trier in den Jahren 1587 bis 1593 blieben in zwei Ortschaften nur zwei Frauen am Leben.[77] Unter den Opfern war auch der kurfürstliche Rat und Bürgermeister Dr. Flade, der lange Zeit die Stadt Trier vor Hexenprozessen bewahrt hatte. Am schlimmsten wüteten die Verfolgungen in Würzburg und Bamberg. Im Fürstentum Würzburg sollen allein vom Juni 1616 bis zum Juni 1617 dreihundert Menschen dem Wahn zum Opfer gefallen sein, für Bamberg wird die Zahl von 102 Hinrichtungen für das Jahr 1617 genannt. Noch schlimmer kam es in den Jahren zwischen 1625 und 1631, in denen in Würzburg gar 900 Menschen verbrannt wurden und in Bamberg über 300, so daß sogar der kaiserliche Hof beunruhigt war und Ferdinand II. eingreifen mußte. In Kurmainz lag die Konzentration der Verfolgungen in den Jahren 1611 bis 1613, und 1625 bis 1629, in welchem Zeitraum die Zahl der Hinrichtungen wohl über tausend betrug.[78] In Straßburg wurden zwischen 1615 und 1635 fünftausend Menschen als Hexen getötet. Im fränkischen Miltenberg, einem Städtchen von 3.000 Einwohnern, mußten 1629 zweihundertvierunddreißig Menschen ihr Leben lassen, und in dem etwa gleich großen sächsischen Brugstädt im selben Jahr siebenundsiebzig.[79] Eine im Jahr 1659 in Bamberg mit bischöflicher Genehmigung gedruckte Broschüre meldet, der Bischof habe 600 Hexen verbrennen lassen, darunter nicht nur gemeine Leute, sondern auch Doktoren, Bürgermeister und Geistliche, weiters viele vornehme Ratspersonen, *„die mit dem Bischof an Tafel gesessen sind"*. Auch Mädchen von 7 bis 10 Jahren wurden getötet. Unter den Hingerichteten befand sich der 55jährige Bürgermeister Johannes Junius, dessen Gattin bereits zuvor verbrannt worden war, bis ihn 1628 dasselbe Schicksal traf. Sein Brief, den er mit von der Folter zerfetzten Händen an seine Tochter schrieb, der aber abgefangen und den Akten beigegeben wurde, ist eines der erschütterndsten Dokumente aus der Zeit der Hexenverfolgung. Er beteuert darin immer wieder seine Unschuld, beschreibt die Folterqualen und die erpreßten Denunziationen und daß ihm bis zuletzt ein Priester verweigert wurde. Selbst der Henker, so schreibt er, habe zu ihm gesagt: *„Herr, ich bit euch umb gotteswillen, bekennt etwas, es sey gleich war oder nit. Erdenket etwas, dan ihr könnt die marter nicht aussteben, die man euch anthut, und wann ir sie gleich alle ausstehet, so kompt ir doch nicht hinaus, wan Ir gleich ein graff wertet, sondern fangt ein marter wider auf die andre an, bis ir saget, ir seyt ein Truttner.* "[80]

In Nördlingen wurden während der großen Verfolgungen von 1590 bis 1594 zahlreiche Frauen zu Asche verbrannt. Darunter Rebekka Lemp, Gattin eines Zahlmeisters, die während der Abwesenheit ihres Mannes verhaftet wurde, weil sie von gefolterten Angeklagten denunziert worden war. Der Briefwechsel zwischen ihr und ihren Angehörigen ist uns erhalten geblieben, und weil Zeugnisse von unmittelbar Betroffenen sehr selten sind, sei er auszugsweise hier wiedergegeben:

„Unseren freundlichen kindlichen Gruß", schrieben die sechs Kinder kurz nach ihrer Verhaftung, *„herzliebe Mutter! Wir lassen Dich grüßen, daß wir wohlauf sind. So hast Du uns auch entboten, daß Du wohlauf seiest, und wir vermeinen, daß Vater wird heute, will's Gott, auch kommen. So wollen wir Dich's wissen lassen, wann er kommt, der allmächtige Gott verleihe Dir seine Gnade und heiligen Geist, daß Du, Gott woll' wieder mit Freuden und gesundem Leib zu uns kommst. Gott woll', Amen. — Herzliebe Mutter, laß Dir Beer kaufen und laß Dir Salfan backen und Schnittlein, und laß Dir kleine Fischlein holen und laß Dir ein Hühnlein holen bei uns, und wenn Du Geld darfst, so laß holen; hast's in Deinem Säckel wohl. Gehab Dich wohl, herzliebe Mutter. Du darfst nicht sorgen um das Haushalten, bis Du wieder zu uns kommst . . . "*

Rebekka Lemp ihrerseits betonte in einem aus dem Kerker geschriebenen Brief ihrem Mann ihre Unschuld:

„Mein herzlieber Schatz, bist ohne Sorge. Wenn auch ihrer Tausend auf mich bekenneten, so bin ich doch unschuldig; oder es kommen alle Teufel zerreißen mich. Und ob man mich sollt' strenglich fragen, so könnt ich nichts bekennen, wenn man mich auch zu tausend Stücke zerriß. Vater, wenn ich die Sach' schuldig bin, so laß mich Gott nicht vor sein Angesicht kommen immer und ewig. — Wenn ich in der Noth muß stecken bleiben, so ist kein Gott im Himmel. Verbirg doch Dein Antlitz nicht vor mir; Du hörst ja meine Unschuld, um Gottes Willen, laß mich nicht in der schwülen Noth stecken. "

Dann wurde der Prozeß gegen die arme Frau eingeleitet. Zweimal überstand sie die Tortur, ohne ein Geständnis abzulegen. Bei der dritten, verschärften Folter bekannte sie sich zu geringen Anschuldigungen, ebenso bei der vierten. Verzweifelt schrieb sie daraufhin an ihren Mann:

„Mein auserwählter Schatz, soll ich mich so unschuldig von Dir scheiden müssen, das sei Gott immer und ewig geklagt! Man nöthigt Eines, es muß Eins ausreden, man hat mich so gemartert, ich bin aber so unschuldig als Gott im Himmel. Wenn ich wenigstens ein Pünktlein um solche Sache wüßte, so woll-

te ich, daß mir Gott den Himmel versagte. O Du herzlieber Schatz, wie ge-
schieht meinem Herzen! O weh, o weh, meine armen Waisen! Vater, schick
mir Etwas, das ich sterb; ich muß sonst an der Marter verzagen. Kommst heut
nicht, so thue es morgen. Schreib mir von Stund an. O Schatz, Deiner un-
schuldigen Rebekka! Man nimmt mich Dir mit Gewalt! Wie kann's doch
Gott leiden! Wenn ich ein Unhold bin sei mir Gott nicht gnädig. O wie ge-
schieht mir so unrecht. Warum will mich doch Gott nicht hören? Schick mir
Etwas, ich möchte sonst erst meine Seele beschweren . . . "

Ihr Mann richtete darauf ein eindringliches und beschwörendes Schreiben an den Rat:

„ . . . Ich hoffe und glaube und halte es für gewiß, daß mein Weib Alles, des-
sen man sie bezüchtigt, nicht einmal Zeit ihres Lebens in Gedanken gehabt,
viel weniger denn, daß sie solches mit Werk und in der That sollte jemals auch
nur im Geringsten gethan haben. Denn ich bezeuge es mit meinem Gewissen
und vielen guten ehrlichen Leuten, daß mein Weib zu allen Zeiten gottes-
fürchtig, stets züchtig, ehrbar, häuslich und fromm, dem Bösen aber jederzeit
abhold und feind gewesen. Ihre lieben Kinder hat sie gleichfalls — neben und
sammt mir treulich und fleißig nicht allein in ihrem Katechismo, sondern
auch in der heil. Bibel, insonderheit aber in den lieben Psalmen Davids unter-
richtet und unterwiesen . . . Überdies kann aber auch Niemand — Niemand
sage ich — mit Grund der Wahrheit darthun und erweisen, daß sie irgendein-
mal einem Menschen auch nur den kleinsten Schaden am Leib oder sonst hätte
zugefügt oder man deßhalb eine Vermuthung auf sie gehabt hätte. "

Aber es half alles nichts: Die Frau wurde noch furchtbarer gefoltert, bis
man das gewünschte Geständnis hatte. Dann wurde sie mit zwei anderen
am 9. September 1590 verbrannt.[81]

Ebenfalls entsetzlich gefoltert wurde in diesen Nördlinger Prozessen
Maria Holl, gebürtig aus Ulm und Frau des Gastwirts zur Krone. Sie soll
nach glaubhaften Berichten die Tortur, die 56 Mal *„mit ausgesuchtester*
Grausamkeit" angewendet wurde, ohne Geständnis ausgehalten haben,
worauf sie nach einem auf Initiative ihrer Verwandten durch die Ulmer Ab-
geordneten verfaßten Bittschreiben, in dem ihr das beste Zeugnis ausgestellt wurde, entlassen werden mußte. Allerdings unter der Bedingung, daß
die zum Krüppel gemachte Frau künftig unter immerwährendem Hausarrest stehe. Später versuchten sie und ihre Verwandten noch einmal, bei der
Regensburger Gesandtschaft eine ehrenvolle Freisprechung zu erlangen
und den Hausarrest aufzuheben. Sie scheinen damit jedoch keinen Erfolg
gehabt zu haben, da die Akten wohl die Ulmer „Fürschrift" enthalten, aber
über eine diesbezügliche Entschließung des Rats nichts mitteilen. Es ist auffallend, daß der Höhepunkt der Hexenverfolgungen fast überall in die Zeit
der Gegenreformation fällt. Trotzdem jedoch zeichnete sich auch der Protestantismus keinesfalls durch geringeren Eifer aus, was ja im Grunde naheliegend gewesen wäre. Denn während sich die Katholiken auf die mittelalterliche Tradition der Kirchenväter und Scholastiker beriefen, lehnten die

Protestanten alles ab, was der Papst den Lehren der Bibel zugefügt hatte, wozu auch die gesamte dämonologische Wissenschaft der Inquisition gehörte. Daß dies ohne Einfluß auf die Praxis blieb, ist vor allem Luther zuzuschreiben, der ja immer in einem besonderen Nahverhältnis zum Teufel stand und außerdem verkündet hatte, Hexen sollten wegen ihrer Teufelsbuhlschaft auch dann verbrannt werden, wenn sie keinen Schaden anrichten.

Neben Deutschland wüteten die Verfolgungen vor allem in Frankreich, wo zwischen 1500 und 1670 kaum ein Jahr ohne ausgedehnte Hexenhinrichtungen vergangen ist. Aber auch in England, wo erst 1479 die erste Exekution wegen Hexerei stattfand, wurden „etwa 30.000 Menschen zu Tode gebracht".[82] Für Schottland wird für die Zeit zwischen 1590 und 1680 die Zahl der Hingerichteten mit 4.400 errechnet. Im italienischen Como wurden allein im Jahr 1523 tausend Menschen als Hexen verbrannt. Grausig wütete die Inquisition auch in Spanien, wo die Hexenverfolgung nicht an die weltlichen Instanzen übergeben wurde und zwischen 1481 und 1746 34.644 Menschen bei lebendigem Leibe und 18.043 nach vorheriger Hinrichtung verbrannt worden sein sollen.[83]

Um die Verfolgung möglichst effektiv voranzutreiben, wurden für Hexenangelegenheiten eigene Richter bestellt. Es waren dies die berühmt-berüchtigten Hexenkommissare, die zum Teil sehr gelehrt waren und auch Bücher verfaßten. So etwa neben dem bereits erwähnten Bodin, der in Frankreich, und Carpzov, der vornehmlich in Sachsen tätig war, der grausame Hexenrichter Pierre de Lancre, der sich vor allem durch blutige Verfolgungen in Labourd im Baskenland auszeichnete. Der gelehrte Sohn eines reichen Weingutbesitzers in Bordeaux, der in Italien und Böhmen studiert hatte, schließlich zum Parlamentsrat in Bordeaux aufstieg und vom König geadelt wurde, vertrat die Ansicht, daß alle 30.000 Einwohner des Ländchens in der äußersten Südwestecke Frankreichs mit dem Satan verbündet waren. Er brachte demnach auch, eigenen Angaben zufolge, gleich zu Beginn dieser schaurigen Verfolgung 600 Menschen auf den Scheiterhaufen. Bücher über das Zauber- und Hexengesindel schrieb auch der Rechtsgelehrte Henry Boguet, der bei großen, von ihm eingeleiteten Hexenjagden in der Franche Comté sogar Kinder verbrennen ließ. Als der gelehrteste und gewandteste unter den Hexenverfolgern wird allerdings Martin Delrio, Sohn spanischer Eltern bezeichnet, zuletzt Vizekanzler und Generalstaatsanwalt von Brabant, der 1593 seine „Untersuchungen über Zauberei" verfaßte, die ein bemerkenswertes intellektuelles Niveau beweisen und insgesamt 20 Auflagen erlebten. Auch er bezeichnet es als Todsünde, eine geständige Hexe nicht zum Tode zu verurteilen. Wer gegen das Todesurteil stimme, verrate Mitschuld, und wer versichere, daß Hexenkünste auf Täuschung oder Einbildung beruhen, sei selbst als Hexer verdächtig. Auch der Suffraganbischof Peter Binsfeld (1540—1603), der im trierischen Land in sechs Jahren 306 Menschen, darunter auch den Bürgermeister Flade verbrennen ließ, war ein hochgelehrter Mann. Er schrieb den „Tractat vom Bekenntnis der Zauberer und Hexer", der in mehreren lateinischen und einer deutschen Ausgabe erschien. Worauf Binsfeld über hundert Jahre lang für die Hexenjäger aus allen europäischen Ländern als Sachverständiger in Hexenfragen galt.

In England war es der gefürchtete Matthew Hopkins, der im Jahre 1645 hoch zu Roß und begleitet von berittenen Knechten durch die östlichen Grafschaften zog. In jedem Ort wurden ihm zahlreiche Hexen zugeführt, die er am Marktplatz vor aller Augen der Nadelprobe unterzog. Da in England die Folter verboten war, ersann er andere Mittel: Durch Hunger, Schlafentzug und stundenlanges Verharren in verrenkten Stellungen erzielte er ebenso die gewünschten Geständnisse. Und weil ihm für jede hingerichtete Hexe 20 Schillinge zustanden, war ihm schon aus diesem Grunde an möglichst vielen Schuldbekenntnissen gelegen.

Die finanziellen Möglichkeiten, die sich einem Hexenrichter boten, bildeten ja überhaupt ein bedeutendes Moment. Denn da so mancher Hexenjäger einzig durch die Verfolgung von Hexen sein Einkommen bezog, war er natürlich an einer möglichst großen Ausweitung der Prozesse interessiert. Ein gewisser Boblig, Hexenrichter von Schleswig und Mähren, erhielt von der Gerichtsherrschaft, der Gräfin Galle, Kost und bequeme Wohnung für sich und seinen Diener, außerdem einen Reichstaler täglich und für Kommissionsreisen nicht unbedeutende Zehr- und Wartegelder. Für den Prozeß an zwei Frauen, der Elisabeth Brabenetzki und der Katharina Wodak, erhielt er bis zu ihrer Hinrichtung täglich drei Gulden, das machte insgesamt die enorme Summe von 246 Gulden aus. Auch der Scharfrichter von Dieburg (in der hessischen Provinz Starkenburg) verrechnete sich für die Jahre 1628 und 1629 insgesamt 253 Gulden und dreizehn einhalb Batzen.[84] Dazu kamen häufig noch Konfiskationen des Vermögens der Hingerichteten, die allerdings zu manchen Zeiten erlaubt, zu anderen wieder verboten waren. Auch die Denunzianten, Häscher und Scharfrichter wurden belohnt. Im Salzburger Zauberer-Jacklprozeß etwa verraten die Protokolle, daß sowohl der Gerichtsdiener für die Aufbringung von acht verdächtigen Personen als auch der Eisenamtmann, ja sogar dessen dreizehnjähriger Sohn für die Verhaftung von vier Zauberbuben zwei, beziehungsweise vier und acht Reichstaler erhielten. Die Prozesse selbst, die erhebliche Kosten verursachten, mußten von den Angeklagten oder deren Familien gezahlt werden, waren sie mittellos, häufig durch die Gemeinde; manchmal wurden sie auch durch Güterkonfiskationen beglichen.

Grausame und sadistische Hexenjäger hat es auch in den österreichischen Alpenländern gegeben. In der Südsteiermark, wo es zu ausgedehnten Hexenverfolgungen gekommen ist, war seit 1580 der aus Sachsen stammende Protestant Jakob Bithner als Landprofos tätig. Er hat die steirischen Hexenverfolgungen in ihrem großen Ausmaß eingeleitet, vor allem in der Gegend um Marburg wurden auf seine Veranlassung zahlreiche Frauen hingerichtet, darunter die unter schaudervollen Umständen vollzogene Lebendverbrennung der Barbara Striglin in Arnfels am 30. Mai 1580. Nach seinen eigenen Angaben habe man sie eine Stunde lebend in den Flammen gesehen, wobei sie zwei Mal — als Vogel und Kröte — versuchte, zu entfliehen. Bithner hat auch besonders die Sekte der sogenannten Springer oder Werfer verfolgt, die sich im slowenischen Bauernvolk ausgebreitet hatte. Byloff berichtet, daß sie ihre Gottesdienste in den späten Abendstunden zur Zeit des Neumondes auf Bergen, in Wäldern oder in Tälern bei brennenden Lichtern feierten, die mit ekstatischen Tänzen und rauschhaften Visionen endeten. Die Sabbatvorstellungen in der Südsteiermark wurden also sicherlich von diesen Kulthandlungen beeinflußt.

Gefürchtet war in der Untersteiermark auch Johann Wendtseisen, der zusammen mit seinem Kollegen und Widerpart Wolf Lämpertitsch eine entsetzliche Massenverfolgung von Zauberern und Hexen im Winkel zwischen Mur und Drau zu verantworten hat. Wendtseisen, der sich auch durch Bestechungsgelder bereicherte, geriet wegen seiner grausamen Methoden sogar mit der Geistlichkeit in Konflikt und wurde schließlich von den Bürgern der Stadt Radkersburg, deren Stadtschreiber er war, hinausgejagt. Die innerösterreichische Regierung in Graz, bei der er wegen seiner erfolgreichen Hexenjagden größtes Ansehen genoß, hat ihn allerdings bald darauf wieder auf seinen Posten gesetzt und zwölf Radkersburger Ratsbürger zu einem hochoffiziellen Besuch nach Graz beordert, wo sie eine Rüge entgegennehmen mußten.

Trotzdem nehmen sich die Verfolgungen in den österreichischen Alpenländern im Vergleich zu jenen in Deutschland beinahe bescheiden aus. Immerhin jedoch hat auch hier der große Zauberer-Jacklprozeß in Salzburg innerhalb von sechs Jahren (1675—1681) an die 140 Todesopfer gekostet, darunter sehr viele Kinder und Jugendliche. Er begann mit der Verbrennung der „Schinderbärbel", der Mutter des legendären, berühmt berüchtigten Zauberer-Jackl, der sogar in die Sage eingegangen ist, und endete mit der Hinrichtung des Landstreichers Hans Reithueber und seines „Schleppsakkes" Barbara Schwarzin. Anton Koller, wie der Zauberer-Jackl mit bürgerlichem Namen hieß, wurde selbst nie gefangen. Er soll eine riesige Organisation von fahrendem Bettelvolk gegründet haben, das raubend und plündernd durch die Gegend zog. Um seine Gefolgschaft an sich zu ketten, habe er sich einer Art Blutsbrüderschaft bedient, wobei seine Anhänger „gemärkt" wurden und sich mit blutgefüllter Feder in ein Buch eintragen mußten. Ausgedehnte Hexenverfolgungen wurden auch in Kärnten, Tirol, Oberösterreich und natürlich in der Steiermark durchgeführt. In Wien hat es demgegenüber wenige Prozesse gegeben. Im Jahre 1582 fand hier ein grausamer Prozeß gegen die 70jährige Elsa Plainacherin statt, die von ihrer siebzehnjährigen Enkelin Anna Schlutterbauer, die wahrscheinlich an epileptischen Anfällen litt und daher als besessen galt, der Teufelsbuhlschaft und zahlreicher schauderhafter Taten wie Kindermord und Aufessen der

Leichenteile beschuldigt wurde. Nach schrecklichen Folterungen, in deren Verlauf die Greisin vorerst mit zwei und dann mit drei Steingewichten auf der Leiter gestreckt wurde, und nach eifrigen Exorzismen, die dem Mädchen exakt 12.652 lebendige Teufel aus dem Leib getrieben haben sollen, wurde die Alte auf zwei Brettern, die mit Stricken an einen Pferdeschwanz gebunden waren, zur Richtstätte auf der Gänseweide geschleift und dort lebendig verbrannt. Dieser Prozeß, der in einer Dissertation sehr ausführlich behandelt worden ist, zeigt in erschütternder Weise, wie aus ganz harmlosen und jederzeit erklärbaren Dingen sich in den Gehirnen der Richter ein monströser Teufelsspuk zusammenbraute, der eine sicherlich ordentliche alte Frau, die sich nach dem Tod ihrer Tochter eines schwierigen und schwer erziehbaren Enkelkindes angenommen hat, auf grauenhafte Art und Weise das Leben kostete. Er zeigt die ganze Palette von hysterischen Teufelshalluzinationen, die sich in einem halben Kind, das sich plötzlich im Mittelpunkt eines intensiven Interesses hochwürdiger Patres weiß, gebildet haben, und die durch immer neue Sensationen bereichert wurden, um im Zentrum dieses Interesses zu bleiben.

Es ist aus heutiger Sicht ungemein schwierig, sich eine Vorstellung der Lebensverhältnisse und Lebensbedingungen zu machen, denen diese Frauen ausgesetzt waren und die zu den Verdächtigungen führten. Das vor allem deshalb, weil die Hexen selbst kaum Zeugnisse hinterlassen haben. Sie sprechen zu uns lediglich durch die Protokolle ihrer Richter, und nur von daher ist ihre Situation auch aufzuschlüsseln. Sicherlich war es zumeist die alte, arme, vielleicht ein wenig absonderliche Frau, gegen die sich die Beschuldigungen richteten. Und oft waren es auch eigene Schuldgefühle, die dazu Anlaß gaben. Wenn zum Beispiel eine jener Frauen, die damals zahlreich von Haus zu Haus zogen, um einen Krug Milch oder eine Suppe zu erbitten, abgewiesen wurde und sich kurz darauf ein Unglück ereignete, wußte man meist schnell, wem es zu verdanken war. Vor allem dann, wenn die Bettlerin vielleicht irgendwelche Verwünschungen oder Drohungen ausgestoßen hatte, an die sich der Betroffene beim nächsten Ungemach sicherlich erinnerte. Zahllose Hexenprozesse sind auf diese Art und Weise entstanden, die wieder weitere Verfolgungen nach sich zogen. Oft auch wurde die Rache einer Frau gefürchtet, weil der Ortskonstabler, wie dies vor allem während des Dreißigjährigen Krieges üblich war, ihre Söhne gewaltsam zum Militärdienst zwang, oder der Armenaufseher ihre Kinder zum Zwangsdienst verpflichtete. Auch wenn eine Frau bei gemeinsamen Festen wie Taufe, Begräbnis, Erntedankfest und ähnlichem übergangen wurde, konnte dies böse Folgen haben. Wobei es sicherlich häufig vorkam, daß sich die sonderbare Alte, die vielleicht schon auf Grund ihres Aussehens als Hexe verschrien war, der allgemeinen Furcht vor ihr als letztes Mittel bediente, um sich Respekt zu verschaffen.

Obwohl jedoch überwiegend Angehörige der niederen Schichten, der bäuerlichen Bevölkerung, aus dem Handwerkermilieu und Leute aus dem fahrenden Volk den Scheiterhaufen bestiegen, mehrten sich mit dem An-wachsen der Hexenprozesse jene Fälle, bei denen auchVertreter der höhe-ren, gebildeten Schichten, und zwar beiderlei Geschlechts, betroffen wa-ren. Meist kamen derartige Verdächtigungen von unten, aus dem Volk, und wurden von den Richtern, die es sich mit einflußreichen Personen nicht ver-derben wollten, eher unterdrückt. So wie etwa bei der steinreichen ehemali-gen Villacher Bürgerstochter Anna Neumann von Wasserleonburg, die fünf Ehemänner überlebte, was dem Volk nicht ganz geheuer schien. Als sich jedoch das Gemunkel verstärkte und etliche wegen Hexerei festge-nommene Personen behaupteten, sie seien von der Herrin von Murau (sie hatte die Herrschaft Murau von ihrem zweiten, schwer verschuldeten Mann sowie ihren drei Schwägern aufgekauft) zum Wettermachen ange-stiftet worden, wurden diese so lange gefoltert, bis sie die Angaben wider-riefen. Und auch als der Ratsbürger und Zechmann Mört Schmörkhen-wierfl sie der Zauberei beschuldigte, wurde er durch einen langwierigen Eh-renbeleidigungsprozeß, den die einflußreiche Grundherrin gegen ihn ange-strengt hatte, mundtot gemacht. Schließlich hat sie noch bereits 82jährig den jungen Reichsgrafen Georg Ludwig von Schwarzenberg geheiratet und damit den Aufstieg dieses Geschlechts begründet, ehe sie hochbetagt und in allen Ehren starb.

Auch die schöne Erzsébet aus dem Geschlecht der Báthory, die fünf-zehnjährig den Herrn der Burg Lockenhaus im heutigen südlichen Burgen-land, Franz Nádasdy I., geheiratet hat, kam relativ glimpflich davon. Und das, obwohl sie eine wirkliche, von krankhafter Mordlust erfüllte Hexe ge-wesen ist. Sie hat mehr als hundert Mädchen eigenhändig bestialisch gefol-tert, anschließend getötet und ihre Leichen irgendwo im Burggarten ver-scharrt. Der Schriftsteller Paul Anton Keller, Eigentümer der Burg bis zu seinem Tod 1976, hat die Prozeßprotokolle durchgesehen und deren Inhalt teilweise veröffentlicht. Danach war Erzsébet eine pathologisch veranlagte, hemmungslose Mörderin, die unter Mithilfe einer ergebenen Dienerin und eines zwerghaften Dieners jungen Mädchen glühende Schlüssel und Geld-stücke auf die Handteller drückte, deren Gesicht mit einem heißen Bügelei-sen bearbeitete, sie mit hunderten Stockschlägen quälte, bis Fußsohlen und Handflächen barsten, und ihnen den Mund zunähte, um sie am Schreien zu hindern. Bevor die Opfer getötet wurden, soll sie sogar Fleisch aus deren Leib gerissen, es gebraten und sie anschließend gezwungen haben, es zu es-sen. Als sie schließlich vor Gericht gestellt wurde, hat man wohl ihre Helfer grausam gefoltert und 1611 hingerichtet, sie selbst jedoch lediglich auf ihre Burg Csejthe verbannt.

Insgesamt sind in den österreichischen Alpenländern nach den Untersu-chungen von Fritz Byloff 1700 Menschen als Hexen oder Hexer verfolgt worden. Unter Berücksichtigung der Dunkelziffer wird die Gesamtzahl je-doch auf rund 5000 geschätzt, von denen wohl die meisten hingerichtet wurden. Eine Besonderheit hat Österreich jedoch aufzuweisen: den relativ hohen Anteil an hingerichteten Männern, der auf die zahlreichen Wolfbannerprozesse zurückgeführt wird. (Wolfbanner zwingen den Wolf als böses, reißerisches Tier unter ihren Willen, um den Menschen zu schaden, und sind fast ausschließlich unter den Männern zu finden.) In manchen Bundesländern, wie z. B. in Kärnten, hat der Anteil der verurteilten Männer nahezu jenen der Frauen erreicht. Damit unterscheidet sich Österreich von den übrigen europäischen Ländern, wo der Frauenanteil Maximalwerte von 95 Prozent in bestimmten Juraregionen und 92 Prozent in Essex und Namur sowie Minimalwerte von 58 Prozent im Waadtland und 64 Prozent im schweizerischen Freiburg erreichte.[85]

In diesen schrecklichen Jahrhunderten, in denen gewaltsamer Tod, geplanter Mord und Folter zum Alltag gehörten, hat es auch Kinderprozesse größeren Ausmaßes gegeben. Die schlimmsten fanden in Schweden im Jahre 1669 statt. An die 300 Kinder aus den Kirchspielen Elfdal und Mora in der Landschaft Dalarne wurden damals von einer eigens aus Stockholm entsandten Untersuchungskommission verhört — und das in einem protestantischen Land, das bislang von Verfolgungen weitgehend verschont geblieben war. Die spätere Hexenforschung hat viel herumgerätselt, wie es zu diesem Massenphänomen gekommen ist. Es wurde der in Schweden tief verwurzelte heidnische Glaube an Trolle, Elfen, Zauberweiber und ähnlichen Spuk dafür verantwortlich gemacht, aber auch das Einsickern deutscher Vorstellungen durch schwedische Soldaten und Offiziere, die durch den Dreißigjährigen Krieg damit in Berührung gekommen waren. Eine befriedigende Erklärung gibt es bis heute nicht, und so läßt sich nur feststellen, daß es sich dabei wieder um eines jener irrationalen Phänomene handelt, wie sie für die Hexenverfolgungen symptomatisch sind.

Tatsache bleibt, daß plötzlich zahllose Kinder alle möglichen Frauen beschuldigten, sie auf Geheiß des Teufels durch die Luft zum Sabbat mitgenommen zu haben, bei dessen Schilderung die kindliche Phantasie phantastische Blüten trieb. Blakulla hieß der Ort, und er war kein Berg, sondern eine wunderbare saftige Wiese, wie sie in der Märchenwelt der einfachen Bauernkinder zu finden war. Auch das Fest, das dort stattgefunden haben soll, beschrieben die Kinder entweder aus eigenen Erlebnissen, oder sie hatten die Eindrücke aus der Märchen- und Sagenwelt übernommen. Und der Teufel sah genauso aus, wie ein schwedischer Hochzeiter in Sonntagstracht: Er hatte einen roten Bart und trug einen Hut mit bunten Schnüren, rot und blau gestrickte Strümpfe und lange Kniebänder. Diese naiv-harmlosen Schilderungen der Kinder wucherten ins Monströse, je intensiver sich die Erwachsenenwelt, ja selbst hochgelehrte Kommissare damit befaßten. Fünfzehn bis sechzehn Kinder hatte jede Hexe mit auf das Teufelsfest gebracht. Sie ritt dabei auf einem Ziegenbock oder anderem Tier, und damit alle darauf Platz hatten, steckte sie eine Stange in den Hintern des Bockes.

Manche Kinder fielen bei den Beschreibungen in Ohnmacht oder bekamen Krämpfe, andere erzählten ganz ruhig immer unglaublichere Geschichten, die trotzdem für bare Münze genommen wurden. Rund 70 Frauen hat dieser kindliche Massenwahn das Leben gekostet, fünfzehn Kinder wurden verbrannt, 36 Kinder zwischen neun und zwölf Jahren dazu verurteilt, ein ganzes Jahr hindurch jeden Sonntag vor der Kirche gezüchtigt zu werden, während die 20 jüngsten Kinder unter neun Jahren nur an drei Sonntagen Rutenstreiche erhalten sollten.

Einer Massenpsychose, wie sie nur aus jener, von Hexenwahn und Teufelshalluzinationen geschüttelten Zeit zu verstehen ist, begegnen wir auch im Ursulinerinnenkloster im französischen Loudun, einer kleinen Stadt südlich der Loire, wo die vom Teufel besessenen Nonnen für ungeheures Aufsehen sorgten. Sie fühlten sich von einem Geistlichen namens Urbain Grandier behext, der für seinen lockeren Lebenswandel verschrien war und bis zu sieben Teufel in die Körper der Bedauernswerten hineingezaubert hatte. Natürlich wurden die Nonnen von wollüstigen Erscheinungen gequält, die regelmäßig Grandier zum Inhalt hatten. Die Kunde von den behexten Nonnen ging durch das ganze Land und lockte zahlreiche Neugierige an, die extra angereist kamen, um die gliederverrenkenden und sich entblößenden Nonnen zu besichtigen, aus deren Mund die Dämonen die schauerlichsten und unflätigsten Ausdrücke hervorsprudelten. Erst als die Herzogin von Aiguillon, eine Nichte des Kardinals Richelieu, unter dem Eindruck dieses widerwärtigen Schauspiels bei ihrem Oheim eine Einstellung der Unterstützungsgelder erwirkte, hörte die Besessenheit, gegen die zahlreiche Exorzismen bislang vergebens angekämpft hatten, plötzlich ganz von selbst auf. Urbain Grandier allerdings war schon zuvor nach entsetzlichen Folterungen, die ihm trotzdem kein Geständnis entlocken konnten, bei lebendigem Leib verbrannt worden. Und so ansteckend hatte diese Hysterie gewirkt, daß auch sämtliche Teufelsaustreiber, die der Reihe nach die Dämonen unschädlich machen wollten, dem Wahn verfielen. Der erste Exorzist, der Franziskanerpater Lactance, der den Brandstoß Grandiers mit eigener Hand angezündet hatte, wurde nach kurzer Zeit wahnsinnig und starb innerhalb eines Monats. Darauf übernahm der Kapuzinerpater Tranquille die Exorzismen. Er hatte sich mit einigen seiner Ordensbrüder sogar an den Folterungen Grandiers beteiligt und verlor ebenfalls nach fünf Jahren den Verstand. Auch der Amtsarzt, der das angebliche Teufelsmal bei dem Priester entdeckt hatte, wurde irrsinnig. Der dritte Exorzist, der Jesuitenpater Jean-Joseph Surin, schließlich fühlte sich in kurzer Zeit ebenfalls besessen. Jahrelang rang er während einer schweren Krankheit mit den Dämonen in seinem Innern, bis es ihm endlich gelang, sich von ihnen zu befreien.

Teufelsaustreibungen waren damals an der Tagesordnung. Und besessene Nonnen, die ihr Keuschheitsgelübde durch ausschweifende sexuelle Phantasien zu kompensieren versuchten, gab es massenhaft. Auch die Nonnen von Louvier in der Normandie fühlten sich von den Ereignissen in Loudun angesteckt. In vierzehn der zweiundfünfzig Frauen fuhr der Teufel, er war vom Beichtvater des Klosters, Kaplan Thomas Boullé, hineingezaubert worden. Seit vierzehn Jahren, so berichtet die Nonne Madeleine Bavent, fahre er mit ihnen auf den Sabbat, wo Unzucht getrieben und ausschweifende Feste gefeiert wurden. Auch Boullé wurde lebendig verbrannt.

Gegen Ende des Jahrhunderts schien die Zahl der besessenen Frauen allgemein zuzunehmen. Gleichzeitig jedoch trat eine neue Größe in das allgemeine Geschehen: der Arzt! Er nahm sich der vom Teufel besessenen Hexe an, erklärte sie als unzurechnungsfähig und krank und steckte sie in ein Spital oder Irrenhaus. Damit war allerdings auch ihre Macht gebrochen, war die Gefahr gebannt. Sie war nicht mehr die gefährliche Verbündete der Natur, die mit ihrer unersättlichen Sinnlichkeit die Potenz des Mannes bedrohte, sie verkörperte nicht mehr das Chaos der Naturkräfte, das einer rationalistischen Ordnung im Wege stand. Sie wurde vielmehr zum armen, hysterischen und psychisch kranken Weib, das nicht ernst zu nehmen war. Ihre Hysterie wurde als eine vom Uterus herrührende nervöse Geistestrübung der Frau definiert, und Malebranche vermutet sehr richtig: *„Man bestrafe sie nicht mehr und behandle sie als Verrückte. Dann wird man im Lauf der Zeit schon sehen, daß sie gar keine Hexen mehr sind.“*

Die kritischen Stimmen, die sich etwa seit der Mitte des 17. Jahrhunderts erhoben, begannen gegen Ende zuzunehmen. Gleichzeitig begannen auch die Hexenprozesse langsam abzuflauen. Und so, wie der Hexenbegriff in seiner neuen, schrecklichen Form von oben, von der geistlichen ebenso wie weltlichen Macht konstruiert und gesteuert worden war, so fand er jetzt auch hier zuerst ein Ende. Es waren die geistlichen und die gelehrten Leute, die im Verlauf einer zunehmenden Verfestigung des rationalistischen Weltbildes den Kampf gegen die in der Hexe verkörperte unbändige Natur als überflüssig erkannten. Das Volk hingegen hatte sich bereits so sehr daran gewöhnt, für sämtliche Unbillen auf diese Art und Weise einen Schuldigen zu finden, daß es nur sehr schwer davon abzubringen war. Trotzdem ließ in Frankreich Minister Colbert schon im Jahre 1672 für alle Hexen die Tore ihrer Kerker öffnen und verfügte gleichzeitig ein strenges Verbot gegen weitere Verfolgungen. Friedrich Wilhelm I. von Preußen folgte im Jahre 1714, indem er alle Hexenprozesse untersagte. In Österreich hat erst 1755 Maria Theresia die Verurteilungen von Hexen vorerst durch eine Resolution unmöglich gemacht, die dann später, nämlich 1766 in eine ausführliche „Landesordnung, wie es mit den Hexenprozessen zu halten sei,“ eingearbeitet wurde. Darin heißt es unter anderem, daß *„während unserer Regierung bisher kein wahrer Zauberer, Hexenmeister oder Hexe entdeckt worden, sondern derlei Prozesse allemal auf eine boshafte Betrügerei, oder eine Dummheit und Wahnwitzigkeit des Angeklagten“* beruhen. Es wird weiter verboten, jemanden *„auf eitlen-alten Wahn, bloße Besagung und leere Argwöhnigkeiten“* hin vor Gericht zu stellen, und Beschuldigungen wie auch Selbstbezichtigungen werden als *„Betrug, Wahnwitz, Verstellung und Sinnesverrücktheit“* erklärt. Trotz solcher Verordnungen ist es allerdings ver-

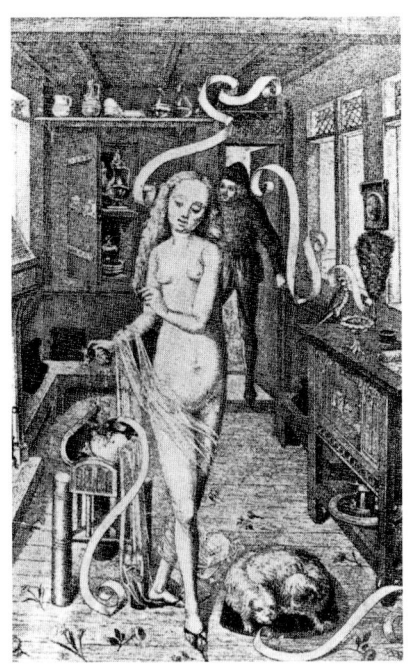

Liebeszauber; 15. Jahrhundert.

Wetterzauber; Holzschnitt 1489.

Milchzauber; Straßburg 1516.

Friedrich Spee, 1591–1635.

Schwarze Messe. Radierung von Martin van Maele 1911.

Englische Wicca-Rituale: magische Geräte sollen der
Konzentration psychischer Kräfte dienen. Ein Bild aus
dem coven von Mrs. Ray Bone.

einzelt immer noch zu Prozessen gekommen, die jedoch entweder mit Freispruch oder Einlieferung in ein Irrenhaus endeten. Der letzte uns bekannte tödlich verlaufende Hexenprozeß in den österreichischen Alpenländern hat (nach Byloff) vor dem Salzburger Hofgericht in den Jahren 1749/50 stattgefunden. Dabei wurde der sechzehnjährigen Maria Pauerin die Erzeugung von Spukerscheinungen, wie wir sie aus der Parapsychologie, der sogenannten Psychokinese her kennen, vorgeworfen. Nach einem Schuldbekenntnis, das ganz im Sinne des Hexenhammers Hexensabbat, Teufelsverschreibung, Geschlechtsverkehr mit einem gelbrockigen Dämon, Hostienschändung und Hexenflug beinhaltet, wurde sie an der Salzburger Richtstätte enthauptet und ihr Körper anschließend verbrannt.[86]

Als eine der letzten Hexen, die in Deutschland hingerichtet wurden, gilt die 69jährige Subpriorin der Norbertinerinnen zu Unterzell, Maria Renata Singer, die ihre Klosterschwestern behext haben soll. Als gegen die in die Nonnen hineingehexten Höllengeister selbst die erfahrensten Exorzisten nichts auszurichten vermochten, vielmehr die Dämonen, die aus den von Krämpfen geschüttelten Jungfrauen sprachen, ständig den Namen ihrer Meisterin mit Renata Singer angaben, wurde die so vielfach Verdächtigte eingesperrt und monatelang verhört. Schießlich gestand sie die üblichen unsinnigen Dinge und wurde am 21. Juni 1749 in Würzburg verbrannt.

Besonders lange hielten sich die Verfolgungen in der Schweiz, wo es auch schon früh, nämlich bereits 1428 zu ausgedehnten Hexenprozessen gekommen war. Noch 1737 fanden hier schreckliche Verfolgungen mit grausamer Folterung statt. Ein siebzehnjähriges, offenbar geisteskrankes Mädchen hatte insgesamt neun Personen angegeben, von denen einige hingerichtet, andere nach furchtbaren Foltern ohne Geständnis freigesprochen wurden, und wieder andere im Kerker starben. Die siebzigjährige Elisabeth Bossard wurde dreimal mit feurigen Zangen gezwickt und mit einem Pulversack lebendig verbrannt. Und Theresia Bossard wurde vor ihrer Hinrichtung die rechte Hand abgehauen und die Zunge mit einer feurigen Zange aus dem Mund gerissen. Auch die vermutlich letzte Hinrichtung einer Hexe auf europäischem Boden hat in der Schweiz stattgefunden. Und zwar wurde in Glarus noch 1783 die Anna Göldig, eine Dienstmagd enthauptet, weil sie das Kind ihres Herrn bezaubert haben soll, so daß es Stecknadeln, Nägel und Ziegelsteine erbrach. Andere Quellen berichten, daß noch 1801 in Polen zwei alte Frauen verbrannt wurden, weil sie rote entzündete Augen hatten und das Vieh ihres Nachbarn ständig krank gewesen sei. Und auch in Schottland soll es im 19. Jahrhundert noch zu Hexenverbrennungen gekommen sein.

Die Bilanz der jahrhundertelangen Verfolgungen ist schrecklich. Die Zahl der Opfer nachträglich auch nur ungefähr festzustellen allerdings unmöglich angesichts der Tatsache, daß wahrscheinlich zwei Drittel der Akten verloren gegangen sind. Nach allgemeinen Schätzungen beläuft sie sich zwischen 9 Millionen und fünfhunderttausend, wobei die Wahrheit wohl irgendwo in der Mitte liegt. Aber selbst eine Zahl von „nur" einer halben Million Opfer würde, wie Heinsohn/Steiger ausgerechnet haben, bedeuten, daß während eines Zeitraums von über 200 Jahren jedes Jahr durchschnittlich 5000 Menschen öffentlich als Hexen angeklagt und von diesen wiederum mindestens die Hälfte zum Tode verurteilt wurde. Wobei noch die Tatsache berücksichtigt werden muß, daß die Bevölkerung Nordwesteuropas, des Zentrums der Verfolgung, die heute mehr als 250 Millionen zählt, im Jahre 1600 weniger als fünfzig Millionen betrug.

Skeptiker, Kritiker, Gegner

Und doch war es so, daß es inmitten schlimmster Verfolgungen immer auch skeptische Stimmen gab, Menschen, die sich davon distanzierten oder darin ein Unrecht sahen. Doch blieben die meisten aus Furcht vor Anfeindungen in der Anonymität. Nur wenige hatten den Mut sich hervorzuwagen, und dann häufig in verschlüsselter, verschleierter Form wie jener bereits erwähnte Ulrich Molitoris aus Konstanz, dessen Traktat trotz einer Schlußfolgerung im Sinne der allgemeinen Lehrmeinung bemerkenswerte kritische Ansätze enthält. Zu Beginn des 16. Jahrhunderts erregte dann eine weitere Schrift Aufsehen und brachte ihren Verfasser, den Arzt, Juristen und Theologen Cornelius Agrippa von Nettesheim, hinter Gitter. Es war das Werk „De occulta philosophia", das ihn, ebenso wie die geschickte Verteidigung einer der Hexerei angeklagten Bäuerin, verdächtig gemacht hatte. Die böse Nachrede verfolgte ihn bis über seinen Tod: Auf dem Sterbebett, so wurde erzählt, habe er einen schwarzen Hund aus seinem Nacken gezogen und gemeint, daß dieser die Ursache seines Verderbens sei.

Der mutige Mann und phantastische Abenteurer, der sich durch die Bekämpfung der scholastischen Wissenschaft generell unbeliebt gemacht hatte, hinterließ jedoch einen Schüler: Johann Weyer, der sich dem damaligen Brauch gemäß latinisiert Wierus nannte. Und seinem Werk, „De praestigiis daemonum et incentationibus ac veneficiis" (Von den Blendwerken der Dämonen sowie von Bezauberungen und Vergiftungen), das 1563 in fünf Büchern erschien und ebenfalls gegen die Hexenverfolgung Stellung nahm, war nun bereits ein etwas größerer Erfolg beschieden. Zwar wurde Weyer, der Leibarzt am Hofe des Herzogs Wilhelm III. von Kleve, Jülich und Berg gewesen war, in Düsseldorf als Hexenmeister angeklagt und konnte sich nur durch Flucht zum Grafen von Bentheim in Tecklenburg bei Osnabrück der Verfolgung entziehen. Doch erlebten seine Bücher rasch eine Reihe von Auflagen und fanden mit Übersetzungen ins Französische und Deutsche eine weite Verbreitung. Es kann sogar angenommen werden, daß sie vor allem in Deutschland, Frankreich und der Schweiz in manchen Orten vorübergehend einen Rückgang der Hexenverfolgungen auslösten.

Die Ansichten des Dr. Weyer, der vielfach der „Vater der modernen Psychiatrie" genannt wird, haben zwar kurzfristig die Situation beeinflußt, jedoch keine nachhaltigen Veränderungen bewirkt. Immerhin jedoch hat Weyer, der ebensowenig wie seine Vorgänger und viele seiner Nachfolger die Existenz des Teufels und die Realität von Teufelspakt und Malefizium bestritt, einen völlig neuen Aspekt in die Hexendoktrin gebracht: Er entbindet die angeklagten Frauen ihrer eigentlichen Verantwortung, indem er sie zu einfältigen, törichten und verführten Weibern umfunktioniert, die sich in ihren verstörten Phantasien die bösen Taten alle nur einbilden und einnes Arztes und einer Heilanstalt bedürfen, nicht jedoch der Folter und des Scheiterhaufens:

„Hexen", so führt er aus, „sind Weibsbilder, mehrteils schwache Geschirr, betagtes Alter, ihrer Sinnen auch nicht aller Dinge bei ihnen selbst, in welcher arbeitseliger elenden Vetteln Phantasei und Einbildung, wann sie mit einer Melancholei beladen oder sonst etwa zaghaft sein, der Teufel sich als ganz subtiler Geist einschleicht und verkreucht, und bildet ihnen durch seine Verblendung und Täuschereien allerlei Unglück, Schaden und Verderben anderer Leut so stark ein, daß sie nicht anders meinen, dann sie haben's getan, da sie doch der Sachen allerdings unschuldig sein. "

Auch Weyer erwähnt Drogen und Salben als ein Mittel, um Halluzinationen hervorzurufen. Er gibt selbst Rezepte an und berichtet von einem Versuch mit einer alten Frau, die sich gesalbt habe, worauf sie in ihrer Einbildung durch die Luft flog, obwohl sie lediglich in einen tiefen Schlaf gefallen war. Die Weiber, so ist sein Resumee, die sich für Hexen halten, sind in Wahrheit vom Teufel besessen oder von Gott heimgesucht. Aber sie sind nicht für das Schlechte in der Welt verantwortlich zu machen. Vielmehr bediene sich der Satan der Hexenprozesse, in denen harmlose, törichte und letztlich unschuldige Frauen gemordet werden, um Schmach und Schande über die gesamte Christenheit zu bringen.

Es läßt sich vorstellen, welch Aufsehen eine derart revolutionäre Ansicht hervorrufen mußte. Und natürlich war auch sogleich die massivste Kritik zur Stelle. Wobei sich besonders schon erwähnter Bodin hervorgetan hat: In seiner „Dämonomanie" nimmt der dialektisch bestens geschulte Jurist jedes Argument seines Gegners genauestens auseinander, untersucht, zerpflückt und verwirft es schließlich.

Auch Peter Binsfeld, der gelehrte Trierer Diözesanbischof und wütende Hexenverfolger, war in seinem 1589 erschienenen „Tractatus de Confessionibus Maleficorum et Dagarum" gegen Weyer vorgegangen. Und schließlich sollte auch noch der aus Gouda in Holland stammende Professor in Trier Cornelius Loos, der sich als Streiter gegen den Protestantismus einen Namen gemacht hatte, eine Streitschrift dagegen verfassen. Nach eingehender Beschäftigung mit dem Werk des inzwischen verstorbenen Weyer und bekräftigt durch eigene Erfahrungen entschloß er sich jedoch zum Gegenteil. Auch für ihn sind die teuflischen Taten der Hexen lediglich eingebildete Hirngespinste und die Geständnisse nicht ernst zu nehmen, weil sie von der Folter erpreßt wurden. Wohlweislich jedoch gibt er seinen „Tractatus de vera et falsa magia" einem Kölner in Druck, ohne ihn zuvor bei der Zensur einzureichen. Prompt wurde das ganze Werk darauf vom Kölner Nuntius beschlagnahmt und Loos selbst zum Widerruf gezwungen. Später, als Pfarrer in Brüssel, hat er seinen Widerruf zurückgenommen, worauf er vorübergehend in Haft genommen wurde und einer weiteren Verhaftung nur durch den Tod entkam.

Trotzdem haben dann im 17. Jahrhundert, also zu einer Zeit, als die Verfolgungen am schlimmsten wüteten, auch ihre Gegner zugenommen. Wobei es bemerkenswerter Weise vor allem Geistliche waren, die zum Widerstand rüsteten. Als erster ist in diesem Zusammenhang der in Innsbruck geborene Jesuit Adam Tanner zu nennen, der von 1596 bis 1603 in Ingolstadt und daneben auch einige Jahre in Innsbruck als Professor tätig war und als einer der gelehrtesten und angesehensten Theologen seiner Zeit galt. Tanner glaubte zwar fest an die Macht der Hexen und forderte in seiner „Theologia scholastica", die 1626/27 in Ingolstadt erschien, daß in der Stadt und im Dorf Aufpasser eingesetzt werden müßten, die sofort heimlich Anzeige erstatten sollten, wenn jemand der Hexerei verdächtig ist. Andererseits jedoch plädierte er für ein gerechteres Gerichtsverfahren und eine mildere Folter, um, wie er meinte, die Gefahr auszuschalten, daß Unschuldige durch die Folter erpreßt würden. Daneben äußerte er Bedenken gegen die Luftfahrten, die er zwar grundsätzlich nicht abstritt, häufig jedoch ebenfalls für Einbildung hält. Aber sogar Tanner, der keinesfalls unter die Freigeister zu rechnen ist, sondern sich bisweilen glaubensstreng bis zur Engherzigkeit verhielt (so etwa machte er als Astronom einige interessante Beobachtungen, weigerte sich jedoch, entsprechende Folgerungen zu ziehen, weil ihn das in Widerspruch mit Aristoteles, Thomas von Aquin und die Bibel gebracht hätte), sogar dieser Jesuit wurde heftigst angefeindet. Zwei Inquisitoren, die seine Schriften gelesen hatten, erklärten öffentlich, sie würden ihn, sobald sie seiner habhaft wären, sofort auf die Folter spannen. Vollends in den Verdacht eines Hexenmeisters geriet er allerdings nach seinem Tod, der ihn auf dem Heimweg nach Innsbruck 1632 in dem Dorf Unken im salzburgischen Pinzgau überrascht hat. Die Bewohner des Hauses, in dem er gestorben war, fanden nämlich unter seinen Habseligkeiten ein Mikroskop, in dem eine Mücke eingeschlossen war. Die Bauern hielten das große behaarte Tier in dem kleinen Glas für einen „Glasteufel" und widersetzten sich dem kirchlichen Begräbnis, bis der Pfarrer des Ortes das Instrument öffnete und den Irrtum aufklärte.

Eine ungleich größere Bedeutung und Wirkung als der Jesuit Tanner hatte jedoch sein Ordensbruder Friedrich Spee, dessen berühmte „Cautio Criminalis" (Vorsicht in den Prozessen) nur vier Jahre nach Tanners „Theologia scholastica", nämlich 1631, anonym erschienen ist. Spee, ein vielseitig interessierter Mann, Professor für Philosophie und Domprediger in Paderborn, ist entweder in Würzburg oder in Paderborn Beichtvater zahlreicher Hexen gewesen. Er kannte also die Not und Qual der Frauen aus unmittelbarer Anschauung und ist wahrscheinlich der einzige unter allen Kritikern des Hexenwahns, den ein wirkliches und tiefes Mitleid mit den Betroffenen zur Anklage trieb. Als Poet und Dichter der „Trutz-Nachtigall" von sensibler Beschaffenheit, dürfte ihm die Aufgabe als Beichtiger bitter schwer gefallen sein. Das vor allem deswegen, weil er die Frauen generell für unschuldig hielt: *„Persönlich kann ich unter Eid bezeugen"*, schrieb er in seiner

„Cautio", „*daß ich bis jetzt noch keine verurteilte Hexe zum Scheiterhaufen begleitet habe, von der ich unter Berücksichtigung aller Gesichtspunkte hätte sagen können, daß sie wirklich schuldig sei.* "

Auch Spee jedoch greift in erster Linie das Prozeßverfahren an und nicht den Glauben an das Vorhandensein von Hexen, obwohl ihm vor allem hinsichtlich des Hexensabbats und der Luftfahrt starke Zweifel gekommen sein dürften. Grundsätzlich jedoch ist auch er ein Kind seiner Zeit, indem er das Zauberwesen an sich nicht in Frage stellt. Ebensowenig dürfte er sich bei der Einschätzung der Frau von den gängigen Ansichten unterschieden haben: „*Jeder weiß, was für ein schwaches Geschöpf das Weib ist, wie unfähig Schmerzen zu ertragen und wie geschwätzig es ist*", meint er in der „Cautio". Heftig und entschieden jedoch verurteilt er die Methoden des Prozesses, vor allem aber die Folter:

„*Unglückliche, was hast du gehofft? Warum hast du dich nicht gleich beim ersten Betreten des Kerkers für schuldig erklärt; törichtes, verblendetes Weib, warum willst du den Tod so viele Male erleiden, wo du es nur einmal zu tun brauchst? Nimm meinen Rat an, erkläre dich noch vor aller Marter für schuldig und stirb. Entrinnen wirst du nicht. Das ist letzten Endes die unselige Folge des frommen Eifers Deutschlands.* "

Die Beschuldigten, meint er weiter, dürften nicht von vornherein als schuldig angesehen werden, außerdem sollte den Hexen ein Verteidiger gestattet werden. Denn viele würden gestehen, obwohl sie unschuldig sind. Er wendet sich gegen die Eigenmächtigkeit der Henker, die „*nach ihren Gelüsten die Art der Folterung*" bestimmen. Besonders scharf geht er mit seinen Berufskollegen, den Beichtvätern, um, die nicht ihrer Aufgabe gerecht würden, Vertraute der beschuldigten Frauen zu sein, sondern lediglich im Geiste der Richter die Quälerei der Angeklagten fortsetzen. Die Gefangenen, so meint er, fänden in ihren Seelsorgern „*nur taube Statuen, einzig von dem Wunsch beseelt, sie fortwährend der Hexerei zu beschuldigen und sie, als ob sie durchweg schuldig wären, unersättlich mit schnöden Namen zu belegen. Da heißt man sie halsstarrig, verstockt, widerwärtige Huren, Besessene, Teufelsfratzen, stumme Kröten, Höllenknechte usw.* "

Spee hat auch durch seine Berichte bestätigt, daß Eingekerkerte von den Henkersknechten vergewaltigt wurden. Es sei ihm zu Ohren gekommen, schreibt er, daß ein Folterknecht eine Frau zuvor geschlechtlich mißbraucht habe und dann, damit es schneller ging, ihre Haare nicht abrasierte, sondern mit der Fackel abgesengt hat.

Spee hat ursprünglich — wohl wissend, was ihn erwarten würde — sein Werk gar nicht drucken lassen, sondern lediglich anonym unter seine Freunde gebracht. Einer dieser Bekannten hat es dann allerdings ohne sein Wissen in Druck gegeben. Nach der ersten lateinischen Ausgabe erschien schon 1632 eine weitere in Frankfurt am Main, eine dritte in Sulzbach und sehr viel später, nämlich nach fast 100 Jahren, eine vierte in Augsburg. Offenbar wußte man in seiner Umgebung jedoch über seine Gesinnung Bescheid, denn er wurde im Orden verdächtigt, der Autor zu sein und verwarnt. Schließlich sollte das Buch auf den Index, und Spee wurde nahegelegt, aus dem Orden auszuscheiden und selbst seine Entlassung zu beantragen. Man versetzte ihn im Herbst 1632 nach Trier, wo er im Alter von 44 Jahren bei der Pflege pestkranker Soldaten starb.

Die „Cautio Criminalis" ist sicherlich die aufrichtigste, leidenschaftlichste und mutigste Schrift, die von einem Zeitgenossen gegen die Hexenverfolgungen geschrieben worden ist. Ihre Wirkung war trotzdem nicht allzu groß. Sicherlich hat sie aufgeklärte und interessierte Menschen beeinflußt. Wie zum Beispiel den Kurfürsten von Mainz Johann Philipp von Schönborn, der mit Spee in jungen Jahren bekannt geworden war, und die Königin Christine von Schweden. Und sicherlich hat das auch Rückwirkungen auf die Verfolgung in bestimmten Regionen gehabt. Ein generelles Abnehmen der Hexenprozesse war allerdings dadurch nicht festzustellen.

Gegen Ende des 17. Jahrhunderts versuchte dann der reformierte Pfarrer aus Amsterdam Balthasar Bekker die Theorie vom Reich des Satans in Frage zu stellen. Aber obwohl auch er in seinem Werk „De betooverde wereld" (Die verhexte Welt) die Existenz des Teufels keinesfalls bestreitet, sondern lediglich seine ihm von den Theologen verliehenen Machtbefugnisse einschränken möchte, entfesselte er einen Sturm der Entrüstung und eine Flut von Gegenschriften. Bekker wurde in der Synode von Alkmaar als Prediger abgesetzt, und es wurde ihm jede weitere Tätigkeit als Seelsorger untersagt. Was ihn jedoch nicht daran hinderte, einen zweiten Band zu verfassen, in dem er es als erster wagte, eindeutig festzustellen: Es gibt keine Hexen, und es hat nie welche gegeben. Wobei der an Descartes geschulte Geistliche die unerhört modern anmutende Ansicht äußerte, daß es nicht Satan ist, der den Menschen mit Trugbildern verblendet, sondern daß der Mensch vielmehr das Böse in sich selbst bekämpfen müsse, statt es auf den Teufel abzuschieben und sich damit der Eigenverantwortlichkeit zu entledigen.

Die Macht Satans so geschmälert zu sehen konnte allerdings weder der Kirche noch den weltlichen Obrigkeiten recht sein, sahen sie doch darin ein probates Mittel, ihre Gläubigen und Untertanen im Zaum zu halten. So etwa kritisierte ein ehemaliger Schüler Bekkers, der Prediger Brink in Utrecht, seinen Lehrer, „es würde die Menschen sorglos machen, wenn sie wüßten, daß der Teufel nichts mehr über sie vermag". Auch den Regierungen ging es in der Folge bei Reformen immer nur darum, eine Verbesserung der Prozeßführung zu erreichen. Eine Reduzierung der Macht des Teufels wurde nicht in Erwägung gezogen, denn, so hieß es immer wieder, das Volk brauche den Teufel als abschreckende, Furcht einflößende Instanz.

Bekker war zu radikal, um einen durchschlagenden Erfolg zu erzielen. Das sollte einem der führenden Köpfe der deutschen Aufklärung, nämlich Christian Thomasius vorbehalten bleiben. Thomasius, ein Zeitgenosse Bekkers, nahm eine gemäßigtere Haltung ein. Er bestritt weder die Existenz des Teufels noch jene der Hexen, aber er leugnete den Teufelspakt und trat mit seiner berühmten Schrift „De crimine magiae" (Vom Verbrechen der Zauberei), die 1701 erschienen war, darüber hinaus generell für eine Abschaffung der Hexenprozesse ein. Ihm wird das Verdienst zugeschrieben, durch seinen Einsatz die Verfolgungen eingedämmt zu haben, bis sie schließlich gegen Ende des Jahrhunderts ganz aufhörten. Und auf seinen Einfluß, so meinte Friedrich der Große, gehe es zurück, daß seit dieser Zeit die Frauen wieder in Frieden alt werden und sterben konnten. Aber auch Thomasius hat so wie alle seine Vorgänger und noch viele an diesem Thema interessierte Nachfolger in dem ganzen Hexensyndrom primär ein allgemein theologisch-philosophisches Problem gesehen, das sich in seiner Weltsicht auf der Annahme einer von Gott verfügten und daher naturbedingten physischen und psychischen Inferiorität der Frau gründet. Daß Hexenverfolgung auch sehr viel mit einem gestörten Verhältnis der Geschlechter zu tun hat, das auf Grund von sehr realen historischen Bedingungen gewachsen war, mit Sexualverdrängung und der tiefen Angst des Mannes vor der Frau, mußte dabei ausgeklammert bleiben. Frauen sind zwar seit der Aufklärung nicht mehr gefährlich, und darum mußten sie auch nicht mehr auf den Scheiterhaufen. Dafür aber sind sie jetzt leidend und krank. Und an diesem negativen Aspekt, der die noch im Mittelalter vorhandenen, aus der Sinnlichkeit und der Naturhaftigkeit der Frau sich ergebenden positiven Restbestände zur Gänze eliminiert, hat sich auch im folgenden Jahrhundert wenig geändert. Die Frau war zum gezähmten, an Depressionen, Melancholien und Hysterien leidenden Hauswesen geworden, das Freud schließlich endgültig definiert und damit abgesegnet hat.

Wie tief trotzdem noch in der zweiten Hälfte des 18. Jahrhunderts der Glaube an Hexen und ihre Buhlschaft nicht nur im Volk, sondern auch in gelehrten Fachkreisen verwurzelt war, zeigt jener heftige Schriftenstreit, der unter der Bezeichnung „Bayrischer Hexenkrieg" in die Geschichte eingegangen ist. Er begann mit einem Vortrag des Theatinermönchs Don Ferdinand Sterzinger an der eben errichteten kurfürstlichen Akademie der Wissenschaften in München, der den barocken Titel trug: „Akademische Rede von dem gemeinen Vorurteil der wirkenden und tätigen Hexerei". Sterzinger, so wie Tanner aus Tirol gebürtig, hielt sich dabei an die Schrift eines Augustinermönchs namens Jordan Simon, der unter einem Decknamen über „die Nichtigkeit der Hexerei und Zauberkunst" geschrieben hat. Sterzingers Vortrag ging auf jeden Fall sofort in Druck (1766) und schlug ein „wie ein Donnerschlag". Als erster Widersacher trat der Augustinerpater und Professor der Theologie Agnellus Merz mit einer wütenden Gegenschrift auf. Worauf Sterzinger eine Verteidigungsschrift mit dem noch blumigeren Titel: „Betrügende Zauberkunst und träumende Hexerei, oder Verteidigung der akademischen Rede von dem gemeinen Vorurteil..." veröffentlichte. Daraufhin schaltete sich zusätzlich ein Benediktinerpater mit dem ähnlich klingenden Namen Angelus März ein und nannte in seiner Druckschrift den Pastor einen „Stiefeltheologen". Hexerei, so argumentierte er, könne nicht Einbildung sein, denn schließlich teile sein Kloster seit alters wundertätige Kreuzchen aus Messing und Silber aus, die eine geprüfte und bestätigte Wirkung gegen Zauberei und Hexerei besitzen. Was abermals geharnischte Erwiderungen von seiten Sterzingers zur Folge hatte. Und wahrscheinlich hätten sich die Für und Wider endlos hingeschleppt, hätten die bayrischen Bischöfe diesem Streit nicht ein Ende bereitet, indem sie mit salomonischer Weisheit Sterzingers Lehre zwar nicht ausdrücklich zustimmten, sie jedoch auch nicht verwarfen. Womit das Thema allerdings noch lange nicht völlig aus der Welt geschafft war. Diesbezügliche Diskussionen haben vielmehr die Theologen sogar noch um die Jahrhundertwende und darüber hinaus beschäftigt.

Schwarze Messen

Während die Hexenprozesse im 18. Jahrhundert allmählich im Abklingen begriffen waren, schuf sich das Zeitalter der Aufklärung ein neues Ventil, um die verdrängte, sinnlich elementare, rauschhaft orgiastische Komponente auszuleben: die sogenannten „Schwarzen Messen".

Die „Schwarze Messe" wurde bereits im 16. Jahrhundert zur Zeit des berüchtigten Hexenjägers De Lancre zelebriert, aber wahrscheinlich gehen ihre Ursprünge zurück bis ins Mittelalter. Auch sie ist als Parodie auf den Gottesdienst zu verstehen, ist also in dieser Hinsicht dem Hexensabbat verwandt, wenngleich viele Elemente in neuer beziehungsweise umgewandelter Gestalt erscheinen. So etwa wird Satan hier nicht in personifizierter Form angebetet, wohl jedoch als Gegengott, in dem sich die Auflehnung gegen die einseitige, dem Lichten, Guten und Reinen verpflichtende christliche Morallehre symbolisiert. So wie im Sabbat ist auch bei den „Schwarzen Messen" die Frau in dominierender Weise präsent, nämlich als Verkörperung des Erdhaften und Dunklen, das von der Kirche schon immer dem Bösen und Diabolischen gleichgesetzt wurde. Ihr nackter Körper ist der Altar, auf dem die Messen gefeiert werden. Nun hatte der Altar seiner Herkunft und Symbolik nach als Ort der Wandlung, der Hervorbringung und Bereitung von Nahrungsmitteln schon immer vorwiegend weibliche Bedeutung. Auch in der christlichen Auffassung tritt der weibliche Aspekt des Altares als Stätte der Konsekration und Zubereitung des „himmlischen Brotes" gelegentlich hervor.[87] Es dürften also bei derartigen Zeremonien nicht immer nur sexuelle Komponenten ausschlaggebend gewesen sein, wie dies in der Literatur häufig behauptet wird. Wenngleich dem Geschlecht im Sinne alter Fruchtbarkeitsriten sicherlich eine besondere Bedeutung zugemessen wurde. So etwa küßte der Priester die nackte Frau mehrmals auf die Brust und auf die Genitalien. Auch von einem rituellen Geschlechtsverkehr zwischen dem Priester und jener Frau, auf deren Körper der Teufelsdienst vollzogen wurde, ist häufig die Rede.

Die mittelalterliche Gestalt des Satans als verteufelter einstiger Fruchtbarkeitsgott feierte also in den „Schwarzen Messen" erneut ihre Auferstehung. Er wurde angerufen in psalmodierenden Gesängen als Widersacher eines apollinischen, rein geistigen Gottes und als Schutzherr der alten, elementar sinnlichen Mächte:

„... Satan, du verlangst nicht die nutzlosen Prüfungen der keuschen Lende, du rühmst nicht den Wahnwitz der Fasten und der Ruhetage! Du allein nimmst auf das Flehen des Fleisches und seine kleinen Wünsche im Bereich der armen Familien mit all ihrer Begierde... Meister, deine getreuen Diener flehen auf ihren Knien dich an. Betteln zu dir, daß du die Heiterkeit jener ergötz-

lichen Frevel ihnen schenkest, von denen die Justiz nichts weiß . . . . ", läßt der Schriftsteller Joris Karl Huysmanns (1848—1907), der selbst an mehreren Schwarzen Messen in Paris teilgenommen hat, in seinem Roman „La-bas" (1891) den Priester sagen. Hingegen Christus blasphemisch beschimpft und beleidigt wird:

„Jesus, kunstreicher Webemeister des Betrugs, Räuber von Huldigungen, Dieb der Neigung, höre du! Seit dem Tage, an dem du entstiegest den Eingeweiden der Jungfrau: einer Gesandtschaft, hast du den Verpflichtungen, die du auf dich nahmst, dich entzogen, hast du deine Verheißungen Lügen gestraft; Jahrhunderte harrten dein in schluchzender Erwartung, du flüchtiger Gott, stummer Gott du! Du solltest die Menschen erlösen und hast nichts gut gemacht; du solltest erscheinen in deiner Glorie — und du bist entschlummert! Geh, lüge weiter, sage dem Unglückseligen, der nach dir schreit: ‚Hoffe, gedulde dich, leide, das Hospital der Seelen wird dich aufnehmen, die Engel werden dir beistehen, der Himmel öffnet sich' — Betrüger! . . . "

Aber Satan, der Teufelsgott und Beschützer der „Großen Mutter", forderte auch seine Opfer. Es gibt immer wieder Berichte von neugeborenen Kindern, die bei diesen Schwarzen Messen geopfert wurden, und auch Gerhard Zacharias nimmt es in seinem Buch „Satanskult und Schwarze Messen" als gegeben an. Meistens, so hieß es, sind die Kinder von Dirnen abgegeben oder verkauft worden, oft auch erklärten sich ledige Mütter, die die Schande fürchteten, bereit dazu. Die Asche des getöteten und verbrannten Kindes, das — ganz im Sinne des alten Ketzerglaubens und der Hexenmagie — damit erlöst und zum Heiligen geworden war, besaß magische, wundertätige Kraft und wurde zu kultischen und zauberischen Handlungen verwendet.

Der Kult des Satanismus erlebte eine Hochblüte im 17. und 18. Jahrhundert vor allem in den Kreisen der französischen Hocharistokratie, ebenso jedoch in England und Italien. Angesehene, zum Teil berühmte Persönlichkeiten nahmen daran teil, so wie etwa die Mätresse des Sonnenkönigs Ludwig XIV., die Marquise de Montespan. Sie war mit Hilfe der bekannten Giftmischerin La Voisin Geliebte des Königs geworden, bediente sich ständig zahlreicher Liebespulver, um sich die Gunst des Herrschers zu erhalten, und nahm selbst an Schwarzen Messen teil, bei denen sie auch als Altar diente. Die Voisin, die eigentlich Catherine Deshayes, verehelichte Montvoisin hieß, war eine der berühmtesten Zauberinnen von Paris. In ihr Häuschen in der Rue La Villeneuve-sur-Gravois kamen Dienstmädchen ebenso wie vornehme Adelige, um sich wahrsagen und handlesen zu lassen oder um sich alle möglichen Zaubermittel und Gifte zu holen. Sie verfügte auch über Priester zur Zelebration der Schwarzen Messen, die vielfach in den Dienst der Magie gestellt wurden, um Menschen, die im Wege standen, zu schädigen oder gar zu töten. Als jedoch durch Indiskretionen bekannt geworden war, daß die Voisin auf Betreiben der Montespan sogar dem König selbst nach dem Leben trachtete, wurde ihr der Prozeß gemacht. In dem aufsehenerregenden Verfahren, in das auch viele Adelige hineingezogen wurden, lautete die Anklage unter anderem auf Abtreibung und anschließende Verbrennung von 2.500 Kindern. Wenn eine so hohe Zahl auch sicherlich auf Übertreibung beruht, ist der rituelle Kindermord im damaligen Paris wahrscheinlich vorgekommen. So etwa soll der Abbé Guiborg, den die Voisin der Madame de Montespan zum Abhalten der Schwarzen Messen vermittelte, sogar seine eigenen Kinder, die er von einer Mätresse hatte, getötet haben. Und die Tochter der Giftmischerin, die beim Prozeß gegen ihre Mutter aussagte, gab an, in die Provinz geflohen zu sein, als sie ein eigenes Kind erwartete, um dieses zu retten.

Ein wichtiger Bestandteil der Schwarzen Messen ist stets die Entweihung und Besudelung der Hostie. Auch hier ergeben sich Parallelen zum Hexensabbat. Huysmans berichtet von einer Vereinigung in Paris im Jahre 1855, die größtenteils aus Frauen bestand und es sich zur besonderen Aufgabe machte, Hostien beim Abendmahl aus dem Mund zu nehmen, um anschließend damit blasphemische Handlungen oder Zaubereien zu verüben. Er zitiert in diesem Zusammenhang die Zeitschrift „La Voix de Septaine" aus dem Jahre 1843, in der von einer satanistischen Vereinigung berichtet wird, die 25 Jahre ununterbrochen Schwarze Messen zelebrierte und 3.320 Hostien bei dieser Gelegenheit besudelt und entweiht haben soll.

Neben Persönlichkeiten aus der näheren Umgebung des königlichen Hofes, Angehörigen des Adels und der Intellektuellen nahmen vor allem im 19. Jahrhundert auch zahlreiche namhafte Künstler, Literaten und Musiker an Schwarzen Messen teil oder interessierten sich zumindest dafür. So etwa H. H. Ewers, Frédéric Chopin, Ola Hansson und Stanislaus Przybyszewski. Ein weiterer Schriftsteller, Artur Landsberger, hat eine ziemlich schaurige Schilderung einer Schwarzen Messe in seinem Buch „Hilde Simon" gegeben, in der Attribute eines alten Fruchtbarkeitszaubers ebenso wie Elemente aus der Ketzerlehre enthalten sind, die in Verbindung mit der Meßliturgie blasphemischen Charakter erhalten mußten. Er berichtet von phallusartigen Merkurstäben, einem Tabernakel in Gestalt eines Ziegenbocks und einem ewigen Licht, das in dem Hinterteil eines den Rücken kehrenden Bronzeteufels brannte. Lästerhafte Verwünschungen des christlichen Gottes werden in seinen Schilderungen von Lobpreisungen Satans begleitet, und schließlich erscheint sogar jener „Mann von wunderbarer Blässe mit ganz schwarzen Augen, abgezehrt und abgemagert", von dem bereits Papst Gregor IX. vor über 600 Jahren in seiner Bulle berichtet. Er küßt den Novizen, der zuvor bekennt, einem Weibe, und daher Satan verfallen zu sein, worauf dieser erschauert, denn der Kuß ist „kalt wie Eis". Darauf folgt, teilweise eingehüllt von betäubenden Kräuterschwaden und stimuliert durch rasende Musik, das Meßopfer auf dem Leib einer schönen Marquise, worauf dann noch, allerdings nur schemenhaft sichtbar, ein Kind geopfert wird, was die Titelheldin Hilde Simon allerdings nicht mehr mit klarem Bewußtsein erlebt, weil sie in Ohnmacht fällt.

Der Satanismus ist aber auch in England heimisch geworden. Berühmt war hier der „Hell fire Club", der verschiedene Niederlassungen hatte, schließlich jedoch von König Georg I. verboten wurde. Die Aktivitäten dieses Clubs strahlten bis nach Dublin aus, wo Richard Parson, der erste Earl of Rosse, der Begründer war. Okkultismus in jeder Form ist auch heute noch auf der Britischen Insel verbreitet. Ein Bericht des 1948 verstorbenen Sekretärs des „Council for psychical investigation" an der Universität London, Harry Price, spricht von „*Hunderten von Männern und Frauen von hoher Kultur und aus distinguierten Familien*", die in allen Distrikten Londons „*den Satan anbeten und ihm ständig Kult erweisen; die schwarze Magie, die Zauberei, Anrufung des Teufels, diese drei Formen ‚mittelalterlichen Aberglaubens' werden in unseren Tagen in London praktiziert auf einer Stufe und mit einer Freiheit, die im Mittelalter unbekannt gewesen wäre.* "

Eine Situation, die auch durch Pressenotizen bestätigt wird. So berichtet die Züricher Zeitung „Volksrecht" vom 8. 1. 1953 von einem Teufelskult mitten in London, dessen Anhänger, unter denen sich viele Intellektuelle befinden, in Zunehmen begriffen sind. An den Schwarzen Messen, die unter Verbrennung von berauschenden Kräutern vor einem mit den Zeichen des Tierkreises geschmückten schwarzverhüllten Altar abgehalten werden und oft mit sexuellen Orgien verbunden sind, würden sich gelegentlich auch entlassene Geistliche beteiligen. Und „Der Abend" in Berlin schreibt am 7. 5. 1963 von Teufelsanbetern, die in der nordenglischen Grafschaft Yorkshire Priestergewänder und Silbergeräte aus Kirchen stehlen, um damit Schwarze Messen zu feiern. Weshalb sich wegen der ständig wachsenden Anzahl dieser Kirchenraube die Polizei veranlaßt sah, einen Aufruf an die Pfarrer und Kirchenfunktionäre zu richten, die Kirchen auch tagsüber zu schließen.

Schwarze Messen werden im 20. Jahrhundert jedoch auch in anderen Ländern gefeiert. Einen erotisch orgiastischen Kult, der die Riten der orthodoxen Kirche persiflierte, gab es im frühen Bolschewismus. Dazu gehörten vor allem die „afrikanische Nächte" genannten wilden Feiern der atheistischen Jugendvereinigung „Komsomol". Darüber hinaus wurden aber auch Spottprozessionen veranstaltet und die Messe in Karikaturen dargestellt. In den USA hingegen entstand in den sechziger Jahren der dem rauschhaft-mystischen Erlebnis zugeneigte Hippiekult, in den sehr viel fernöstliches Gedankengut eingegangen ist. Eine perverse Abart dieser friedlichen Blumenkinder bildete die fanatische Gruppe des abwegig veranlagten „Satans" Charles Manson, der zusammen mit hörigen Killermädchen in der Villa des Regisseurs Roman Polanski die schöne, im 8. Monat schwangere Filmschauspielerin Sharon Tate zusammen mit vier weiteren Personen bestialisch ermordete.

Und wenn auch in Deutschland der Okkultismus bislang nicht zu so entsetzlichen Auswüchsen führte, verkündete doch die aus dem Nordhessischen stammende „Hexe" Ulla von Bernus in einer Sendung des ZDF vom

18. September 1984, auf Befehl Satans einen Menschen auf telepathischem Wege töten zu können. Weitere Höhepunkte dieses Fernseh-Spektakels: eine Schwarze Messe in einem Schwabinger Keller und ein Hexensabbat bei einer Mannheimer Gastwirtin bei Vollmond und wilder Disco-Musik. Eine vordergründige Show auf jeden Fall, der es lediglich um sensationsmäßig aufgebauschte Medienwirksamkeit ging, nicht jedoch um die Ausleuchtung von — wesentlich interessanteren — Hintergründen.

Hexen heute

Die Hexe ist also auch im 20. Jahrhundert nicht ausgestorben — ganz im Gegenteil: Sie feiert geradezu Triumphe. Ein entscheidender Bedeutungswandel also, der sich in den sechziger und siebziger Jahren abzuzeichnen begann. Zuvor jedoch gehörte sie — so unglaublich das klingen mag — nach wie vor zu einer verfolgten Minderheit. Das bezeugen zahlreiche, in den fünfziger, aber auch noch in den sechziger Jahren erschienene Publikationen, die ein Bild von der geächteten und gemiedenen Dorfhexe entwerfen, das dem mittelalterlichen Vorstellungskatalog ebenso wie dem Märchenbuch entnommen sein könnte: Danach war sie meist alt, zahnlos, von auffallendem, absonderlichem oder sonstwie ungewöhnlichem Aussehen, hatte ein hageres Gesicht, eine schmale, vorstehende Nase, Warzen, schielende oder Triefaugen und einen Buckel. Sie sah aber nicht nur so aus wie ihre mittelalterliche Vorfahrin, sie benahm sich auch so. Meist lebte sie irgendwo alleine, hatte ein Haustier — am besten einen Kater, zeigte ein etwas sonderbares Verhalten, redete vielleicht mit sich selbst, war möglicherweise arm, bedürftig, und erzeugte damit Schuldgefühle bei jenen, denen es besser ging. Vielleicht wurde sie auch schlecht behandelt, aus der Gemeinschaft ausgestoßen, von Kindern und Erwachsenen gehänselt. Sie sprach aus Rache einen Fluch — und schon ging das nächste Unglück auf ihr Konto. Auch die moderne Dorfhexe des 20. Jahrhunderts verübte den Bildzauber, Krankheits- und Tötungszauber, sie war am Schreien kleiner Kinder schuld, besaß den bösen Blick, verhexte das Vieh ihrer Nachbarn und entzog den Kühen Milch. Außerdem verwandelte sie sich in Tiergestalt und trieb als Hund, Eule, Kröte oder Katze ihr Unwesen und ging heuchlerisch zum Abendmahl, um die Hostie hinterher heimlich aus dem Mund zu nehmen und bösen Zauber damit zu treiben. Sie war zwar keine Teufelshure mehr, auch flog sie nicht mehr durch die Luft zum Hexensabbat, aber der uralte Schadenzauber war nach wie vor ihre eigentliche Domäne. Rund 70 „Hexenprozesse", so meint der deutsche Lehrer und Volkskundler Johann Kruse, hätten jährlich in der Nachkriegszeit in der Bundesrepublik stattgefunden, wobei eine Dunkelziffer von 99 Prozent anzunehmen sei. Denn von der modernen Hexenverfolgung in abgelegenen Landstrichen, in den Dörfern Schleswig-Holsteins vor allem und in den Alpengegenden, wisse die Öffentlichkeit wenig. Zu groß war die Angst der betroffenen Frauen vor einer Ächtung durch das ganze Dorf — und meistens fehlten ihnen für aufwendige und langwierige Gerichtsverfahren auch die finanziellen Mittel. Kruse, der ein „Archiv zur Bekämpfung des modernen Hexenwahns" angelegt hatte, engagierte sich leidenschaftlich für diese der Hexerei verdächtigten Frauen. Vor allem auf die sogenannten „Hexenbanner" hatte er es abgesehen, die von Leuten, die sich behext fühlten, zu Hilfe gerufen wurden und nach Ansicht Kruses hauptsächlich für so manches tragische Schicksal verantwortlich waren. Kruse — und neben ihm zahlreiche weitere Autoren — erzählen eine Fülle von unglaublichen Dingen, die sich noch um die Mitte unseres Jahrhunderts in den norddeutschen Dörfern zugetragen haben. Allein in der Lüneburger Heide soll es im Jahre 1952 mindestens 82 Hexenbanner gegeben haben, die gegen etwa 230 verfolgte Frauen zu Felde zogen. Sie räucherten die verhexten Ställe und Häuser aus, um sie damit von dem verderblichen Einfluß der Hexe zu befreien, und verschrieben diverse Mittelchen und Amulette, die entweder am Körper getragen oder irgendwo vergraben werden mußten. Besonders verhängnisvoll erwiesen sich diverse dunkle Prophezeiungen, etwa die Warnung: Die nächste Frau, die dir begegnet, ist die Hexe. Oder: Die erste Frau, die sich etwas ausborgt, hat dein Vieh verhext. Worauf völlig unbeteiligte und ahnungslose Menschen in schlimmen Verdacht gerieten, von ihrer Umgebung gemieden und aus der Gemeinschaft ausgeschlossen wurden. Zum Teil wurden auch regelrechte Racheakte verübt, indem ihnen zum Beispiel das Haus beschädigt oder der Gemüsegarten verwüstet wurde, soferne nicht noch viel Schlimmeres geschah. Wobei die Ansicht, die schwarze ebenso wie die weiße Magie erbe sich von der Mutter auf die Kinder, vor allem ihre Töchter fort, weitreichende Folgen hatte. Ganze Familien, ja Generationen gerieten auf diese Art und Weise in Verruf. Auch hier jedoch war es für die Gerichte schwierig, entsprechend einzuschreiten, weil diese Hexenbanner über einen starken Rückhalt in der Bevölkerung verfügten. Und selbst wenn eine als Hexe verfolgte Frau in ihrer Verzweiflung zu Gericht ging, um sich auf diese Art und Weise gegen Verdächtigungen zu wehren, fand sie dort meist wenig Verständnis, weil die Justiz des 20. Jahrhunderts mit derartigen Vergehen wenig anzufangen wußte, weshalb das Verfahren mangels von Beweisen auch häufig bald eingestellt und die arme Frau zurück in ihr Dorf geschickt wurde. So etwa meint die deutsche Zeitung „Die Welt" vom 12. 5. 1956 von einem derartigen Prozeß in Salzbüttel: *„Es stießen zwei Welten aufeinander. Weder verstanden die Richter die Sprache des Angeklagten und der Zeugen, noch diese die Gedankenwelt der Juristen. "* Und als sich 1950 an der Niederelbe ein Hexenprozeß abspielte, äußerten sich die Richter überzeugt, *„daß ein sehr großer Prozentsatz der Menschen in den Moorgebieten noch an Hexen, Zauberer und Wunder glaubt".* Wie untragbar die Situation dabei häufig für die betroffenen Frauen werden konnte, beschreibt Kruse anhand eines Falles, der sich 1927 in einer schwäbischen Gemeinde abgespielt hat. Dort war eine vierundzwanzigjährige Frau eines Bauern von den gesamten Einwohnern als Hexe bezeichnet worden, deren Anblick den Tod bringe. Als nun ein dreizehnjähriges Mädchen und eine neunzehnjährige Bauersfrau unglücklicherweise wenige Tage, nachdem sie von dieser Frau besucht worden waren, starben, wurde sie von den Bauern ausgestoßen und ängstlich gemieden, worauf sie in Wahnsinn verfiel.

Neben jenen zahllosen Fällen, in denen Frauen eines Dorfes verfemt und geächtet wurden, hat die deutsche Kriminalistik aber auch im 20. Jahrhundert genug Beispiele zu bieten, in denen es zu tätlichen Mißhandlungen bis zum Mord gekommen ist. So etwa lauerte 1927 eine Frau in Franken einem dreiundsiebzigjährigen Weiblein auf, das als Hexe verschrien war, und brachte ihm schwere Stichverletzungen am Hals und im Gesicht bei, an deren Folgen es starb. Auch 1929 kam es unter entsetzlichen Umständen zu einem Mord an zwei Kleinkindern, die von ihren Eltern in Norddeutschland getötet wurden, um den vermeintlichen Hexenbann, unter dem sie standen, zu brechen. 1930 zündeten zwei Dorfbewohner, ebenfalls in Norddeutschland, einen Nachbarhof an, weil sie die Bäuerin für eine Hexe hielten, die Vieh und Menschen verhext haben soll. Bei den Rettungsarbeiten kamen der Altbauer und sein Sohn ums Leben. Und noch 1950 verübte eine neununddreißigjährige Ehefrau, die sich verhext fühlte, einen Selbstmordversuch, indem sie sich vor eine Lokomotive warf.[88] Zu schweren Mißhandlungen führte auch die Ansicht, die Hexe müsse aus den verhexten Personen, häufig Kindern, herausgeprügelt werden. Und weil sich Hexen in Tiere verwandeln können, kam es darüber hinaus zu Tierquälereien: Gediehen die Ferkel nicht, mußte ein krankes Ferkel lebend auf ein Brett genagelt werden, und der Schweinehalter öffnete ihm die Brusthöhle und stieß ein Messer durch das Herz, um so den Hexenbann zu brechen.[89]

In den sechziger Jahren begannen dann die Gerichtsprozesse abzunehmen. Jetzt regte sich das volkskundliche Interesse. Gudrun Hempel zeigt in einer Dissertation eine Fülle von Beispielen vorwiegend aus den Alpenländern, die auch in Österreich letzte Reste (wie man meinte) eines mittelalterlichen Aberglaubens beweisen. Von Wetterzauber, Milchzauber, Krankheitszauber ist hier die Rede, von Hexenplätzen, Hexensteinen und einem unmittelbaren Nahverhältnis eines großen Teils der bäuerlichen Bevölkerung zur Magie.

Inzwischen allerdings hatte bereits eine Renaissancebewegung eingesetzt, sie nahm ihren Ausgang von der städtischen Intelligenz und ist als Reaktion auf einen nüchternen, rationalistischen und positivistischen Zeitgeist zu verstehen, der in eine neue, okkulte Welle umgekippt ist. Was noch vor kurzem verpönt, in den Untergrund gedrängt, gerichtlich verfolgt wurde oder bestenfalls als volkskundlich interessante Erscheinung galt, beginnt sich positive Vorzeichen zuzulegen und damit einen regelrechten Siegeszug anzutreten. Zahlreiche Handleser, Kartenleger, Propheten, Pendler, Astrologen, Kosmobiologen — und Hexen bieten in den Gazetten ihre Dienste an, esoterische Literatur verschiedenster Ausrichtung überschwemmt den Markt, und die Parapsychologie wird eine neue Wissenschaft. 2000 Hexen oder Magier sollen allein in der Bundesrepublik Deutschland ein neues Credo verkünden, und in Italien haben sich gar an die 100.000 Magier und Magierinnen gewerkschaftlich organisiert.[90] 1980 unternahmen ein Institut für Meinungsforschung (Scope) und die „Berner

Zeitung" eine große Umfrage, die zu folgenden erstaunlichen Ergebnissen führte: Von den Befragten waren zehn Prozent davon überzeugt, daß übersinnliche Wahrnehmungen wie Telepathie, Poltergeister, Erscheinungen von Verstorbenen etc. vorkommen, 22 Prozent hielten sie für möglich und neun Prozent waren unsicher. Sechs Prozent gaben an, daß sie bereits persönlich übersinnliche Wahrnehmungen erlebt hatten, bei sieben Prozent wurden Angehörige aus der Familie davon betroffen, und bei weiteren sechs Prozent erlebte jemand aus dem Bekanntenkreis diesbezügliche Erscheinungen. In der nüchternen Hansestadt Hamburg sollen sich 7.000 Menschen mit Wahrsagen, Kartenlegen, Pendeln, Gesundbeterei und Hexenbannerei ihr Geld verdienen, und vor allem in Süddeutschland gibt es zahlreiche Hexenzirkel, die sich an verschwiegenen Orten treffen, um dort ihre Kulte zu feiern.

Die Hexen aller Länder vereinigen sich auch. Im Jahre 1975 fand in Bogotá in Kolumbien der erste Hexenkongreß statt, an dem rund 2.000 Hexen und Zauberer, Voodoo-Priester, Heilkünstler, Parapsychologen und Magier teilnahmen. Simon Gonzales hat das Programm aus teils seriösen, teils pseudowissenschaftlichen Vorträgen zusammengestellt. Eine Million Menschen soll sich durch die Kojen gedrängt haben, in denen Hersteller von Kristallkugeln und Talismanen, Liebes- und Zaubertränken, Verleger spiritistischer und astrologischer Fachliteratur, Hand- und Kartenleser und Verkäufer mittelalterlicher Ingredienzien ihre Waren anpriesen. Denn natürlich wurde die Zusammenkunft der Hexen auch zu einem Geschäft. Und sicherlich zu keinem schlechten.

Hexerei ist in! Die gequälten, verfolgten und verbrannten Hexen des Mittelalters und der frühen Neuzeit haben ihre schicken, etwas verspielten und sich lustvoll in wiederentdeckten schönen neuen Welten tummelnden Nachfahren gefunden. Doch wäre es sicher falsch, darin nur eine Modeerscheinung zu sehen. Zu elementar ist das Bedürfnis nach der vernachlässigten metaphysischen Komponente, zu dringlich ist ein Nachholbedarf. Der neue Okkultismus ist Ausdruck einer Sehnsucht nach dem Geheimnis inmitten einer genormten, verwalteten und geistarmen Welt, in der auch die Natur unter dem Diktat eines schonungslosen Leistungsprinzips ihrer letzten, schöpferischen Ressourcen beraubt wird. Er signalisiert den Eintritt in das postindustrielle Zeitalter, das Ende eines Glaubens an die Machbarkeit aller Dinge, ein Suchen nach neuen moralischen und ethischen Wertvorstellungen. Der Okkultismus wird begünstigt durch die Biowelle, eine fundamentale ökologische Krise und nicht zuletzt durch den Feminismus, der darin weibliche Werte eher verwirklicht sieht. ·

Und darum ist auch die Hexe wiederauferstanden. Nicht die böse, schadenstiftende, verfolgte, sondern die „positive", die selbstbewußte Hexe, die Hexe einer magisch-mythischen Renaissance an der Wende zu einem neuen, und doch uralten Beginn. Keinesfalls nur die spektakuläre Wahrsagerin, die Hellseherin mit den übernatürlichen Fähigkeiten, sondern die ganz normale Hexe des Alltags. Sie begibt sich erneut auf die Suche nach Kräutern in Wald und Wiese oder pflanzt sie im Hausgärtlein. Und wenn das nicht möglich ist, geht sie in das nächste Reformhaus, wo sich alles Biologisch-Natürliche einer gesteigerten Beliebtheit erfreut. Sie braut wieder ihre Tees und Tränke in zeitraubender Heimarbeit und empfiehlt sie zum allgemeinen Wohlempfinden oder gegen alle möglichen Leiden der interessierten Nachbarin. Sie verbündet sich mit dem Sinnlichen, auch Übersinnlichen und geht den Gesetzmäßigkeiten des Lebens und der Natur nach — jener Natur, die in der Zwischenzeit unter Mißachtung dieser Gesetzmäßigkeiten geschändet und zum Teil bereits zerstört worden ist. Denn der Fluch, gesprochen von Millionen Frauen auf brennenden Scheiterhaufen, hat sich inzwischen erfüllt: Die Erde, deren Fruchtbarkeit, deren wunderbaren Kräften sich die Hexe immer besonders verbunden fühlte, ist in Gefahr, zu einer unbewohnten Wüste zu werden.

Trotz dieser Hexenrenaissance mit positivem Image scheint die Macht Satans jedoch keineswegs erloschen, wie ein nach wie vor durchgeführter und von höchsten kirchlichen Stellen sanktionierter Exorzismus beweist. Allein in Frankreich soll es gegenwärtig 60 katholische Exorzisten geben, die nach guter alter Manier den Bösen aus dem Körper der Besessenen treiben. Im „Höllental" in der Auvergne mußten im Jahr 1983 Wiesen und Vieh exorziert werden, weil sie von Satan behext waren. Zwei Bäuerinnen, die einen großen Teil ihres Viehs notschlachten mußten, waren felsenfest davon überzeugt, daß der Leibhaftige Nadeln ins Gras gestreut hatte, die vom Vieh gefressen wurden.[91] Im März 1983 starb der sechsjährige Ilan Bendoucas aus Montpellier in Frankreich an den Folgen einer Teufelsaustreibung, die seine Mutter, eine vierunddreißigjährige Apothekerin, an ihm vorgenommen hatte.[92] Die aufsehenerregendste Teufelsaustreibung in Deutschland ereignete sich jedoch im Jahre 1976, als der 41jährige Pfarrer Ernst Alt zusammen mit dem Chinamissionar Wilhelm Renz die 23jährige Studentin Anneliese Michel in Klingenberg am Main zu Tode exorzierte. Die junge Frau, deren Exorzismus von Diözesanbischof Josef Stangl genehmigt worden war, starb nach qualvollen Torturen an völliger Entkräftung. Die medizinische Diagnose lautete auf Depression, epileptische Anfälle und Wahnvorstellungen. Sie hatte sich total mit ihrer Rolle als Besessene identifiziert und die Torturen als „Sühne für den Modernismus der Kirche" geduldet. Die beiden Exorzisten erhielten sechs Monate bedingt wegen „verminderter Schuldfähigkeit"! Der Bischof wurde auf eigenen Wunsch dispensiert.

Dieser Fall schlug Wellen bis nach Österreich. Am 14. 4. 1978 erschien ein Artikel im Wiener „Kurier", der von einer in Tirol lebenden 38jährigen bayrischen Bauerstochter berichtete, die sich von einem Teufel namens Pluto und einer ganzen Legion weiterer kleiner Teufel besessen fühlte. Sie wurde aus diesem Grunde seit Jahren von mehreren österreichischen und deutschen Priestern exorziert, u. a. auch von dem 84jährigen Tiroler Pfarrer, dem sie den Haushalt führte.[93]

Aber auch zu Hexenverfolgungen kann es gelegentlich selbst im späten 20. Jahrhundert noch kommen. Und zwar nicht nur in den afrikanischen Ländern, wo der Hexenglaube auch heute noch tief verwurzelt ist, oder in Lateinamerika, das durch Einwanderer aus der Karibik nachhaltig vom Voodoo-Zauber geprägt wird, sondern auch im alten Europa. Beliebige Zeitungsnotizen bestätigen das. Im Winter 1982 hatte ein 24jähriger Süditaliener seine Tante ermordet, weil er der Meinung war, sie sei eine Hexe.[94] Im Frühjahr 1976 erschossen zwei Brüder im französischen Dorf Hesloup den 49 Jahre alten Jean Camus, weil sie ihn verdächtigten, durch Hexenkünste einen Autounfall ihrer Schwester hervorgerufen zu haben.[95] Und ebenfalls im Frühjahr 1976 hatte sich die 38jährige Joan Denton vor Gericht im US-Bundesstaat Nordcarolina wegen Hexerei zu verantworten, weil sie den Tod einer Frau vorausgesagt hatte, der dann tatsächlich auch eingetroffen war. Die Frau im hexenfreundlichen Amerika konnte allerdings bereits mit Unterstützung rechnen: Es schaltete sich eine Art „Hexengewerkschaft" ein, um sie im Kampf gegen die Gerichte zu unterstützen.[96]

Der Kult der Wicca

Das allgemeine Bedürfnis nach metaphysischen Zusammenhängen, wie es unser Dezennium prägt, erschöpft sich jedoch nicht in einer Hinwendung zum Okkultismus. Es geht tiefer! Religiöse Werte gewinnen wieder an Bedeutung, eine Aufbruchstimmung zeigt sich vor allem in der Jugend, die aus einer unbefriedigenden Situation heraus nach neuen, spirituellen Erlebnissen sucht. Wobei besonders Fernöstliches einen ungeheuren Boom verzeichnet, das sich in allen möglichen Sekten, Kultbünden und religiös motivierten Gemeinschaften niederschlägt. Aber auch zahlreiche sogenannte „neo-pagan" (neuheidnische) Gruppen, die sich vor allem in England und in den USA um Wiederbelebung vorchristlicher Mythen bemühen, finden regen Zulauf.

Der Kult der Wicca, der neuerdings in abgewandelter Form auch nach Deutschland übergreift, ist wohl Teil dieser Bewegung, seiner Herkunft nach aber älter einzustufen. Ob die Kultformen dieser englischen Hexenbünde, die mit ihren geradezu urzeitlich wirkenden Ritualen immer mehr Anhänger in der überzivilisierten westlichen Welt gewinnen, tatsächlich bereits von den mittelalterlichen Hexen ausgeführt wurden und damit den eigentlichen Anlaß für die Verfolgungen gaben, wie Murray und ihr Epigone Gardner behaupten, sei dahingestellt. Erwiesenermaßen lassen sich Spuren bis in das tiefe 19. Jahrhundert zurückverfolgen — die häufig geäußerte Ansicht, die Hexenreligion sei von dem 1964 verstorbenen „Hexenkönig" Gerald Gardner aus der Taufe gehoben worden, hält einer näheren Prüfung also nicht stand. Vielmehr sollen bereits vor Gardner an die 150 traditionelle Hexengruppen bestanden haben. Ebensowenig kann bezweifelt werden, daß sich hier sehr viele Relikte aus der Zeit der Hexenverfolgungen und auch aus vorchristlicher und urgeschichtlicher Zeit erhalten haben und eindeutige Bezüge zu den Mythen der menschlichen Frühgeschichte hergestellt werden können.

Wicca (von dem altenglischen „wiccian" = Hexe, das von den Anhängern mit „weise" übersetzt wird) ist also nicht nur ein Kuriosum, wie es auf den ersten Blick erscheinen mag, sondern hat auch eine ernst zu nehmende Hexenforschung in den letzten Jahren beschäftigt. Darüber hinaus vermag der Kult die religiösen Bedürfnisse eines immerhin nennenswerten Teils der Menschen selbst des 20. Jahrhunderts zu befriedigen, was alleine schon eine nähere Betrachtung rechtfertigt.

Im Wicca-Kult feiern der alte, gehörnte Fruchtbarkeitsgott und die „Große Göttin" ihre Auferstehung — ganz so, als wäre eine vieltausendjährige Geschichte an diesen alten Mythen spurlos vorbeigegangen. Natürlich werden sie modern interpretiert — und gerade in jüngster Zeit sind darüber mehrere, sehr ausführliche Publikationen erschienen. Wicca ist eine „Ekstasereligion", wie Starhawk, eine auch politisch engagierte, feministische Hexe aus den USA, meint. Denn *„göttliche Ekstase wird zum Ursprung der Schöpfung, und die Schöpfung ist ein orgastischer Prozeß".* [97] Aber Wicca versteht sich auch als eine Religion der Liebe. Denn auf eine Abgrenzung zur schwarzen Magie legen ihre Anhänger besonderen Wert. Der Kult betreibt ausschließlich weiße Magie, was jedoch nicht im Sinne abergläubischer Handlungen gemeint ist, sondern als eine natürliche menschliche Möglichkeit, die in unserer Kultur brach liegt. Herzstück eines jeden Rituals ist die Erzeugung eines „Kraftkegels" durch den Rund- oder Spiraltanz, der sich aus der Energie der Teilnehmer aufbaut und von der Priesterin dirigiert wird. Ist der Höhepunkt psychischer Energie erreicht, wird der Tanz abgebrochen und die geballte Kraft auf ein bestimmtes Ziel entlassen, das damit eine positive Entwicklung nehmen soll. Darum feiern die englischen Hexen auch nackt, um die kosmische Kraft ungehindert in den Körper eindringen zu lassen und sie ebenso ungehindert weiterzugeben. Aber auch eine starke Naturverbundenheit, Unverfälschtheit und das Ablegen gesellschaftlicher Masken soll durch die Nacktheit dokumentiert werden.

In Wicca hat also die positive, starke, ihre sinnlichen (und übersinnlichen) Kräfte bejahende Hexe endgültig eine Erneuerung gefunden. Womit ein Kreislauf geschlossen, eine neue Entwicklung möglich erscheint. Kein Wunder, daß ihn die feministische Bewegung für sich vereinnahmt hat als Möglichkeit einer Identifizierung mit der Großen Göttin, die eine zentrale Funktion im Kultgeschehen einnimmt. Denn obwohl der Wicca-Kult vom Grundgedanken her eine gleiche Betonung des männlichen und weiblichen Elements vorsieht, hat die Göttin durch letzte Entwicklungen ein Übergewicht erhalten. Die Ursache liegt in einer Ausgleichsfunktion, die sie gegenüber den anderen, durchwegs patriarchalisch orientierten Religionen einnimmt. Und das ist auch der Grund für die große Anziehungskraft, die der Kult vor allem auf Frauen ausübt, und warum er mehr weibliche als männliche Mitglieder besitzt:

„Das Bild der Göttin inspiriert uns Frauen, uns selbst als göttlich, unseren Körper als geweiht, die wechselnden Phasen unseres Lebens als heilig, unsere Aggressionen als gesund, unseren Zorn als reinigend und unsere Macht, zu stillen und zu gebären, aber notfalls auch zu begrenzen und zu zerstören, als die eigentliche Kraft zu betrachten, die alles Leben erhält. Durch die Göttin können wir . . . aus unseren engen, einengenden Rollen ausbrechen und wir selbst werden . . ." [98]

Die Wicca-Anhänger sehen aber in der Göttin auch eine Chance für den Mann, der aus einer einseitigen patriarchalen Ordnung ebenfalls Beschädigungen mit selbstzerstörerischen Aspekten davongetragen hat:

„Das Symbol der Göttin erlaubt den Männern, die weibliche Seite ihrer Natur, die oft als tiefster und empfindsamster Aspekt des Selbst empfunden wird, zu erfahren und zu integrieren." [99]

158

Daß derartige feministische Glaubenssätze trotzdem eher Frauen als Männer begeistern, ist verständlich. Muß doch der Mann dabei auf sein jahrtausendealtes Vorrecht der Herrschaft verzichten und gleichzeitig auch die starke, selbstbewußte Weiblichkeit akzeptieren.

Die Große Göttin des Wicca-Kults ist also, ähnlich wie im alten Matriarchat, eine kraftvolle Gottheit. Auch sie symbolisiert die Einheit, aus der alles entsteht und in die alles mündet. Ihre Symbolik hat keine Parallele zu jener des Vatergottes. Sie beherrscht nicht die Welt, sie *ist* die Welt. Sie rechtfertigt auch nicht die Herrschaft des einen Geschlechts durch das andere, sie läßt wachsen und jeden seine Wahrheit finden. Vertreten durch die Hohepriesterin besitzt sie als Mondgöttin viele Namen, die vornehmlich in den antiken, aber auch keltisch-germanischen Bereich weisen. Sie heißt Artemis, Aphrodite, Diana, Selene, Freya, Hekate oder Birgit.

Kraftvoll ist auch der gehörnte Gott, der in seinem Erscheinungsbild stark an den Gott des mittelalterlichen Sabbats erinnert. Er wird Pan, Cernunnos, Janus, Dianus oder Wodan gerufen, und unterscheidet sich ebenfalls wesentlich von jenen Identifikationsmustern, die unsere Welt dem Mann zu bieten hat. Auch sein Leib ist heilig, auch er ist der Liebe verpflichtet und der Sexualität, allerdings nicht im Sinne von Gewalt und Obszönität, sondern von positiver Kraft und Stärke. Der Gott der Wicca verkörpert die ungebändigte Zeugungskraft und Fruchtbarkeit, gleichzeitig jedoch ist er zärtlich und sanft. Er ist auch ein sterbender Gott — aber sein Tod geschieht immer im Dienst des Lebens. Er ist Eros, aber auch Logos, die Kraft des Verstandes. Das eine schließt das andere im Wicca-Kult nicht aus. Denn die Spaltung zwischen Körper und Geist, Leib und Seele ist hier aufgehoben. Männer können spirituell leben, ohne gleichzeitig geschlechtslos zu sein, weil Sexualität, ähnlich wie im indischen Tantrismus, als essentielle, heilige Kraft empfunden wird.

Von der Organisation her gliedern sich die Anhänger in kleine Gruppen, die sogenannten „coven" von insgesamt 13 Personen, die in sich autonom sind. Dieses Fehlen einer größeren Vereinigung macht den Kult auch so unauffällig und schwer erreichbar. Gerade das jedoch ist es, was Wicca-Anhänger wünschen und warum sie sich im normalen Alltag meist betont bürgerlich verhalten. Sie missionieren nicht, werben keine Mitglieder an (ein neues Mitglied soll von einem coven eher entdeckt werden) und ziehen sich auch vor der Sensationspresse zurück. Ein Verhalten, das sich, so wird argumentiert, in der Zeit der Verfolgung gebildet hat, das aber gegenwärtig einen Außenseiterstatus begünstigt.

Trotzdem begann „Wicca" ab dem Jahr 1951, als in England der „witchcraft-act" fiel und Hexerei damit nicht mehr strafbar war, die Aufmerksamkeit der Öffentlichkeit auf sich zu ziehen. Wenn auch nicht gleich durch Veröffentlichungen aus den eigenen Reihen, so doch durch solche von Leuten, die dazu gestoßen waren, wie etwa jener bereits erwähnte Gerald Gardner, der den Kult sozusagen salonfähig gemacht hat und außerdem auf der

Insel Man das erste Hexenmuseum gründete. Gardner hat wahrscheinlich die Rituale nicht erfunden, aber unter Heranziehung des Buches von M. Murray und anderer einschlägiger Werke weiter ausgebaut und durch diverse Publikationen einer breiteren Öffentlichkeit zugänglich gemacht. In seinem Buch „Ursprung und Wirklichkeit der Hexen" versucht er, gegenwärtige Hexenriten über das Mittelalter und die Antike bis in die Zeit der Kelten hinein zurückzuverfolgen. Er liefert auch etliche Erklärungsversuche für das Leben und Treiben der mittelalterlichen Hexen: So etwa hätten sie sich in kühlen Nächten die Haut mit einer erwärmenden Salbe eingerieben, der oft Ruß beigemengt war, um für die Verfolger weniger sichtbar zu sein (Ruß findet sich tatsächlich häufig als Ingredienz der Hexensalbe genannt). Wicca-Anhänger sind auch davon überzeugt, daß den Hexen der frühen Neuzeit von den Verbündeten selbst in ihre Kerker wirksame Betäubungsmittel eingeschmuggelt wurden, die sie gegen Folter und Flammentod unempfindlich gemacht haben sollen.

Der Hexentod wird dabei von den verschiedenen Wicca-Bünden verschieden interpretiert. Jene coven, die ihre Tradition mit den matriarchalischen Urzeiten der abendländischen Kulturen verknüpfen, sprechen dabei von einem Eingehen in die Ekstase der endgültigen Vereinigung mit der Großen Göttin. Während die Bünde im Dienst des gehörnten Gottes darin ein Verschmelzen mit dem grenzenlosen Urlicht sehen. Eine moderne Hexe hat das dichterisch so formuliert:

„. . . während des Singens der Gebete inmitten der Wut der Flammen sangen wir Euch, Ihr Götter, ein Hosiannah . . ."

Eine Auffassung, die vielleicht dem eigenen ekstatischen Erlebnis entspricht, auf die entsetzliche Situation der verfolgten Frauen des Mittelalters aber sicherlich nicht anwendbar ist. Hier zeigt sich eine für viele Hexengruppen charakteristische Art, gegenwärtige, subjektive Erlebnisse unhinterfragt mit jenen vor etlichen hundert Jahren unter völlig anderen Voraussetzungen gleichzusetzen.

Obwohl die Große Göttin bei vielen Wicca-Vereinigungen in den letzten Jahren dominant geworden ist, müssen trotzdem bei jedem Ritual beide Geschlechter anwesend sein, und auch die Initiation kann nur von Mann zu Frau, und von Frau zu Mann weitergegeben werden. Wicca ist ein fröhlicher, sinnlicher Kult, die Rituale sollen Freude bereiten. Sie sollen wenn möglich in der freien Natur abgehalten werden, Erde, Pflanzen, Tiere und alles Lebendige wirken inspirierend. Meist werden sie von den jeweiligen coven oder einzelnen Hexen selbst konzipiert — auch das ist durchaus als kreativer Akt zu verstehen. Im Zentrum jedes Rituals steht der Kreis. Anders als in der Zeremonialmagie, in der er den Magier vor den Dämonen schützen soll, spielt er bei den Hexen die Rolle eines Raumes „zwischen den Welten", in welchem sie mit ihren Göttern kommunizieren und der ein Abfließen der aufgebauten Kräfte verhindern soll. Er wird entweder mit Kreide, einem Stoffstreifen oder mit Mehl auf die Erde markiert, wobei ihn die

Priesterin oder der Priester mit dem Schwert oder Athamé, dem magischen Dolch, nachzieht. Der magische Dolch ist das wichtigste rituelle Hilfsmittel im Kult. Aber es gibt noch weitere Instrumente, die unerläßlich sind: Kerzen zum Beispiel, der Kelch, Weihrauchgefäß mit Räucherwerk, Glocke und magischer Stab in phallischer Form, auf den angeblich der bekannte Hexenbesen zurückgehen soll. Weil man die Stäbe als „Steckenpferde" benutzte, um darauf um die Felder zu reiten, habe man sie aus Angst vor Verfolgung mit Reisigbündeln getarnt. Das wichtigste Symbol des Kultes ist jedoch das Pentagramm, dessen fünf Spitzen den Elementen zugeschrieben werden, wobei die obere Spitze für das Geist- und Lichtprinzip über den vier anderen steht.[100]

Zum Wicca-Ritual gehört auch der „Große Ritus", der für die — meist symbolisch vollzogene — Vereinigung des Gottes mit der Göttin steht. Der Priester senkt dabei sein Athamé in den Kelch, der von der Hohenpriesterin gehalten wird, und sagt: „ *Wie der Dolch für den Mann, so steht der Kelch für die Frau. Miteinander verbunden sind sie in Wahrheit eins.* "[101] Eine Symbolik, die leicht obszönen Charakter erhalten kann, wenn sie nicht wirklich durch Ernst, Hingabe und Liebe gehalten wird.

Die Initiationsriten verlaufen im allgemeinen in drei Graden. Im ersten Grad wird der Neuling nach einer meist längeren Wartezeit, während der er genau auf seine Eignung geprüft wird, eingeführt, indem er zum ersten Mal den magischen Kreis betreten darf, zur Reinigung symbolisch gepeitscht und sein „Maß" genommen wird. Außerdem muß er einen Eid leisten, über das, was er im magischen Kreis tut und erfährt, zu schweigen. Im zweiten Grad erlebt die Hexe rituell den Abstieg der Göttin in die Unterwelt. Und durch die Einweihung in den dritten Grad, die durch den symbolischen oder wirklichen Vollzug des Großen Ritus zwischen Priester und Kandidatin oder Priesterin und Kandidat vorgenommen wird, steigt die Hexe zur Hohenpriesterin bzw. der Hexer zum Hohenpriester auf. Gleichzeitig damit darf er (sie) auch einen coven gründen.[102]

Mit der Initiation werden den Hexen auch meist neue Namen gegeben. Außerdem erhalten sie die geheimen Namen der Gottheiten, die nie veröffentlicht oder außerhalb des kultischen Zusammenhangs genannt werden dürfen. Wicca-Anhänger kämpfen heftig gegen die Fehleinschätzung vor allem durch eine Sensationspresse, die dazu neigt, den Kult auf Grund der Existenz eines gehörnten Gottes in die Nähe des Satanismus zu rücken oder gar damit zu identifizieren. Denn der Satanismus ist eine Gegenbewegung zum Christentum, Wicca jedoch stellt eine selbständige Erscheinung dar, in der im Gegenteil der Dualismus aufgehoben wurde, deren Götter sowohl helle als auch dunkle Seiten haben und wo Statan als Inkarnation des Bösen überhaupt nicht existiert. Ähnlich verhält es sich mit dem Vorwurf der sexuellen Orgie, der von einem Sensationsjournalismus immer wieder erhoben wird und möglicherweise auf Randerscheinungen zutreffen mag, die eine falsch interpretierte Lehre für eigene Zwecke nutzen und sich auch —

manchmal sogar finanziell motiviert — für die Presse zugänglich zeigen. Mit der eigentlichen Wicca-Lehre, für die Sexualität heilig ist und die mit ihr eine Bejahung des Lebens, Blühens und Gedeihens verbindet, hat das nicht das geringste zu tun. *„In der Hexenreligion"*, sagt Sharhawk *„ist Sexualität ein Sakrament, das äußere Zeichen innerer Gnade. Diese Gnade ist eine tiefe Bindung an einen anderen Menschen und die Erkenntnis seiner Ganzheit. "*

Die Wicca-Szene ist in den letzten Jahren und Jahrzehnten äußerst vielschichtig geworden. Neben den „Gardner-Gruppen", die sich hauptsächlich auf Gardner und seine Interpretationen beziehen, gelten als weitere Hauptrichtung die „Alexander-Gruppen", die auf die Initiative von Alex und Maxine Sanders zurückgehen. Beide gründeten Ende der sechziger und Anfang der siebziger Jahre einen coven in London und brachten es — entgegen der ursprünglichen Wicca-Tradition — mit Hilfe der Medien zu großer Publizität, die von den anderen, sogenannten „hereditary groups", die den Kult an die Familienmitglieder weiter vererben und daher bereits Tradition besitzen, mit Mißtrauen betrachtet wird. Von Sanders spalteten sich wieder Janet und Stewart Farrar ab, die ebenfalls einen neuen coven gründeten, der zahlreiche Neuhexen initiierte. Stewart veröffentlichte außerdem 1971 ein Buch mit dem Titel „What Witches Do", in dem die bislang geheim gehaltenen Riten, Initiationen und Weltanschauungen der Wicca sehr offen geschildert werden. Er gab damit den Auftakt zu einer Reihe weiterer Publikationen von Insidern, die sich dieses Themas annahmen. Sogar eigene Zeitschriften wurden gegründet. Diese Veröffentlichungen hatten wiederum die Gründung einer Vielzahl weiterer Hexengruppen zur Folge. So zum Beispiel der Norse Wicca, die sich auf die nordischen Götter berufen, oder des „armanischen Thrudenrings", der ebenfalls von Wicca inspiriert wurde und das germanische Hexentum wiederbeleben will. Dann gibt es noch den Continental Wicca, den Pagan Wicca. Manche Gruppen geben sich betont feministisch, wie etwa der Dianic Wicca in den USA, der die Göttin beinahe monotheistisch verehrt, oder der Feminist Wicca, der nur Frauen zuläßt und damit außerhalb der Tradition einer Fruchtbarkeitsreligion steht. Bei den meisten Bünden jedoch ist der Gott Partner und Geliebter der Großen Mutter und wird in gleicher Weise wie sie verehrt.

Dieses plötzliche Anschwellen solcher und ähnlicher Kulte markiert eine Entwicklung, die den metaphysischen und damit auch femininen Aspekten im Weltganzen wieder mehr Beachtung schenkt und schenken muß, soll das Leben nicht im einseitigen Sog eines männlich orientierten, theoretisch-abstrakten Denkens zu Grunde gehen. Und nachdem die etablierten Religionen in Ost und West vorläufig noch wenig Anstalten machen, ihren Götterhimmel in ausreichendem Maß durch das weibliche Element zu bereichern, bleibt der selbstbewußten, in einem natürlichen Verhältnis zum eigenen Geschlecht stehenden Frau, die sich auch religiös verwirklichen will, vorläufig wahrscheinlich kein anderer Weg, als sich mit Randgruppen zu identifizieren. Inwieferne diese allerdings in der Lage sein werden, eine ernst zu nehmende Ausgleichsfunktion in der religiösen Landschaft wahrzunehmen, oder inwieweit doch andere Religionen das Gebot der Stunde erkennen, bleibt abzuwarten. Eines allerdings ist tröstlich festzustellen: die ungeheure Langlebigkeit von Mythen, die sich beinahe ungebrochen von der Frühgeschichte der Menschheit über sämtliche kulturelle und zivilisatorische Entwicklungen hinweg bis in unsere Zeit erhalten haben. Kulte, in denen es immer sowohl Männer- als auch Frauenmysterien gegeben hat (auch das frühe Christentum hat diesem Bedürfnis zumindest teilweise Rechnung getragen), Religionen, die dem Menschen die Möglichkeit boten, sowohl seine eigene als auch die andersgeschlechtliche Identität zu erfahren. Fast scheint es, als läge in ihnen so etwas wie Ewigkeit, als wären sie untrennbar verbunden mit dem, was Leben heißt und Leben bedeutet. Und gerade darin gründet eine Hoffnung, daß dieser ganze männlich dominierte und bereits zu einer unmittelbaren Bedrohung aufgeblähte zivilisatorische Überbau, gemessen an der Jahrmillionen dauernden Geschichte der Menschheit, lediglich ein kurzlebiges Abenteuer des menschlichen Geistes darstellt, das auf ein gesundes und ausgewogenes Maß zurückfinden wird. In diesen, wiederbelebten Mythen liegt aber auch die Sehnsucht, daß irgendwann wieder eine Göttin den Gott trägt und hält, und seinem expansiven, erobernden und abstrakten Geist mit gleicher Intensität die konkreten und elementaren Bedürfnisse des Lebens entgegensetzt. Und in ihr, in der sich die Frau in ihrer Ganzheit erfahren kann und der Mann in einer notwendigen Begrenzung, ist auch die böse, schädigende, die verworfene und vom Angesicht Gottes verstoßene Hexe erlöst.

Anmerkungen

1) Bornemann: Das Patriarchat, S. 9
2) Soldan-Heppe-Bauer: Geschichte der Hexenprozesse, Band I, S. 87
3) Herbert Auhofer: Aberglaube und Hexenwahn heute, S. 29
4) Julio Caro Baroja: Die Hexen und ihre Welt, S. 72
5) Ebenda: S. 86
6) Ebenda: S. 78
7) Ebenda: S. 79
8) Die Ansicht Grundmanns, nicht Weber und Handwerker seien zu Ketzern geworden, sondern vielmehr die Ketzer, vornehmlich als Angehörige alter patrizischer Geschlechter, hätten sich unter dem Gebot apostolischer Armut für die Ausübung des Weberberufes entschieden, erscheint auf Grund der Untersuchungen Gottfried Kochs unwahrscheinlich.
9) Gottfried Koch: Frauenfrage und Ketzertum im Mittelalter, S. 120
10) Ebenda S. 35
11) Claudia Honegger: Die Hexen der Neuzeit, S. 51
12) Gottfried Koch, S. 159
13) Ebenda: S. 93
14) Ebenda: S. 122
15) Gabriele Becker — Silvia Bovenschen — Helmut Brackert: Aus der Zeit der Verzweiflung, S. 316
16) Fritz Byloff: Hexenglaube und Hexenverfolgung in den österreichischen Alpenländern, S. 13
17) Soldan-Heppe-Bauer, Band I, S. 190
18) Gottfried Koch, S. 67
19) Ebenda: S. 66
20) Gabriele Becker u. a., S. 319
21) Joseph Hansen: Zauberwahn, Inquisition und Hexenprozeß im Mittelalter und die Entstehung der großen Hexenverfolgungen, S. 386
22) Fritz Byloff: Hexenglaube und Hexenverfolgung, S. 33
23) Ebenda: S. 36
24) Gudrun Hempel: Die Relikte des Hexenglaubens in der Gegenwart, S. 103
25) Sergius Golowin: Die weisen Frauen, S. 264
26) Aldous Huxley: Die Teufel von Loudun, S. 185
27) Erich Neumann: Die große Mutter, S. 148
28) Gudrun Hempel, S. 15
29) Joseph Hansen: Quellen und Untersuchungen zur Geschichte des Hexenwahns, S. 1—24
30) Amman Hartmann: Der Innsbrucker Hexenprozeß, S. 5
31) Joseph Hansen: Quellen und Untersuchungen, S. 383
32) Amman Hartmann: Der Innsbrucker Hexenprozeß, S. 67 ff.
33) Joseph Hansen: Quellen und Untersuchungen, S. 361
34) Der Hexenhammer, Band I, S. 106 ff.
35) Gabriele Becker u. a., S. 32
36) Ebenda: S. 36
37) Ebenda: S. 24
38) Wie Raming ausführt, stammen diese Texte nicht, wie Gratian annimmt, von Augustinus, sondern von einem anonymen Verfasser, dessen Identität bis heute nicht geklärt ist. Ihre Zuschreibung an die großen Kirchenväter durch Gratian erfolgte jedoch in Übereinstimmung mit der herrschenden Meinung des Mittelalters.
39) Ida Raming: Der Ausschluß der Frau vom priesterlichen Amt, S. 54 ff.
40) Ebenda: S. 16
41) Ebenda: S. 15 ff.
42) Ebenda: S. 54
43) Sergius Golowin, S. 222
44) Andere Autoren, wie etwa Paul Diepgen, bezweifeln die Urheberschaft einer Frau.
45) Karl Bücher: Die Frauenfrage im Mittelalter, S. 23
46) Gabriele Becker u. a., S. 89
47) Ebenda: S. 91

48) Zitiert bei Gabriele Becker u. a. S. 91 aus: Brot und Rosen, Frauenhandbuch Nr. 1

49) Gabriele Becker u. a., S. 91

50) Ebenda: S. 108

51) Zitiert bei Gabriele Becker u. a. S. 113 aus: Almut Junker, Frankfurt um 1600, Alltagsleben in der Stadt. Kleine Schriften des historischen Museums, Heft 7, Frankfurt/M. 1976, S. 78

52) Zitiert bei Gabriele Becker u. a., S. 113 aus: Adamus Ionicerum Medicum-Reformation oder Ordnung für die Hebammen, Frankfurt/M. 1573

53) Zitiert bei Gabriele Becker u. a., S. 117 aus: Brot und Rosen, Frauenhandbuch Nr. 1, S. 124

54) Gunnar Heinsohn und Otto Steiger: Die Vernichtung der weisen Frauen, S. 88

55) Soldan-Heppe-Bauer, Band 1, S. 324

56) Soldan-Heppe-Bauer, S. 333, zitiert aus Joseph von Hammer-Purgstall: Die Gallerin auf der Riegersburg.

57) Heinz Nagl: Der Zauberer-Jacklprozeß, S. 140 ff.

58) Fritz Byloff: Hexenglaube und Hexenverfolgung, S. 120 ff.

59) Ebenda: S. 103 ff.

60) Hugo Zwetsloot: Friedrich Spee und die Hexenprozesse, S. 185

61) Fritz Byloff: „Der ordinary Hexenstuhl", 15. Jg. Heft 5 in: Blätter für Heimatkunde, Graz 1937

62) Ferdinand Riegler: Hexenprozesse mit besonderer Berücksichtigung des Landes Steiermark, S. 45

63) Soldan-Heppe-Bauer, S. 357

64) Ray Atkinson: Hexenwahn und Hexenprozesse, S. 101 ff.

65) A. Seebacher-Mesaritsch: Hexen-Report, S. 244

66) Heinz Nagl, S. 357

67) Fritz Byloff: Hexenglaube und Hexenverfolgung, S. 99

68) Ebenda: S. 133

69) Ebenda: S. 59

70) Ebenda: S. 37

71) Ebenda: S. 123

72) Kurt Baschwitz: Hexen und Hexenprozesse, S. 268 ff.

73) Sieglinde Gosler: Hexenwahn und Hexenprozesse in Kärnten, S. 70 ff.

74) Hans Biedermann: Hexen, auf den Spuren eines Phänomens, S. 82 ff.

75) Heinrich Marzell: Zauberpflanzen, Hexengetränke, S. 17 ff.

76) Ferdinand Riegler, S. 21

77) Gunnar Heinsohn und Otto Steiger, S. 139

78) Gerhard Schormann: Hexenprozesse in Deutschland, S. 67 ff.

79) Gunnar Heinsohn und Otto Steiger, S. 139

80) Kurt Baschwitz, S. 264

81) Soldan-Heppe-Bauer, Band I, S. 502 ff.

82) Gunnar Heinsohn und Otto Steiger, S. 140

83) Ebenda: S. 138 ff.

84) Soldan-Heppe-Bauer, Band I, S. 434 ff.

85) Gerhard Schormann, S. 118

86) Fritz Byloff: Hexenglaube und Hexenverfolgung, S. 154 ff.

87) Gerhard Zacharias: Satanskult und Schwarze Messe, S. 120

88) Herbert Schäfer: Hexenmacht und Hexenjagd, S. 41

89) Johann Kruse: Hexen unter uns? S. 37

90) „Die Presse", Wien, 29. Dez. 1984

91) „Volksstimme", Wien, 1. 8. 1983

92) „Die Presse", Wien, 24. März 1983

93) „Kurier", Wien, 14. April 1978

94) „Kurier", Wien, 2. Dez. 1982

95) Frankfurter Allgemeine Zeitung, 5. März 1976

96) „Kurier", Wien, 12. April 1976

97) Starhawk: Der Hexenkult als Ur-Religion der Großen Göttin, S. 45

98) Ebenda: S. 23

99) Ebenda: S. 24

100) Jörg Wichmann: Wicca, die magische Kunst der Hexen, S. 63

101) Ebenda: S. 53

102) Ebenda: S. 66 ff.

Literaturverzeichnis

Ray ATKINSON: Hexenwahn und Hexenprozesse, Eden Verlag Berlin

Herbert AUHOFER: Aberglaube und Hexenwahn heute. Aus der Unterwelt unserer Zivilisation, Herder, Freiburg-Basel-Wien 1960

Friedrich BARNHEIM: Erotik und Hexenwahn, Weltspiegel, Stuttgart-Bad Cannstatt 1965

Julio Caro BAROJA: Die Hexen und ihre Welt. Mit einer Einführung und einem ergänzenden Kapitel v. Prof. Dr. Will-Erich Peuckert, Ernst Klett, Stuttgart 1967

Kurt BASCHWITZ: Hexen und Hexenprozesse. Die Geschichte eines Massenwahns und seiner Bekämpfung, Rütten + Loening, München 1963

Gabriele BECKER, Silvia BOVENSCHEN, Helmut BRACKERT, u. a.: Aus der Zeit der Verzweiflung. Zur Genese und Aktualität des Hexenbildes, Suhrkamp, Frankfurt/M. 1977

Matthäus BERNARDS: Speculum Virginum: Geistigkeit und Seelenleben der Frau im Hochmittelalter, Böhlau, Köln-Graz 1955

Hans BIEDERMANN: Hexen, auf den Spuren eines Phänomens, Verlag für Sammler, Graz 1974

Ernest BORNEMANN: Das Patriarchat, Ursprung und Zukunft unseres Gesellschaftssystems, Fischer, Frankfurt/M. 1979

Karl BÜCHER: Die Frauenfrage im Mittelalter, Tübingen, Verlag der H. Lauppschen Buchhandlung 1910

Fritz BYLOFF: Hexenglaube und Hexenverfolgung in den österreichischen Alpenländern, Walter de Gruyter & Co, Berlin und Leipzig 1934

Ders.: Der „ordinary Hexenstuhl", in: Blätter für Heimatkunde, Graz 1937, 15. Jg. Heft 5

Ders.: Das Verbrechen der Zauberei (crimen magiae). Ein Beitrag zur Geschichte der Strafrechtspflege in Steiermark, Leuscher & Lubensky's, Graz 1902

Jürgen DAHL: Nachtfrauen und Galsterweiber. Eine Naturgeschichte der Hexe, Langewiesche-Brandt, Ebenhausen bei München 1960

Paul DIEPGEN: Frau und Frauenheilkunde in der Kultur des Mittelalters, Georg Thieme, Stuttgart 1963

Hansferdinand DÖBLER: Hexenwahn, die Geschichte einer Verfolgung, München 1977

Annemarie DROSS: Die erste Walpurgisnacht, Hexenverfolgung in Deutschland, Rowohlt, Reinbek bei Hamburg 1978

Barbara EHRENREICH, Deidre ENGLISH: Hexen, Hebammen und Krankenschwestern, Frauenoffensive, München 1973

Richard FESTER, Marie E. P. KÖNIG, Doris F. JONAS, A. David JONAS: Weib und Macht, fünf Millionen Jahre Urgeschichte der Frau, Fischer, Frankfurt/M. 1979

G. F. FRIESS: Patarener, Begarden und Waldenser in Österreich während des Mittelalters, in: Österreich, Vierteljahrsschrift f. kath. Theologie, Wien 1872, 11. Jg.

Gerald GARDNER: Ursprung und Wirklichkeit der Hexen, Otto Wilhelm Barth, Weilheim/Oberbayern 1965

Heinz Peter GEILEN: Die Auswirkungen der Cautio Criminalis von Friedrich von Spee auf den Hexenprozeß in Deutschland, Dissertation Bonn 1963

Sergius GOLOWIN: Die weisen Frauen. Die Hexen und ihr Heilwissen, Sphinx Verlag, Basel 1982

Sieglinde GOSLER: Hexenwahn und Hexenprozesse in Kärnten von der Mitte des

15. Jahrhunderts bis zum ersten Drittel des 18. Jahrhunderts. Diss. Graz 1955

H. GOTTSCHALK: Der Aberglaube, Wesen und Unwesen, Bertelsmann, Gütersloh 1965

Herbert GRUNDMANN: Religiöse Bewegungen im Mittelalter, Untersuchungen über die geschichtlichen Zusammenhänge zwischen der Ketzerei, den Bettelorden und der religiösen Frauenbewegung im 12. und 13. Jahrhundert, in: Historische Studien, Heft 267, Berlin 1935

Manfred HAMMES: Hexenwahn und Hexenprozesse, Fischer, Frankfurt/M. 1977

Joseph HANSEN: Zauberwahn, Inquisition und Hexenprozeß im Mittelalter und die Entstehung der großen Hexenverfolgungen, München und Leipzig, Oldenburg 1900

Ders.: Quellen und Untersuchungen zur Geschichte des Hexenwahns, Georg Olms Hildesheim 1963, Nachdruck der Ausgabe Bonn 1901

Sibylle HARKSEN: Die Frau im Mittelalter, Edition Leipzig 1974

Amman HARTMANN: Der Innsbrucker Hexenprozeß v. 1485 in: Zeitschrift d. Ferdinandeums für Tirol und Vorarlberg, 3. Folge, 34. Heft, Innsbruck 1980

Ders.: Die Hexenprozesse im Fürstentum Brixen, in: Forschungen und Mitteilungen zur Geschichte Tirols und Vorarlbergs, 11. Jg. 1914, 1. Heft

Gunnar HEINSOHN, Otto STEIGER: Die Vernichtung der weisen Frauen; Hexenverfolgung, Menschenproduktion, Kinderwelten, März, Herbstein 1985

Gudrun HEMPEL: Die Relikte des Hexenglaubens in der Gegenwart, Diss. Wien 1971

Claudia HONEGGER: Die Hexen der Neuzeit, Studien zur Sozialgeschichte eines kulturellen Deutungsmusters, Edition Suhrkamp, Frankfurt/M. 1978

Aldous HUXLEY: Die Teufel von Loudun, Piper & Co Verlag, München 1955

Helmut IVO: Die Schürung des Hexen- und Teufelswahns in der zeitgenössischen Berichterstattung des 16. und 17. Jahrhunderts, Diss. Wien 1961

Paul Anton KELLER: Ritterburg Lokkenhaus, Burgverwaltung Lockenhaus 1984

Gottfried KOCH: Frauenfrage und Ketzertum im Mittelalter. Die Frauenbewegung im Rahmen des Katharismus und des Waldensertums und ihre sozialen Wurzeln

Johann KRUSE: Hexen unter uns? Magie und Zauberglauben in unserer Zeit, Verlag Hamburgische Bücherei 1951

Michael KUNZE: Straße ins Feuer, Vom Leben und Sterben in der Zeit des Hexenwahns, Kindler, München 1982

Heinrich MARZELL: Zauberpflanzen, Hexengetränke, Kosmos Bibliothek Band 214, Franckh'sche Verlagshandlung W. Keller & Co, Stuttgart 1963

Anton MAYER: Erdmutter und Hexe. Eine Untersuchung zur Geschichte des Hexenglaubens und zur Vorgeschichte der Hexenprozesse, München-Freising 1936

Jules MICHELET: Die Hexe, Robert Schaefer's Verlag, Leipzig 1863

M. A. MURRAY: The Witch-Cult in Western Europe, Oxford 1962

Heinz NAGL: Der Zauberer-Jacklprozeß oder die Hexenprozesse im Erzstift Salzburg 1675—1690, Diss. Innsbruck 1966

Erich NEUMANN: Die große Mutter, der Archetyp des großen Weiblichen, Rhein, Zürich 1956

Peter OBERMAYER: Der Wiener Hexenprozeß des Jahres 1583, Diss. Wien 1963

Will Erich PEUCKERT: Hexen und Weiberbünde, Kairos, Zeitschrift f. Religionswissenschaft und Theologie, Jg. II/1960, Otto Müller, Salzburg

Ders.: Geheimkulte, Carl Pfeffer, Heidelberg 1951

Ignaz PFAUNDLER: Über die Hexenprozesse des Mittelalters mit spezieller Beziehung auf Tirol: Neue Zeitschrift des Ferdinandeums f. Tirol und Vorarlberg, Band 9, Innsbruck 1843

Ida RAMING: Der Ausschluß der Frau vom priesterlichen Amt. Gottgewollte Tradition oder Diskriminierung? Böhlau, Köln-Wien 1973

Ludwig RAPP: Die Hexenprozesse und ihre Gegner aus Tirol, Innsbruck 1874

Ingeborg REIMANN: Der Hexenprozeß in Österreich, in: Strafrechtssammlung des Niederösterreich. Landesmuseums im Schloß Greillenstein 1967

Ferdinand RIEGLER: Hexenprozesse mit bes. Berücksichtigung des Landes Steiermark, Ulrich Moser, Graz 1926

Siegmund RIEZLER: Geschichte der Hexenprozesse in Bayern, Cotta, Stuttgart 1846

Herbert SCHÄFER: Der Okkultäter, Verlag für kriminalistische Fachliteratur, Hamburg 1959

Ders.: Hexenmacht und Hexenjagd, ein Beitrag zum Problem der kriminellen Folgen des Hexenaberglaubens der Gegenwart, Verlag für kriminalistische Fachliteratur, Hamburg

Veronika SCHOISSWOHL: Die Prozesse gegen drei Hexenmeister in Südtirol im 17. Jahrhundert, Diss. Innsbruck 1971

Walter SCHÖNFELD: Frauen in der abendländischen Heilkunde, Ferdinand Enke, Stuttgart 1947

Gerhard SCHORMANN: Hexenprozesse in Deutschland, Vandenhoeck und Rupprecht, Göttingen 1981

A. SEEBACHER-MESARITSCH: Hexen-Report. Bericht über eine Massentragödie in der Steiermark 1425—1746, Leykam Verlag, Graz 1972

Frank SMYTH: Modern Witchcraft, the Fascination Story of the Rebirth of Paganism and Magic, Macdonald, London Unit 1970

SOLDAN-HEPPE-BAUER: Geschichte der Hexenprozesse, Band I und II, Fackel, Stuttgart-Salzburg 1975

STARHAWK: Der Hexenkult als Ur-Religion der Großen Göttin, Hermann Bauer, Freiburg i. Breisgau 1985

Christian THOMASIUS: Über die Hexenprozesse, überarbeitet und herausgegeben von Rolf Lieberwirth, Hermann Böhlau Nachfolger, Weimar 1967

Gabriele WICHART: Die Hexenprozesse in den österr. Alpenländern, der Schweiz und Bayern, Dipl.arb. Wien

Jörg WICHMANN: Wicca. Die magische Kunst der Hexen, Geschichte, Mythen, Rituale, Ralph Tegtmeier, Berlin 1984

Adolf WUTTKE: Der deutsche Volksaberglaube der Gegenwart, Wiegandt und Grieben, Berlin 1900

Gerhard ZACHARIAS: Satanskult und Schwarze Messe. Ein Beitrag zur Phänomenologie der Religion. Limes, Wiesbaden 1964

Wolfgang ZIEGELER: Möglichkeiten der Kritik am Hexen- und Zauberwesen im ausgehenden Mittelalter, Böhlau, Köln-Wien 1973